高等院校“十二五”规划教材

物流设备与设施

陈志新 编著

中国发展出版社
CHINA DEVELOPMENT PRESS

图书在版编目（CIP）数据

物流设备与设施/陈志新编著. —北京：中国发展出版社，2014.10

ISBN 978-7-5177-0254-2

Ⅰ.①物… Ⅱ.①陈… Ⅲ.①物流—设备管理 Ⅳ.①F252

中国版本图书馆 CIP 数据核字（2014）第 229213 号

书　　名： 物流设备与设施
著作责任者： 陈志新
出 版 发 行： 中国发展出版社
（北京市西城区百万庄大街 16 号 8 层　100037）
标 准 书 号： ISBN 978-7-5177-0254-2
经　销　者： 各地新华书店
印　刷　者： 北京明恒达印务有限公司
开　　本： 787mm×980mm　1/16
印　　张： 18.25
字　　数： 420 千字
版　　次： 2014 年 10 月第 1 版
印　　次： 2014 年 10 月第 1 次印刷
定　　价： 42.00 元

联 系 电 话：（010）68990625　68990692
购 书 热 线：（010）68990682　68990686
网 络 订 购： http：//zgfzcbs.tmall.com
网 购 电 话：（010）68990639　88333349
本 社 网 址： http：//www.develpress.com.cn
电 子 邮 件： 121410231@qq.com

前　言

国务院刚发布的《物流业发展中长期规划（2014～2020 年）》指出：物流业是融合运输、仓储、货代、信息等产业的复合型服务业，是支撑国民经济发展的基础性、战略性产业。并进一步指出，我国物流业在此期间要加强物流基础设施网络建设和大力推进物流技术装备现代化。由此可见，正确把握物流设备与设施在物流系统中的地位与作用，充分合理利用物流设备与设施，实现物流的空间效益、时间效益、一定的加工附加性效益，以及实现物流各环节的合理衔接，提高企业的竞争能力，并取得最佳的经济效益，有着非常重要的意义。

物流设备与设施是完成物流各项活动的工具与手段，是物流的载体，物流设施设备伴随着物流的发展与进步正朝着自动化、信息化、智能化、集成一体化方向发展。本书主要内容包括：物流基础，物流设施，物流常用设备，冷链物流设备与自动化立体仓库以及物流信息技术等。每章分设学习目的和要求、主要教学内容、案例分析和复习思考题四部分。全书不仅以大量图片重点介绍了仓储与分拣设备及连续输送机械、集装化设备、装卸搬运机械、普通与专用货运汽车、水路货运船舶及铁路货车、流通加工与包装机械设备等物流常用设备，还较为详细地介绍了各个运输枢纽、物流中心与配送中心等物流基础设施，另外还专门介绍了现代物流业不可或缺的冷链物流的主要设备、自动化立体仓库设备和物流信息技术设备等。本书每一章都附有案例，通过典型案例的介绍，读者可以对相关基本知识做进一步的理解和掌握，并为解决物流机械设备运用和管理中的实际问题提供可借鉴的经验，充分体现了本书的实用性特点。本书内容全面、系统，力求反映最新研究动态，着力增强教材的生动性，以提高学生的学习兴趣。本书可作为各本科、专科高校以及高职高专院校的物流类专业学生和教师用书，也适合作物流企业运输、仓储、配送、管理等相关人员的培训用书，其他有关人员也可参考使用。

本书在编写过程中，得到了北京物资学院物流学院领导、同事尤其是物流机械教研室马向国副教授的热情支持和帮助，在此表示感谢。同时感谢物流工程专业研究生陈方玉在本书编写过程中给予的协助。本书从网上引用了很多内容，有的注明了出处，有的无法一一注明，在此一并致谢！

本书的出版得到了中国发展出版社的大力支持，在此特别感谢责任编辑杜君老师为本书的出版所做的辛勤努力。

由于编写时间仓促，加之作者水平和精力有限，许多内容未能完善和进一步深入，书中难免有疏漏之处，敬请读者批评指正。如发现书中的任何问题，欢迎与作者直接 Email 联系：zxchencrocodile@ hotmail. com。

目　录

第一部分　概　论

第二部分　物流设施

第三部分　物流常用设备

第1部分

概　　论

物流机械设备是物流系统的硬件基础，涉及物流活动的全局；是物流系统中的重要资产，影响物流活动的每一个环节；是物流技术水平高低的重要标志。物流设备的运用极大地减轻了人们的劳动强度，提高了物流运作效率和服务质量，降低了物流成本，极大地促进了物流的快速发展。对于良好的运转来说，物流设备的发展具有战略性地位！

本章内容可让读者了解物流与供应链的一些基本常识；意识到机械设备是物流的载体，在一定程度上代表了物流的发展水平；了解物流设备与设施在物流系统中的地位和作用；了解物流设备的分类与发展；理解物流设备的管理与选用。

第 1 章 物流基础

学习目的和要求

- 了解物流与供应链的一些基本常识
- 意识到机械设备是物流的载体

物流是当前相关单位最重要的竞争领域之一。高效物流管理是企业降低产品成本、缩短交易时间、提高经济效益的重要途径，是企业的重要利润源。“物流”从第二次世界大战期间军事后勤工程的概念演变而来，作为“供”“需”间有机衔接的桥梁，逐渐发展成为一门学科。现代物流是指包含有运输、仓储、包装、装卸搬运、流通加工和配送等诸多功能要素的综合服务系统。供应链是围绕核心企业，通过对信息流、物流、资金流的控制，从采购原材料开始，制成中间产品以及最终产品，最后由销售网络把产品送到消费者手中的将供应商、制造商、分销商、零售商直到最终用户连成一个整体的功能网链结构模式，是一个扩展企业模式。这条链上的节点企业必须达到同步、协调运行，才有可能使链上的所有企业都受益。随着经济体制改革的深化和社会主义市场经济的发展，现代物流将成为我国的重要产业和新的经济增长点。

物流设备与设施是完成物流各项活动的工具、手段与载体，是组织物流活动的物质技术基础。离开一定的物质技术条件，任何物流活动都将无法进行。物流的各个环节、诸功能要素以及供应链的各个节点要起作用，几乎都需要通过相应的物流设备与设施来实现。物流设备与设施为物流的发展提供了强有力的硬件支持。作为生产力要素，物流设备与设施对于发展现代物流，改善物流状况，促进现代化大生产、大流通，强化物流系统能力，具有十分重要的作用。

1.1 物流常识

1.1.1 物流的定义

《中华人民共和国国家标准物流术语》（GB/T 18354—2006）将物流（Logistics）定义为：物品从供应地向接收地的实体流动过程，根据实际需要，将运输、储存、装卸、搬运、包装、流通加工、配送、信息处理等基本功能实现有机结合。

美国物流管理协会（CLM，Council of Logistics Management。CLM 于 2005 年 1 月 1 日更名为美国供应链管理专业协会，即 CSCMP，Council of Supply Chain Management Professional）于 1998 年对物流作的定义是：物流是供应链流程的一部分，是为了满足客户需求而对商品、服务及相关信息从原产地到消费地的高效率、高效益的正向和反向流动及储存进行的计划、实施与控制过程。它不仅把物流纳入了企业间互动协作关系的管理范畴，而且要求企业在更广阔的背景下来考虑自身的物流运作。即不仅要考虑自己的客户，而且要考虑自己的供应商；不仅要考虑到客户的客户，而且要考虑到供应商的供应商；不仅要致力于降低某项具体的物流作业成本，而且要考虑使供应链运作总成本最低。

评价物流体系的五个主要要素被称为物流五要素（Five Elements of Logistics），它们是：品质、数量、时间、地点和价格。品质是指物流过程中，物料的品质保持不变；数量是指符合经济性的数量要求和运输活动中往返运输载重尽可能满载等；时间是指以合理费用及时送达为原则做到的快速；地点是指选择合理的集运地及仓库，避免两次无效运输及多次转运；价格是指在保证质量及满足时间要求的前提下尽可能降低物流费用。

1.1.2 物流的基本职能

物流的基本职能是指物流活动应该具有的基本能力以及通过对物流活动的有效组合，形成物流的总体功能，以达到物流的最终经济目的。一般认为，物流职能由以下内容构成①。

（1）包装。一般分为工业包装和商业包装，包括产品的出厂包装，生产过程中在制品、半成品的换装，物流过程中的包装、分装、再包装等；既保护了物品又便于储存运输。

（2）装卸搬运。在一定的区城内，改变物品存放状态和位置的活动；主要研究装卸搬运方式、装卸搬运机械的选择、装卸搬运物品的灵活性和可运性、装卸搬运效率的提高。

① http://wenku.baidu.com/view/79c36b5d0b4e767f5acfcedf.html，物流基础知识。

（3）运输。实现物质资料的空间移动；在物流活动中处于中心地位，是物流的一个支柱；主要研究运输方式及其运输工具的选择、运输线路的确定，以及为了实现运输安全、迅速、准时、价廉的目的所施行的各种技术措施和合理化问题等。

（4）储存保管。一般由仓库来实现；主要研究储存物品以保养、维护为主要内容的一系列技术活动和保管作业活动，以及为进行有效保管而对保管设施的配置、构造、用途及合理使用、保管方法和保养技术的选择等。

（5）流通加工。流通加工是指在物流过程中，为了向用户提供更有效的商品，或者为了弥补加工不足，或者为了合理利用资源、更有效地衔接产需，而进行的一些辅助的加工活动；主要研究流通过程中的装袋、单元小包装、配货、挑选、混装等，生产外延流通加工中的剪断、打孔、拉拔、组装、改装、配套等，及因经济管理需要而对规模、品种、方式的选择和加工效率的提高等。

（6）配送。几乎包括了物流的所有职能，是物流的一个缩影或在某一范围内物流全部活动的体现；集包装、装卸搬运、保管、运输于一体，通过这些活动完成将物品送达的目的；主要研究配送方式的合理选择、不同物品配送的模式，及配送中心地址的确定、设施的构造、内部布置和配送作业及管理等。

（7）废旧物的回收与处理。生产消费和生活消费所产生的大量排泄物需要经过收集、分类、加工、处理等一系列活动，或使废旧物转化为新的生产要素，重新返回到生产过程或消费过程，或将不能成为新的生产要素的，进行销毁、填埋等处理。

（8）情报信息。物流各种职能的作用不是孤立存在的，需要及时交换情报信息；主要研究如何对情报信息的收集、加工、传递、存储、检索、使用，及管理信息系统的开发与应用等；目的在于保证情报信息的可靠性和及时性，以达到促进物流整体功能发挥的目的。

1.1.3 物流分类

按照不同的标准，物流可作不同的分类，通常而言，物流可按以下几种方式分类。

1. 按物流的范畴，可分为社会物流、行业物流和企业物流

（1）社会物流属于宏观范畴，包括设备制造、运输、仓储、装饰包装、配送、信息服务等，公共物流和第三方物流贯穿其中。

（2）行业物流属于中观范畴。

（3）企业物流属于微观范畴，包括生产物流、供应物流、销售物流、回收物流和废弃物物流等。

2. 按作用领域的不同，可分为生产领域的物流和流通领域的物流

（1）生产领域的物流贯穿生产的整个过程。采购开始便有相应的供应物流；在生产的各工艺流程之间，需要原材料、半成品的物流过程，即生产物流；部分余料、可重复利用的物资的回收，就是回收物流；废弃物的处理则需要废弃物物流。

（2）流通领域的物流主要是指销售物流。在当今买方市场条件下，销售物流活动带有极强的服务性，主要为了满足买方的需求，以实现最终销售。在这种市场前提下，销售往往以送达用户并经过售后服务才算终止。

3. 按发展的历史进程，可分为传统物流、综合物流和现代物流

（1）传统物流的重点集中在仓储和库存的管理和派送上，而有时又极为重视仓储和运输方面，以弥补在时间和空间上的差异。

（2）综合物流不仅提供运输服务，还包括许多协调工作，是对整个供应链的管理，如对陆运、仓储部门等一些分销商的管理，还包括订单处理、采购等内容。综合物流在供应链管理上很下功夫，责任更大，管理也更复杂，这是它与传统物流的区别。

（3）现代物流是为了满足消费者需要而进行的从起点到终点的原材料、中间过程库存、最终产品和相关信息有效流动及储存计划、实现和控制管理的过程。它强调了从起点到终点的过程，提高了物流的标准和要求，是物流的发展方向。现代物流有两个重要功能：能够管理不同货物的流通质量；可开发信息和通讯系统，通过网络建立商务联系，直接从客户处获得订单。

4. 按提供服务的主体不同，可分为代理物流和生产企业内部物流

（1）代理物流也叫第三方物流（Third Party Logistics，3PL），是指由物流劳务的供方、需方之外的第三方去完成物流服务的运作模式。第三方就是提供物流交易双方的部分或全部物流功能的外部服务提供者。

（2）生产企业内部物流是指一个生产企业内部物资的流动，包括从原材料进厂后，经过多道工序加工成零件，然后将零件组装成部件，最后组装成成品出厂的过程。

5. 按物流的流向不同，可分为内向物流和外向物流

（1）内向物流是企业从供应商进货所引发的产品流动，即企业从市场采购的过程。

（2）外向物流是从企业到消费者之间的产品流动，即企业将产品送达市场并完成与消费者交换的过程。

6. 其他物流

如：绿色物流、军事物流、定制物流、虚拟物流等。

1.1.4 物流学科性质

1. 物流学科是综合性交叉学科

（1）经济学属性：物流学科研究大量的物流资源配置优化、物流市场的供给与需求、政府对物流的管理、物流的发展与增长等问题，而解决这些问题就要用到经济学理论，涉及到许多经济学类专业，如经济学、国际经济与贸易等。

（2）管理学属性：企业的物流系统规划与设计、物流业务的具体运作、物流过程的控制、物流效益的考核与评估等都属于管理范畴，需要管理学理论的指导，涉及到许多管理学类专业，如工程管理、工业工程、信息管理、工商管理、市场营销、会计学、财务管理等。

（3）工学属性：现代物流需要高度自动化的物流设备与设施，这些设备与设施建设前，需要大量的工程技术人员进行分析和设计，建成后需要工程技术人员进行维护和管理，涉及大量的工程和技术，涉及到许多工学类专业，如机械、建筑、电子、信息、材料等。

（4）理学属性：物流的流体是商品，各种商品的物理、化学、生物特征不完全相同。照顾好顾客就要照顾好将要配送给顾客的商品，商品的检验、养护、鉴定、流通加工等作业环节都需要诸如数学、物理、化学和材料等学科的指导。

2. 物流学科具有系统性

系统性是物流学科最基本的特性，物流与系统科学的结合是物流学科发展的主要条件，物流系统的界定是物流学科产生的标志，物流系统符合一般系统模式。

3. 物流属于应用学科

物流学科大多是相关学科的成果在物流领域中的应用。物流科学源于实践的需要，价值受实践的检验。

1.1.5 物流管理与物流系统

《中华人民共和国国家标准物流术语》（GB/T 18354—2006）对物流管理（Logistics management）的定义是：为以合适的物流成本达到用户满意的服务水平，对正向及反向的物流过程及相关信息进行的计划、组织、协调与控制。

现代物流管理建立在系统论、信息论和控制论的基础上。

物流系统是指在一定的时间和空间里，由所需位移的物资、包装设备、装卸搬运机械、运输工具、仓储设施、人员和通信联系等若干相互制约的要素所构成的具有特定功能的有机整体。物流系统的具体含义如下。

1. 物流系统的目标

（1）服务目标：物流系统是“桥梁、纽带”作用的流通系统的一部分，它具体地联结着生产与再生产、生产与消费，要求有很强的服务性。送货、配送等形式就是其服务性的体现。

（2）快速、及时目标：既是一个传统目标，更是一个现代目标。如直达物流、联合一贯运输、高速公路、时间表系统等管理和技术，就是这一目标的体现。

(3) 节约目标：除流通时间的节约外，由于流通过程消耗大而又基本上不增加或提高商品使用价值，所以厉行节约来降低投入，是提高相对产出的重要手段。

(4) 规模化目标：以物流规模作为物流系统的目标，以此来追求“规模效益”。研究物流集约化的程度，就是规模优化这一目标的体现。

(5) 库存调节目标：是服务性的延伸，也是宏观调控的要求，当然，也涉及到物流系统本身的效益。确定库存方式、库存数量、库存结构、库存分布就是这一目标的体现。

2. 物流系统的功能要素

物流系统的功能要素指的是物流系统所具有的基本能力，这些基本能力有效地组合、联结在一起，便成了物流的总功能，便能合理、有效地实现物流系统的总目的；一般包括运输、储存保管、包装、装卸搬运、流通加工、配送、物流信息等。从物流活动的实际工作环节来考查，物流也是由上述七项具体内容构成的。这些功能要素反映了物流系统的能力，增强这些要素，使之更加协调、更加可靠，就能够提高物流运行的水平，具体体现在物流系统水平的提高上。其中运输和储存分别解决了供给者及需求者之间场所和时间的分离，是物流创造“场所效用”及“时间效用”的主要功能要素，因而在物流系统中处于主要功能要素的地位。

3. 物流系统的一般要素

(1) 人的要素：人是所有系统的核心要素，也是系统的第一要素。

(2) 资金要素：资金是所有企业系统的动力。

(3) 物的要素：包括物流系统的劳动对象，即各种实物。

(4) 信息要素：包括物流系统所需要处理的信息，即物流信息。

4. 物流系统的支撑要素

物流系统的支撑要素可确定物流系统的地位，协调与其他系统之间的关系，主要包括：体制、制度、法律、规章、行政命令和标准化系统。

5. 物流系统的物资基础要素

物流系统的建立和运行，需要有大量技术装备手段，这些手段的有机联系对物流系统的运行有决定意义。主要包括：①物流设施；②物流装备；③物流工具；④信息技术及网络；⑤组织及管理。

1.1.6 现代物流

现代物流（Modern logistics）是相对于传统物流而言的。它在传统物流的基础上，引入高科技手段，即运用计算机进行信息联网，并对物流信息进行科学管理，从而使物流速度加快，准确率提高，库存减少，成本降低，以此延伸和放大传统物流的功能。

1. 现代物流的技术

现代物流的技术手段主要体现在如下三个方面。

（1）自动识别与分拣跟踪技术。自动识别技术主要有条码技术、扫描技术和射频技术。条码技术标准主要包括码制标准和条码标识标准，跟踪技术包括 GPS 技术等。

（2）电子数据交换。

（3）物联网技术。

2. 现代物流的特征

当前，现代物流的发展方向是系统化、信息自动化、社会化、标准化、一体化等。现代物流的特征有如下几个方面。

（1）信息化：是现代物流的灵魂，是现代物流理念和运作模式得以实现的技术支撑。

（2）一体化：把运输、仓储、配送、装卸搬运、包装、流通加工等诸多环节进行系统优化和统筹考虑，跨越地理界限和行业分割，实现区域物流一体化、城乡物流一体化及物流管理的一体化，是现代物流整合思想的具体要求。

（3）网络化：是指发挥网络经济的特性，形成规模优势，便于充分发挥各地资源，形成有效的服务网络。

（4）柔性化：是指物流小批量、多批次的需求趋势，是与生产柔性化、公众需求多样化、个性化相互匹配的。

（5）社会化和专业化：这是社会大分工的必然趋势；通过细化分工和市场，形成社会大协作、大生产和大流通的格局。

（6）国际化：是适应经济全球化趋势，在全球范围内配置资源的必然要求。

1.2 物流供应链管理

1.2.1 供应链及相关概念

《中华人民共和国国家标准物流术语》（GB/T 18354—2006）对供应链（Supply Chain）的定义是：生产及流通过程中，涉及将产品或服务提供给最终用户活动的上游与下游组织所形成的网链结构。对供应链管理（Supply Chain Management）的定义是：对供应链涉及的全部活动进行计划、组织、协调与控制。从产品或服务市场需求开始，到满足需求为止的时间范围内，所从事的经济活动中所有涉及到的物流活动的部分所形成的有机的链条，即为物流供应链。将企业物流、家庭物流、非营利机构物流以及绿色物流整合起来，可称之为完全物流链或完全供应链。

供应链物流大致分为三部分：采购、生产和市场营销。通常所说的物流往往局限于仓储和运输，实际上只包括在生产部分中。而上面说到的三方面是相互影响的，市场引导采购方向，采购同时兼顾生产中的质量控制。在当前外部压力增大、企业面临生存困境的情况下，企业要前所未有地重视物流供应链管理，要从供应商、企业内部各层面、中间商、消费者等等方面进行总动员，有效解决企业面临的对利润增长点和对成本控制的需求，以及企业面临的客户服务水平提升的挑战。

冷链物流是制冷行业发展的一个广阔市场，其对经济中供应链的作用也是日益重要。冷链物流泛指冷藏冷冻类食品、药品等商品，在生产、贮藏、运输、销售等环节中始终处于规定的低温环境下，以保证其质量、减少其损耗的一项系统工程。随着经济的活跃，南北货物流通率明显提高，各地都在构建系统的冷链物流供应链，各个大型集团也都在完善自身的供应链系统，这样冷链物流供应链系统的建设就成了政府与企业共同努力的课题。冷链物流供应链系统的建设离不开冷库的建设，没有冷库便不会有冷链物流运输，也不会有冷链物流供应链系统仓储，所以大力建造冷库，建设大规模、高水准冷库便会成为冷链物流供应链建设的重要任务。

当前市场环境下物流供应链被许多企业视为生命线。物流供应链管理在控制成本、降低库存、分散风险方面的作用已经得到越来越多的企业家的认同和重视①。

1.2.2 加强物流供应链管理

在物流供应链各环节，企业不仅要加强物流基础设施建设，更要在提升企业管理软实力上下功夫，刚柔并济，提高物流水平。企业可从以下两个方面加强物流供应链管理。

1. 硬的方面：加强物流基础设施建设

物流基础设施建设是物流供应链的基础。物流系统要做到准时交货、降低库存费用，运输环节的货车、装卸环节的起重机、仓储环节的传送带以及土地、厂房等硬件设施是保证作业流程顺利进行的基础。以冷链物流为例，由于维持冷链物流的低温环境需要冷冻车、冷库等硬件设备，因此在冷链物流供应链环节，冷冻车等基础装备成为冷链物流企业的立身之本，在诸如奶制品、肉制品等产品物流中有着重要作用。

---

① http：//baike. baidu. com/view/1337624. htm？ fr = aladdin，物流供应链。

2. 软的方面：提升企业管理软实力

企业较强的整合能力与管理水平等软实力成为有效保障物流供应链运作的必要条件。物流供应链应建成一个环环相扣的供应链，使多个企业能在整体的管理下实现协作经营和协调运作。在企业基础设施建设逐步完善的基础上，企业的整合能力、管理水平、资金运作水平、信息化建设等，是企业物流发展的动力。在现代市场格局中，企业内部供应链管理已延伸和发展为产业链管理，管理的资源从企业内部扩展到了外部。信息系统建设是提升企业管理软实力的重点。借助现代信息技术的应用，实现企业物流系统管理电子化，对于加快响应市场的速度，减少库存积压，提高运输质量，保证服务水平有着至关重要的作用。

通过“软”“硬”兼施，加强物流供应链管理，必将提升企业自身的综合素质，在市场竞争过程中，更加胸有成竹，开拓进取；哪怕遇到危机，也能安全渡过。

1.2.3 降低成本

降低成本是提高效率的重要途径，可通过以下方式实现。

（1）把职能性费用降低到最低水平。每一个人在其责任的职能范围内做好管理工作，并且直接向公司管理部门负责，根据其要求，竭尽全力把成本降低到尽可能低的水平。

（2）把交货成本降低到最低水平。把包括交货成本在内的各项成本费用降低到最低限度仅仅是一个经营管理原则，而不是千篇一律的业务经营守则，更不是交货价越低越好。不仅要在从供应商进货（原材料）和向客户送货两个环节上做大量的管理工作，更要跟踪和分析并充分认识到自己内部流通渠道的管理过程中必然发生的成本，对这种成本的关注将有助于降低交货成本。

（3）把所有权总成本降低到最低水平。应该做出一定的利益退让以便满足客户的要求，比降低成本和财产的最小化更加重要的是，公司在发展的开始就要注意各方面经营管理之间的平衡。

（4）进一步降低企业销售增值成本。企业贡献给供应链的增值成本实际上是在物资所有权总成本以外的附加客户价值。企业应致力于降低与市场营销、销售、工程技术支持、场地服务支持、信息技术费用、行政费用有关联的成本。

（5）降低与最接近的贸易伙伴有关的企业内部附加值成本。对直接供应人、客户和中间商的成本分析，去除中间环节和加入中间环节都必须慎重考虑。通过公司、企业之间的相互合作，消除重复操作，提高服务质量，减少总体联合成本。

（6）将向最终用户交货的供应链成本降低到最低点。致力于处理超出核心伙伴范围以外的问题，并且进行分析；关注重点就是业务交往上的最终人员，或者业务客户，或者最终用户。

1.2.4 4R 管理理论

在当前供应链竞争时代，物流公司出现了很多指导供应链管理者的理论，其中就有4R管理理论——快速反应（Responsiveness）、可靠性（reliability）、弹性（Resilience）和相互关系（Relationships）。

1. 快速反应

在变化的竞争环境中，要做到快速反应，即“敏捷”。敏捷意味着快速的行动和即刻满足客户需求。当前，敏捷其实比传统商务上认为的“长期战略”更为重要，因为未来需求是不确定的，因此有时制定计划有困难，甚至可以说很危险。未来企业必须以需求推动生产而不是依靠预测进行生产，即应依靠快速反应来进行交易。要做到这一点，需要努力的是整条供应链而不只是公司自身。在这个要求“及时制”的世界，能够以较短的时间窗（time window）响应客户需求是一项重要能力。客户希望的不仅是较短的前置时间，还包括弹性的和优化的客户解决方案，供应商必须能够在较短的时间里准确满足客户需求。

2. 可靠性

未来的需求不确定，供应商履行配送承诺的能力不确定，原材料和配件的质量也不确定，安全库存的不确定，导致企业必须考虑可靠性问题。可靠性只能依靠重新设计那些影响操作的过程来获得。提高物流可靠性最好的办法不是检验而是过程管理，要点之一是提高供应链可视性。如果有什么办法可以令供应链更开放，使端到端一路清晰可视，那么可靠性就必然会得到提升。

3. 弹性

弹性涉及供应链处理不确定干扰的能力。当今市场的特点之一是多变，商业、经济和政治环境都不确定，使得供应链容易中断，商业的连续性受到威胁。许多公司因为利润上的压力都倾向于寻找降低成本的方案，结果却使得供应链更加脆弱。富有弹性的供应链也许不是成本最低的，但一定具有更好应对不确定环境的能力。它有许多特征，其中最主要的就是在它最易受到伤害的地方投入更多的关注。另外还有一些特征，如认识到战略性库存的重要性、有选择地利用闲置力量处理突发事件等。

4. 相互关系

竞争优势可以来自一种双赢的模式，即客户同供应商建立长期合作的良好关系。从供应商的角度出发，这种关系能够自动给竞争者的介入设置障碍。供应商和客户之间的相互依存度越高，竞争者就越无法打破它们的链条。这样可带来的利益包括：提高质量，共享新理念，降低成本和共同制定销售及配送计划等。

案例分析

苏宁电器的物流供应链①

物流不仅能决定终端的速度效率，同样是一家企业提升竞争力的核心资产。对苏宁来说，如果遍地开花的连锁店面是“看得见的苏宁”，那么其庞大的后台物流基地则是在打造一个“看不见的苏宁”。家电零售业行业本身的特点决定了苏宁必定是一个以物流和供应链为核心的企业。

一、苏宁简介

苏宁电器1990年创立于江苏南京，是中国3C（家电、电脑、通讯）家电连锁零售企业的领先者，是国家商务部重点培育的“全国15家大型商业企业集团”之一。截至目前，苏宁电器连锁网络覆盖中国大陆30个省，300多个城市，香港特别行政区和日本地区，拥有1 100多家连锁店、80多个物流配送中心、3 000家售后网点，经营面积500万平方米，员工13万多人，年销售规模1 200亿元。苏宁的品牌价值达508.31亿元，是中国最大的商业连锁企业，名列中国上规模民企前三，中国企业500强第54位，入选《福布斯》亚洲企业50强、《福布斯》全球2 000大企业中国零售企业第一。

物流是苏宁电器的核心竞争力之一。苏宁电器建立了区域配送中心、城市配送中心、转配点三级物流网络，依托WMS、TMS等先进信息系统，实现了长途配送、短途调拨与零售配送到户一体化运作，平均配送半径80～300公里，日最大配送能力17万台套，实现24小时送货到户。相继在杭州、北京、南京等地开发建设了现代化物流基地，上海、天津、沈阳、成都、长春、无锡、合肥、徐州、福州等地物流基地建设也全面铺开，预计到2015年完成全国60个物流基地的布局。通过专业化、机械化、信息化的运作，每个基地可支持50亿～200亿元的年商品销售规模，零售配送半径最大可达150公里，并承担地区售后服务中心、地区呼叫中心、

① http：//wenku. baidu. com/view/bb24ec21482fb4daa58d4b85. html？re = view，苏宁电器物流供应链案例分析。

地区培训中心等功能，成为支撑公司连锁事业的大服务、大后方平台。

苏宁电器视信息化为企业神经系统，建立了集数据、语音、视频、监控于一体的信息网络系统，有效支撑了全国300多个城市数千个店面的物流、售后、客服终端运作和十多万人的一体化管理，信息化建设先后入选中国商业科技100强、中国企业信息化500强。苏宁依托SAP/ERP、B2B、B2C、OA、SOA、HR、BI、WMS、TMS、CRM、Call Center等信息应用系统，实现了“供应商、内部员工、消费者”三位一体的全流程信息集中管理。此外，苏宁电器先后与IBM、微软、SAP、思科等国际知名IT企业开展信息系统建设战略合作，打造国际化智慧苏宁。

此外苏宁也在企业文化的构建以及客户服务、企业的经营管理等方面有很大建树，得到业内同行及广大消费者的一致好评。

二、供应链建设

苏宁通过与供应商建立战略合作伙伴关系并构建信息系统，最终达到风险共担、信息共享、共同获利的共赢目的。这样的供应链构建思想贯穿于苏宁供应链的始终。

第一，致力于供应链的整合。苏宁结合自身行业的特点进行供应链的整合，搭建信息化系统。为建立与供应商的无缝链接，苏宁打造了连锁经营的“IT神经网络”。2004年苏宁加大企业信息工程的投入，总投资1.36亿元，启动中国零售业信息化一号工程。2006年4月11日苏宁SAP/ERP在全国苏宁连锁店成功上线，建立国际一流信息平台，基于多媒体技术控制体系，将供应商、连锁企业、分销商直至终端用户连成一个整体，建立功能强大的网链结构，实现跨区域、跨行业的紧密协作，打造了中国零售业信息化TOP-ONE工程。苏宁还力推新营销模式。2004年11月，苏宁海尔在南京成立经营推进公司，这种创新合作，是两个定位于世界500强的企业的握手，标志着一种以争取绝对规模优势为特点，更细化、更专业、更具价值竞争力的集群竞争模式出现，很大程度上说明了中国家电行业“协同整合”时代已经到来。此时，企业与上游供应商之间不再是短期的买卖关系，而是已经发展为长期的合作伙伴关系。

第二，建立信息共享平台，整合上游资源，组织适销对路的商品。通过与供应商之间的信息共享，下游节点企业可以将终端消费者的新需求反馈给上游制造商，促使其有针对性地进行工艺流程的改进，生产适销对路的高质量产品。

第三，降低商品库存，减少库存成本，加快商品周转速度。苏宁电器目前在全国拥有100多个物流配送中心（点），基本上是各个省会城市及地级市的分公司都拥有一个仓库，仓储面积80万平方米，仓储总量达到了400万台/套。SAP系统启用后，将改变先前供应商铺货分散的局面，形成某个区域的各分公司仓库共享的优势，这使得公司的仓储面积将减少一半以上，库存量降低20%~50%，存货周转率提高20%~60%。

第四，SAP/ERP系统成为苏宁连锁快速发展的加速器。通过实施有效的企业资源计划，以 SAP/ERP 为核心的信息化管理模式将构筑起苏宁最强的长期竞争力。SAP 不但提高了前台销售的工作效率，以往一笔成交需要花费 5 分钟的时间现在缩短到了不到 1 分钟，而且提高了后台服务的响应速度，更重要的是实现了苏宁全国资源的整合和统一。

第五，补货系统。苏宁的补货系统可使它在任何一个时间点都知道现在某个商店当中有多少货品，有多少货品正在运输过程当中，有多少是在配送中心等等。降低配送成本的一个方法就是把这种配送成本和供应商伙伴们一起来进行分担。苏宁电器已经采用物流配送中心来节省成本，它把整个系统中的各个链，从供货商到货架到顾客，有机地链接起来。苏宁电器告诉供货商：苏宁并不是你们的顾客，那些最终在商场当中买商品的人才是顾客。作为经营者必须要想一想，应该采取一些什么样的方式，能够在整个链接当中把成本降到最低，最后再把这一部分节省下来的。

第六，加强自身的网络平台建设。2009 年 8 月 18 日，苏宁电器网上商城全新升级，并正式更名为“苏宁易购”。通过网页建设、购物流程优化、产品知识积累、促销手段丰富和在线服务等工作，苏宁易购在满足消费者网购需求的同时，给消费者提供了更加便捷的商品查询、知识了解、促销购物体验以及更好的服务体验，比如配送、安装状态查询，产品/服务在线咨询，门店/促销信息了解等；同时，通过进一步搜集客户资料，加强客户行为分析，苏宁易购能够更有效地推进公司的全会员营销与针对性营销。在采购规模上，苏宁采用线上、线下统一采购；采购人员对产品有很深的认知；售后服务、维修网点的覆盖范围日益增大。“苏宁易购”已被全面打造成一个专业的家电购物与咨询的网站，与公司实体店面网络形成有效互补，在提升品牌形象的同时，更好地提升了公司整体销售与服务水平。与京东商城的合作，使苏宁通过网络配送为顾客提供了更便捷的服务。

第七，加大物流基地的建设。2010 年上半年，苏宁电器在济南、青岛、杭州（二期）、盐城等地获得物流基地建设用地；同时，重庆、合肥物流基地进入正式施工阶段。现在苏宁物流基地已有 4 家进入（试）运营、6 家进入施工阶段，另外签约储备项目达到 12 个。目前，苏宁已经制订了明确的物流基地开发计划，其中，沈阳物流基地预计将于 2010 年 9 月投入使用，同时下半年还计划新开工 4 家物流基地。2015 年前，苏宁将完成覆盖全国的 60 个物流基地建设，预计总投入超过 120 亿元。

以上几个方面是苏宁采取的加强供应链建设的措施，下面是对苏宁同海尔两大巨头的供应链对接的介绍，读后可以深入了解一下供应链建设在其建立战略合作伙伴关系方面所作出的重大贡献。

三、苏宁—海尔供应链对接

苏宁、海尔早就在 2005 年就以经营推进公司的形式展开战略性合作并取得了巨大成功，此次供应链的对接是一项围绕物流体系、信息系统、服务系统展开的供应链对接工程，这两大分别属于中国家电制造行业和家电流通行业的最著名的民族品牌将由此实现真正的“同呼吸共命运”。通过双方B2B系统的对接，充分实现以销售、售后服务为中心的SCM运营模式，这一系统将要实现的接口包括：苏宁采购订单接口、海尔发货单接口、苏宁入库单接口、海尔销售发票接口、海尔可供库存数据接口、苏宁门店销售数据接口、苏宁公司库存接口等23个接口。通过系统对接，业务处理速度和数据准确度提高，使双方业务流程更加合理，争取消除售后手工作业，提高售后结算对账效率，加速残次机的处理，加强对消费者的研究和分析，引导产品制造趋势，并最终增强企业竞争力。

系统的对接还将使双方的物流系统首次展开整合，实现库存、配送数据的共享和物流车辆、人员的统一调配。业内人士分析，这种对物流平台的整合首先能使商品流通效率提高，附加于产品的相关费用减少，从而最终使老百姓得到实惠。其次，双方采取科学的管理方式、现代的网络体系和上下游之间的信息共享，将使得商家的信息更加快捷，库存更加合理，不再会出现旺季断货的情景。最后，物流整合后还拥有了一支专业、可靠、高素质的服务队伍，使消费者在购物前后享受到更快、更准的物流配送服务，这也正是广大消费者所翘首期盼的。

四、绩效评价

随着经营规模的扩大，苏宁对家电产品的理解不断深入，商品采购能力、供应链管理能力逐步提升，单品管理能力进一步加强。各品类分别制定目标，通过持续推进定制、包销等采购创新手段，高毛利产品销售占比逐步提高，促进毛利率水平稳步提升。通过新型供应链的构建最终实现了同供应商之间的风险共担、共同获利以及信息的共享。由此也产生了一系列的连锁反应：企业单件采购成本降低，获利增加，交货期大大缩短，产品工艺的创新效率大大提升，对于供应商来说，能够了解终端需求达到有的放矢的目的，在由一对多传统模式向一对一定制化模式的转变过程中占据有利时机。

苏宁电器通过供应链的变革及其建设，大大增强了自身的竞争力，获得消费者的好评，产品配送速度大大提高，在基于时间的竞争格局中抢占先机，销售额大幅提高，收入增加，获利增多。

案例点评：

物流是一个企业重要的利润增长点，通过供应链的变革与优化管理，可大大增强自身的竞争力。

复习思考题

一、简答题

1. 简述物流的分类。

2. 简述企业物流结构。
3. 简述物流系统分析方法。
4. 供应链管理具有哪些特征?
5. 供应链管理涉及哪些主要领域?
6. 供应链管理的主要内容有哪些?

二、案例分析

某公司首次承揽到三个集装箱运输业务，时间较紧，从上海到大连铁路1 200公里，公路1 500公里，水路1 000公里。该公司自有10 辆10 吨普通卡车和一个自动化立体仓库，附近有一家联运公司，虽无集装箱卡车，但却有专业人才和货代经验，只是要价比较高，至于零星集装箱安排落实车皮和船舱，实在心中无底。你认为采取以下哪种措施比较妥当? ①自己购买若干辆集装箱卡车然后组织运输。②想法请铁路部门安排运输但心中无底。③水路路程最短，请航运公司来解决运输。④联运公司虽无集卡，但可叫其租车完成此项运输。⑤没有合适运输工具，辞掉该项业务。

第 2 章

物流设备与设施概论

学习目的和要求

- 了解物流设备与设施在物流系统中的地位和作用
- 了解物流设备的分类与发展
- 掌握物流设备的管理与选用

物流设备与设施是完成物流各项活动的载体与手段，伴随着物流的发展与进步正朝着自动化、信息化、智能化、集成一体化方向发展。

物流设备是现代企业的主要作业工具之一，是合理组织批量生产和机械化流水作业的基础，是物流系统中的物质基础，随着科技进步，物流设备不断得到提升与发展。物流设备也是物流系统的技术基础，涉及物流活动的全局；是物流现代化的主要标志；是物流系统中的重要资产，影响物流活动的每一个环节；是物流技术水平高低的重要表现。

物流设备的运用极大地减轻了人们的劳动强度，提高了物流运作效率和服务质量，降低了物流成本，促进了物流的快速发展。企业是由若干系统组成的，而每个系统之间又是紧密联系、环环相扣的，要想企业内部运转快速，就要建立良好的系统。而对于良好的系统来说，物流设备的发展具有战略性的地位。

2.1 物流设备与设施概论

2.1.1 物流系统

系统科学形成于20世纪，是一门综合性科学，以具有系统意义的现象或问题为研究对象，揭示系统的活动规律，探讨有关系统的各种理论和方法。

物流系统是包含物流各要素的有机整体。它是社会经济大系统的一个子系统或组成部分，同时本身也具有可分性，可分解成若干个子系统。和一般系统一样，它具有输入、转换及输出三大功能，通过输入和输出使系统与社会环境进行交换，使系统和环境相依而存，而转换则是这个系统带有特点的功能。它是一个大跨度系统，表现为地域跨度大和时间跨度大。它稳定性较差而动态性较强，其成功要素是使物流系统整体优化以及合理化，并服从或改善社会大系统的环境。

物流设备与设施是物流系统的重要物质基础要素之一。

2.1.2 物流设备与设施的概念

物流设备与设施是指进行各项物流活动和物流作业所需要的设备与设施的总称，既包括各种机械设备、器具等可供长期使用，并在使用中基本保持原有实物形态的物质资料，也包括运输通道、货运站场和仓库等基础设施。

物流设备与设施是贯穿于物流系统全过程各作业环节的技术支撑要素，是组织物流活动和物流作业的物质技术基础，是物流服务水平的重要体现。物流设备与设施的合理配置与使用管理直接决定了物流系统的效率和经济效益。

2.1.3 物流设备与设施的基本构成体系①

根据实际经验，物流设备与设施可分为如下三大类。

1. 物流基础性设施

物流基础性设施一般具有公共设施性质，是宏观物流的基础，由政府投资建设，辐射范围大。细分起来，又可分为如下三类。

（1）交通枢纽点：包括大型交通枢纽、全国或区域性铁路枢纽、公路枢纽、水路枢纽港、航空枢纽港，也包括国家级战略储备中心、辐射性强的物流基地等。

（2）交通运输线：铁路、公路、水运及空运航道、输送管道等。

（3）物流基础信息平台：为企业物流信息系统提供基础信息服务，如交通状况信息、交通组织与管理信息、城市商务与经济地理信息等，承担不同企业间的信息交换枢纽支持、提供政府行业管理决策支持等。

2. 物流功能性设施

物流功能性设施是提供物流功能性服务的基本手段，是物流社会化服务的组成部分，往往

① http：//www. tup. tsinghua. edu. cn/Resource/tsyz/052579 - 01. pdf，物流设施与设备概述。

被第三方物流企业所拥有。它主要包括以下几类。

（1）以储存为主要职能的节点：如储备仓库、中转仓库、货栈等，物资在这种节点上停滞的时间较长。

（2）以组织物资在系统中运动为主要职能的节点：如流通仓库、流通中心、配送中心、流通加工点等。

（3）物流系统中的载体：包括货运车辆、货运船舶、货运飞机、货运管道等。

3. 物流设备

物流设备是指进行各项物流活动所需的机械设备，一般都由大量零部件组装而成。功能是：完成特定的工作、组合成生产线或物流系统、对商品进行深加工等。物流设备门类全，型号规格多，品种复杂，一般按完成的物流作业不同，可分为以下几类。

（1）物流仓储设备：是指在仓库中进行生产和辅助生产作业以及保障安全所必需的各种设备的总称。主要有货架、堆垛机、室内搬运车、出入库输送设备、分拣设备、自动导引车、搬运机器人等。这些设备可以组成自动化、半自动化、机械化的商业仓库，来堆放、存取和分拣承运物品。

（2）流通加工和包装设备：流通加工设备，是指适用于完成流通加工任务的相关机械设备，如金属加工设备、搅拌混合设备、木材加工设备等；主要有切割设备和包装设备两大类。切割设备有金属、木材、玻璃、塑料等原材料的切割设备；包装设备是指完成全部或部分包装过程的机器设备，其目的是保护产品、方便储存和运输、促进销售等。

（3）装卸搬运设备：是指将各种物品提升、下降、移动、放置于需要的位置，进行短距离运输的设备。在物流系统中，搬运装卸作业是一个重要的环节，搬运装卸设备是不可或缺的。从用途和结构特征来看，用于装卸搬运的设备主要有桥式起重机、悬臂式起重机、千斤顶、装卸桥等；用于短距离输送的设备有叉车、连续运输机等。

（4）集装单元化器具：主要有集装箱、托盘、周转箱和其他集装单元器具。货物经过集装器具的集装或组合包装后，具有较高的灵活性，随时都处于准备运行的状态，利于实现储存、装卸搬运、运输和包装的一体化，实现物流作业的机械化和标准化。

（5）运输设备：是指用于较长距离运输货物的设备。鉴于运输在物流中的独特地位，使得运输设备必须满足更高的要求，如具有高速化、智能化、通用化、大型化和安全可靠等特性，从而提高运输的作业效率，降低运输成本，并使运输设备利用达到最优化。运输设备按运输方式可分为载货汽车、铁道货车、货船、空运设备和管道设备等。

（6）物流信息技术设备：是应用于物流系统中的信息技术及设备的总称。包括基于各种通信方式的移动通信手段及设备、计算机网络技术设备、自动化仓库技术设备、智能标签技术设备、条码及射频技术设备、全球卫星定位（GPS）技术设备、地理信息（GIS）技术设备等。

2.1.4 物流设备与设施在物流系统中的地位和作用

物流设备的选择与配置是否合理、物流设施的布局及水平高低，直接影响着物流功能的实现及物流系统的效益。

1. 物流设备与设施是物流系统的物质技术基础

物流设备与设施是实现物流功能的技术保证，是实现物流现代化、科学化、自动化的重要手段。物流系统的正常运转离不开物流设备与设施，正确、合理地配置和运用物流设备与设施是提高物流效率的根本途径，是降低物流成本、提高物流系统经济效益的关键。

2. 物流设备与设施是物流系统中的重要资产

在物流系统中，物流设备与设施的价值占资产的比例很大，不仅铁路、公路、水路枢纽港和航空枢纽港等基础性设施的建设需要巨额费用，物流基地、物流中心、配送中心等基础性设施投资规模也很大，少则上千万元，多则几十亿甚至几百亿。物流设备与设施投资额大，投资回收期长，一旦投资失误将造成巨大损失。所以，应重视物流设备与设施的规划，以形成配套的综合运输网络、完善的仓储配送设施、先进的新型信息网络平台。

3. 物流设备与设施贯穿于物流活动中的每一个环节

在整个物流过程中，物品从供应地向接收地进行转移，要经过包装、运输、储存、装卸、搬运、流通加工、配送等多个物流作业环节。在每一个物流环节中，都要靠物流设备进行相应的物流作业，任何一个环节离开了这些物流设备与设施，或者物流设备与设施的技术水平不高，都会影响到物流作业效率，最终影响整个物流系统的效率。

4. 物流设备与设施是物流技术水平高低的标志

一个高效的物流系统离不开先进物流技术的应用，而先进的物流技术是通过物流设备与设施体现的，如在现代化的物流系统中，自动化仓库技术的应用中综合运用了自动控制技术、计算机技术、现代通信技术等高科技技术，使仓储作业实现了半自动化、自动化。所以，物流设备与设施的现代化水平，决定了物流的作业能力和作业规模，是生产力发展水平与现代化程度的重要标志。

2.1.5 物流设备的选择与管理

1. 物流设备选择与配置的原则

总体上有以下四大原则：技术上先进，经济上合理，生产上安全，环境上无污染。具体有以下6个原则。

（1）系统化原则：对物流系统的各组成部分进行系统化分析，使设备之间、设备与人员之间、设备与作业任务之间等有机结合起来，使各环节机能协调，设备配置选择最佳，以达到系统整体效益最优。

（2）适用性原则：所选用的设备符合物流作业对功能的需求，功能不宜过多或多少。

（3）技术先进原则：以物流作业需要为前提，以获得最大经济效益为目标，设备的主要技术参数、自动化程度、结构优化、环境保护、操作条件、现代新技术的应用等方面具有技术上的先进性，并在时效方面满足技术发展要求。

（4）低成本原则：使设备寿命周期成本最低，通过对设备购置费、运行费、维修费、寿命周期先进性等方面的综合权衡和详细分析，选择适用的设备。

（5）可靠性和安全性原则：设备安全设置的增加、故障率的下降一般以增加购置费和运行费为代价，应综合考虑。

（6）一机多用原则：尽可能实现一机同时适宜多种作业环境的连续作业，以减少作业环节，提高作业效率。

2. 物流设备的选择过程

（1）弄清物流设备规划的要求：如物流服务业务需求和法规要求，物流设备技术状况和发展趋势，可筹集用于设备投资的资金额。

（2）明确物流设备选择的目标：建立选择的指标体系，确定评价指标的标准和权重。

（3）收集相关的数据资料：货物种类及性能、运货量等，用户对物流设备技术的评价，货仓条件、地基承受力、作业空间。

（4）提出物流设备的初步配置方案。

（5）比较各配置方案并进行技术经济评价：看一下每吨作业的投资额和每吨作业的成本，进行投资回收期法综合费用比较等，可采用现值比较法或综合评价法。

3. 物流设备的管理

物流设备管理指根据企业物流发展战略和物流作业要求，通过一系列技术、经济、组织措施，对设备寿命周期内的所有设备的物质运动形态和价值运动形态进行科学的管理。其中技术状况指标有：①设备完好率；②设备故障率；③设备的新度；④设备更新率；⑤设备役龄；⑥设备可利用率；⑦设备综合效益。

2.2 物流设备与设施的现状和发展趋势

随着我国物流业的较快发展，各种物流设备数量迅速增长，技术性能日趋先进。

2.2.1 我国物流设备的发展现状

我国物流设备的发展现状主要体现在以下几个方面。

（1）物流设备总体数量迅速增加，尤其是运输、仓储、包装、物流信息等设备。

（2）基本形成了较完善的物流设备生产、销售和消费的市场体系。

（3）物流设备在物流的各个环节都得到了一定的应用，尤其在生产企业的生产、仓储，流通过程的运输、配送，物流中心的包装加工、搬运装卸等方面。

（4）专业化的新型物流设备和高技术装备不断涌现。

（5）物流设备的自动化水平和信息化程度得到了一定的提高，工作效率得到较大的提高。

（6）高水平物流设备与设施在全球范围内流动。

2.2.2 我国物流设备的发展趋势

我国物流设备的发展趋势主要有如下几个方面。

（1）大型化：设备的容量、规模、能力越来越大，是实现物流规模效应的基本手段。

（2）高速化：设备的运转速度、运行速度、识别速度、运算速度大大加快，体现在对“常速”极限的突破。

（3）实用化和轻型化：考虑综合效益。

（4）专用化和通用化：物流活动的特性要求一些设备向专门化方向发展，一些设备向通用化、标准化方向发展。

（5）自动化和智能化：将机械技术和电子技术相结合，将先进的微电子技术、电力电子技术、光缆技术、液压技术、模糊控制技术应用到机械的驱动和控制系统，实现物流设备的自动化和智能化将是今后的发展方向。

（6）成套化和系统化：只有当组成物流系统的设备成套、匹配时，物流系统才是最有效、最经济的。在物流设备单机自动化的基础上，通过计算机把各种物流设备组成一个集成系统，通过中央控制室与物流系统协调配合，形成不同机种的最佳匹配和组合，将会取长补短，发挥最佳效用。成套化和系统化物流设备具有广阔发展前景，以后将重点发展的有工厂生产搬运自动化系统、货物配送集散系统、集装箱装卸搬运系统、货物自动分拣与搬运系统等。

（7）绿色化：就是要达到环保要求。

（8）全球化：不仅在国内发展，还积极开拓国际市场，顺应全球一体化发展的时代趋势。

案例分析

剑南春集团的物流自动化设备①

2009年9月，我国白酒行业第一个现代化、自动化包装物流中心在在四川剑南春集团竣工投入使用，实现了从包装封箱后的自动输送酒箱到自动码盘、自动入库、空盘自动回流的全自动物流仓储流程，结束了我国白酒行业重酿造工艺、轻包装的传统模式，为剑南春集团跨越式发展再添新动力。

在传统白酒行业，产品在包装封箱后基本采用人工码盘，人力车或托盘车搬运到远离包装车间的平面库进行多层堆放，发货也采用人工操作，不但产品输送环节费时费力、成本高，而且损耗高、管理困难，属于劳动密集型行业，基本上无技术含量可言。

在物流中心建设之初，剑南春集团的领导就决定抛弃这种传统方式，将物流中心定位为国内白酒行业包装物流技术的最高水平，接近世界先进水平，在灌装、包装、码垛、输送、仓储、信息等环节实现全面自动化，最终达到提高效率、减少人员使用、节约成本的目的，改善环境，提高企业的竞争力。为全面提升物流能力，剑南春集团新建了6万平方米包装生产产房、8 300平方米成品库房、6.23万平方米包装材料库房、10万吨散酒库、16条包装自动化生产线等，并引进了从包装线末端自动送箱、自动码盘、自动入库、自动出库，到空托盘自动逆向物流的自动化物流仓储码垛系统。目前，剑南春集团实现了原辅材料供应、包装生产、物流配送一体化，可以全面满足每天超过10万箱酒、超过130亿元的年市场销售需求。包装物流中心每条自动化生产线生产效率提高近一倍。自动化仓库与现代化生产线自动连接，并引进了ABB公司多个码垛机器人，实现了无人仓库和自动堆码。同时，进酒和出酒都采用激光防伪条码系统，电脑控制。大型储酒区也采用了国外先进的流量计，采用淋浴系统和酒精检测报警系统，各项技术在同行业均处于领先地位。

① http：//www.soo56.com/news/453262011 - 11 - 17_ 0.htm，物流自动化系统助剑南春跨越式发展。

一、系统构成

在国内酒类行业，剑南春集团自动化物流系统是目前由国内自行承建并投入使用的规模最大、高度最高、系统最复杂、自动化程度最高、管理最先进的白酒成品自动码垛和物流仓储系统。该系统由自动立体化仓库、成品酒箱输送系统、多关节机械手系统、无线射频 RF 系统组成。

1. 自动化立体仓库

（1）立体仓库货架系统：1 套，共 9 个巷道、18 排货架、18 600 个托盘货位，21.7 米高，在物流中心发挥主要的储存功能。

（2）有轨巷道堆垛机：9 台，变截面塔式结构形式，高度 21.7 米，采用国内目前最高新堆垛机技术，是托盘入出库的主要搬运工具。

（3）托盘输送机系统：2 套，采用了滚筒输送机、链条输送机、升降台、穿梭小车、托盘提升机、托盘拆分机、LED 显示屏、尺寸检测装置、条码阅读系统、自动缠绕膜等单机设备和系统。其中包括：一楼出库及回库输送机系统，负责完成出库托盘的自动输送，以及空托盘垛或零盘的自动回库输送；二楼入库和空托盘回库输送机系统，负责完成整托盘的自动入库输送，以及空托盘垛的自动入库输送及回库输送。

2. 成品酒箱输送系统

成品酒箱输送系统：8 套，未来还规划了 16 套，每套对应一条生产包装线，采用了滚筒输送机、皮带输送机、爬坡输送机、积放滚筒、转向机构、镂空抓取输送机、阻挡器、自动控制系统等单机设备或系统。成品酒箱输送系统负责将成品酒箱经自动封箱后自动输送到机械手抓取位置，并按照当前品种的码垛垛型实现指定数量的酒箱直行或转向。在众多先进物流设备的组合下，成品酒箱输送系统完美地解决了人力输送效率低的问题，从而大大提高了内部运作的有效性。

3. 多关节机械手系统

机器人是典型的机电一体化产品，目前广泛地应用于工业生产的诸多领域，在生产线的各加工中心或加工工序之间、立体仓库装卸搬运区，机械手搬运机和装卸搬运机器人按照预先设定的命令完成上料、装配、装卸、码垛等作业。机器人作业具有通用性强、柔性好、自动化程度高、准确性好、高效率性、高可靠性的优点。

多关节机械手系统由一期 4 台、二期 4 台组成，负责把成品酒箱输送系统自动输送过来的成组酒箱抓取过来，按照当前品种的垛型，按照先后顺序码盘。

4. 无线射频 RF 系统

无线射频 RF 是一种非接触式的自动识别技术，通过射频信号识别目标对象并获取相关数据，识别工作无须人工干预，作为条形码的无线版本，RF 技术具有条形码所不具备的防水、防磁、耐高温、使用寿命长、读取距离大、标签上数据可以加密、存储数据容量更大、存储信息更改自如等优点。无线射频 RF 系统：1 套，由若干无线手持终端、5 组无线接入点、1 套布线及地测组成。该系统负责现场信息的采集和自助提示，是实现无纸化作业的技术支撑手段。

二、自动化物流设备

21 世纪，科学技术占据了主导地位，要想不被社会潮流淹没，就得跟上社会发展的脚步。当前机械化程度越来越高，机械代替人力、向自动化发展已经成为不可阻挡的趋势。剑南春集团用发展的眼光紧跟社会思潮，全面实现公司内部运作的自动化。

1. 灌装自动化

白酒行业灌装自动化由来已久，但像剑南春集团从人工上瓶后，实现了自动化洗瓶、自动灌酒、自动灯检、自动贴标、自动供箱以及自动装箱这样一条龙自动化的包装线，在国内白酒行业仍为数不多。人工上瓶后，酒瓶就经过链条输送机进入到洗瓶环节，然后经过滚筒输送机到灌酒环节，洗净的瓶子由分件供送螺杆和拨瓶星轮送到托瓶台上，瓶子上升后瓶口与灌装阀紧密接触，进行等压灌装，灌装结束后，由拨瓶星轮将瓶子送到压盖机上，再经辊筒输送机进入到自动灯检，然后由自动贴标机完成自动贴标，贴标完成后就进入自动供箱。自动供箱采用容积计数机构，工作时酒瓶自料斗下落到定容箱内，形成有规则的排列。当定容箱充满时，即达到了预定的计量数时，料斗与定容箱之间的闸门关闭，同时定容箱底门打开，酒瓶就进入包装盒。

2. 输送自动化

输送自动化体现在成品酒箱的自动化输送、整托盘成品酒的自动输送以及空托盘的自动输送三个方面。

成品酒酒箱在自动封箱之后，自动导引搬运车沿着设定的路线送到机械手之前，要完成酒箱的防伪条码识别、不合格酒箱的自动溢出，以及自动转向、自动组合供机械手抓取。整托盘成品酒的输送主要完成整托盘的托盘条码识别、尺寸检测、托盘提升、自动分路到指定巷道、穿梭小车摆渡、托盘自动出库、显示屏自动显示等环节，从而在机械手和巷道堆垛机之间、巷道堆垛机和叉车之间架起一座座复杂的自动化传送桥梁。空托盘作为一种搬运载体，要在出库已腾空、机械手码满、库房存储等环节实现一种合理循环，而且要求需成垛的时候必须成垛，需单个输送的时候必须单个输送，因此是一种正向的满盘自动输送，同时也是一种从成垛到拆分成单的逆向自动输送。

3. 码垛自动化

随着产量的增长、人工成本的上升，采用人工码盘不但无法满足物流速度的需要，而且成本高，信息自动化的实现难度也很大。所以，自动化包装物流中心在规划初期就决定采用 ABB 的关节机械手自动码盘，以提高码盘效率，实现酒箱信息自动化收集。多关节机械手系统由一期4台、二期4台组成，负责把成品酒箱输送系统自动输送过来的成组酒箱抓取过来，按照当前品种的垛型，按照先后顺序码盘。根据每条生产线每小时平均包装4 500瓶计算，一台机械手在两个不同的码盘位置，分别交替将两条包装线产出的成品酒箱进行码盘，整线能力配套合理，作业效率高，满足了酒厂快速轮转的要求。

4. 仓储自动化

剑南春集团自动化立体仓库拥有目前国内最先进的技术和装备，采用目前国内最新的技术和装备，采用21.7米高的高位货架和堆垛机，实现立体化自动存储。在6 500平方米存储区，规划了9个巷道，18 600多个托盘货位，最大存储能力为130万箱成品酒；在8 300平方米的立体仓库区，能实现每天10万箱成品酒的自动入库和10多万箱成品酒的发货。码垛机把酒箱垛成型后，就会由叉车运到指定的位置，然后由托盘提升机送到二楼或者由爬坡输送机送到二楼。

三、运行效果

自从运行物流设备自动化后，剑南春集团的运营就取得了不俗的效果。剑南春集团自动化包装物流中心投入运行以来，每天的发货连续不断，运行稳定，对剑南春的销售起到了有力的保障作用。通过采用自动化物流系统，减少了大量操作人员；通过将包装车间和立体化仓库集成建设并自动化连接，减少了大量的中间搬运环节，大幅度降低了厂内物流搬运成本，也避免了因雨雪天气给生产带来的不便，保证了生产连续稳定；通过存储立体化，还节省了大量土地。

据统计，自动化包装物流中心投入使用后，将库房人员配置将减少到原来的十几分之一，而且把人工操作范围降到最小程度，劳动强度大大降低。现在的库房里已见不到往日那种热火朝天的装卸场景，即使是在销售旺季，整个物流作业基本都在有条不紊的流程中进行。更重要的是，每个工作岗位的业绩都有据可考，数据盘点快速准确，发货误差为零，库存耗损下降50%。

剑南春集团自动化包装物流中心作为国内白酒行业建成使用的第一个成品自动码垛与存储项目，不仅填补了国内空白，企业也分享了现代化物流的成果，其成功应用在同行业中产生了广泛影响。

案例点评：

物流机械设备是现代企业的主要作业工具之一，是合理组织批量生产和机械化流水作业的基础，体现着企业的物流能力大小；是物流系统的物流技术基础，涉及物流活动的全局；是物流现代化的主要标志；是物流系统中的重要资产，影响物流活动的每一个环节；是物流技术水平高低的重要体现。物流设备的运用极大地减轻了人们的劳动强度，提高了物流运作效率和服务质量，降低了物流成本，在物流业中起着重要作用，促进了物流的快速发展。对于良好的物流系统来说，物流设备的发展具有战略性的地位。

复习思考题

1. 试述物流设备与设施在物流系统中的地位和作用。
2. 物流系统对物流设备的基本要求有哪些？
3. 物流设备与设施的定义是什么？
4. 物流设备与设施有哪些分类？
5. 物流设备与设施的基本特性有哪些？
6. 物流设备与设施发展趋势有哪些？
7. 物流设备管理指的是什么？技术状况指标有哪些？

第2部分

物流设施

通过学习，掌握公路、铁路、水运和航空运输的概念，理解各种运输服务的特点，熟悉各种运输方式的主要技术装备与设施。

理解物流中心和配送中心的功能，了解这些中心要用到哪些设备和设施，并掌握这些设备配置与选择的原则及程序。

第 3 章

运输枢纽

学习目的和要求

- 掌握公路、铁路、水运和航空运输的概念
- 理解运输服务的特点
- 熟悉公路、铁路、水运和航空运输的主要技术装备与设施

枢纽是综合交通运输体系的重要组成部分，是协调运营、组织联合运输的中枢。运输枢纽是几种运输方式或几条运输干线的交叉与衔接过程中所形成的多功能运输综合体，通过交通运输网络服务于广大辐射地区。随着我国交通运输业的发展和物流管理理念的引进，综合运输枢纽逐步由多种运输设备构成的综合体发展为集设备、设施、信息和运输组织综合管理于一体的复杂系统，成为物流发展的重要载体。

各个运输枢纽主要都由各种物流设施组成。

3.1 概　　述

3.1.1 运输枢纽的概念

枢纽，《辞海》的解释为“比喻冲要的地点，事物的关键之处”，以此类推，交通枢纽就是交通的“冲要地点”和“关键之处”。交通枢纽是路网各大通道或线路的交叉点，是路网客流、物流和车流的重要集散中心，不仅是关系运输全局的重要运输组织和生产基地，又是交通运网中各种交通方式相互联系、相互配合的重要环节和支持所在地区经济和社会发展的重要基础设施、产运销联系纽带、客流乘降与中转换乘中心。

运输枢纽地处于两条或几条干线运输方式的交叉点上，是交通运输网的重要组成部分，是由若干种运输（其中包括不少于两种干线运输）所连接的固定设备和移动设备组成的一个整体，共同完成着货物及旅客运输的中转作业与地方作业。运输枢纽通常包含：运送过程（即客货运输）、技术设备（车站、港口、干线、仓库等）、监督及管理手段等几方面内容。

图3-1 五大运输方式——铁路、公路、管道、水运、航空

通常有五大运输方式，包括铁路、公路、管道、水运和航空。其中管道运输本书不做讨论。如图3-1所示。每一种运输方式都有自己的枢纽，其存在的形式也有所不同，可以将其称为部门性枢纽。例如，铁路枢纽主要以车站的形式存在，水运枢纽主要以港口、码头的形式存在，航空枢纽主要以机场的形式存在，公路枢纽主要以公路、城市街道及技术作业站的形式存在。所有这些之所以称之为枢纽，源于它们都具有相类似的功能。综合交通枢纽由各部门性枢纽组成，但不是简单的叠加，而是有机的构成。

3.1.2 交通运输与现代物流的关系[①]

交通运输是物流活动的重要一环，也是实现物品空间位移的必要手段，在物流发展中具有重要的基础性地位。

物流是通过运输、储存、装卸、包装、流通加工、配送、信息处理等基本物流活动，实现物品从供应地到接收地的实体流动过程，其实质是连接供给和消费、克服时空差异、实现物的价值的经济活动。现代物流有计算机网络和信息技术的支撑，并应用先进的管理技术和组织方

① www.taodocs.com，现代物流理念下的公路运输枢纽规划。

式，将原本分离的商流、物流、信息流和采购、运输、仓储、代理、配送等环节紧密联系起来，形成了一条完整的供应链，其精髓在于物流系统的整合。

创造物品的空间效用和时间效用是现代物流的两项最主要功能，它们分别通过运输和储存来实现，因此运输和储存被看成是现代物流的两大支柱环节。随着技术进步和物流管理水平的提高，现代物流系统中通过储存创造时间效用的功能正在弱化，而有效利用交通基础设施、合理地组织运输，特别是实现及时配送，对这种弱化趋势起到了促进作用，因而使交通运输在物流系统中的重要地位更加凸显出来，发挥的作用也更大。运输是物流系统中最直观的功能要素之一，也是物流的最基本功能。它可以克服空间距离障碍，使得商品产生空间价值和时间价值，是物流的核心环节。在相当程度上，运输费用构成物流费用的主要部分。运输工具和运输线路的选择直接关系到商品送达的及时性和物流费用的高低。

具体来讲，交通运输与现代物流的关系主要体现在以下几方面。

1. 交通基础设施是物流发展的重要载体

物流基础设施主要包括物流节点（如物流园区、物流中心、配送中心等）、运输线路（如公路、铁路、航海、航空运输）等。综合性物流园区或物流中心大多依托港口、航空港、公路、铁路站场等运输枢纽发展而来，是组合运输方式、提高物流效率的重要平台。交通设施网络的形成使这些物流节点成为不同运输方式交接和组织的场所，节点设施规模也会因运输方式之间合作与协同的发展而扩大，运输枢纽与物流园区等大型设施体系的不断完善，已成为物流服务创新的重要支撑条件。交通基础设施不仅是实现物流空间转移的物质载体，也是推进现代物流业发展的重要基础。

2. 交通运输企业是推动物流市场发展的主力军

在现代物流发展中，由于具有一定数量的运力装备和仓储设施、一定规模的经营网络以及丰富的运输经验，交通运输企业已成为向现代物流企业转化中的重要力量。尽管金融、信息、物流流程设计等增值服务业务快速增长，但由传统运输企业转型的物流企业作为市场的主体，运输业务仍然是当前我国物流企业最主要的经营业务。

3. 交通运输是影响物流成本的关键环节

数据显示，日本和美国等发达国家的社会物流成本中，运输成本大多在60%以上。而从我国社会物流总费用结构来看，近年来运输成本占社会物流成本的52%以上，其中公路、水路成本占40%以上，并有逐渐增长的趋势。这从一定程度上说明交通行业承担着物流中基础而繁重的服务内容，物流服务离不开交通运输设施和运输服务，运输服务是现代物流的重要组成部分。

3.2 港　口

水路运输是利用船舶或其他浮动工具，在海洋、江河、湖泊、水库及人工水道上运送旅客和货物的一种运输方式。

水运生产过程包括：掌握货源并集中到港；根据货源组织船舶运力；为货物配装适当的船型；选用经济合理的港口装卸工艺；筹备便于顺利操作的装卸机械；确定安全经济的航线。

3.2.1 港口的概念

港口是指位于江、河、湖、海沿岸，具有一定设施和条件，供船舶进行作业性的及在恶劣气象条件下的靠泊、旅客上下、货物装卸、生活物料供应等作业的地方。港口的范围包括水域和陆域两部分，一般设有航道、港池、锚地、码头、仓库货场、后方运输设备、修理设备（包括修理船舶）和必要的管理、服务机构等等。现代港口具有运输、工业、商业以及城市依托等功能。港口既是水运货物的集散地，又是水陆运输的街接点。港口除了供船舶使用外，为了客货的输运，还必须与陆路交通相接。图 3－2 是某港口鸟瞰图。

图 3－2　某港口鸟瞰图

世界著名港口有：荷兰的鹿特丹、美国的纽约、新奥尔良和休斯敦、日本的神户和横滨、比利时的安特卫普、新加坡的新加坡、法国的马赛、英国的伦敦等。

我国的主要港口有：上海港、香港港、大连港、秦皇岛港、天津港、青岛港、湛江港、连云港等。

有关港口的几个最主要名词解释如下。

（1）港口吞吐量（Port handling capacity）①：港口吞吐量又称港口通过能力或港口吞吐能力，是衡量港口规模大小和通过能力的最重要的指标。

（2）码头（wharf）：码头是指供船舶停靠、货物装卸和旅客上下用的建筑物。广义地说，码头还包括同它配套的仓库、堆场、候船厅、装卸设备和铁路、道路等。码头是港口最重要的组成部分，按用途可分为货运码头和客运码头两类。货运码头又分为普通件杂货码头和专业码头。普通件杂货码头供装卸各种件杂货用，配备的装卸机械有较大的通用性。专业码头配备有高效能的专用机械设备，装卸运量大、流量稳定的散货。专业码头有石油码头、煤码头、矿石码头和集装箱码头等。集装箱码头配备有岸边集装箱起重机和其他专用机械，有宽广的堆场和拆箱、装箱库。客运码头主要供旅客上下船用，设有旅客候船厅、行李房等。国际性客运码头设有海关、防疫检查机构等。

（3）航标（aids to navigation）：航标指帮助引导船舶航行、定位和标示碍航物与表示警告的人工标志。航标可分为视觉航标、无线电航标和音响航标三大类。航标多设于通航水域或其近处，以标示航道、锚地、滩险及其他碍航物的位置，表示水深、风情，指挥狭窄水域的交通。永久性航标会载入各国出版的航标表和海图。航标对支持水运、渔业、海洋开发和国防建设等其有重要作用。中国海事局对我国沿海航标实行统一管理与维护。

3.2.2 港口的作用

港口不仅是船舶出入和停泊的地方，也是货物和旅客集散并变换运输方式的场地，同时也承担着为船舶提供作业设施、补给、修理等技术服务和生活服务。港口的营运活动主要分为客运组织工作和货运装卸工作，具体作用有：为旅客运输服务；组织货源，集并出港物资，疏送进港物资；进行换装作业，将物资从一种运输工具转至另一种运送工具；妥善保管来港物资，确保其数量、质量；进行简单而必要的加工；向船舶提供燃料、物资、淡水以及船员生活用品；供船在恶劣条件下停泊。

3.2.3 港口的分类②

按性质和用途，港口可分为商港、渔港、工业港、军港、避风港。按作用，港口可分为世界性港、国际性港、地区性港。按地理位置，港口可分为海港、河港、湖港、水库港。下面对部分港口作一下解释。

（1）港湾：具有天然掩护的自然港湾（有时也辅以人工措施），可供船只停泊或临时避风

① http：//wenku. baidu. com/view/723620d733d4b14e852468c1. html，港口基础知识。

② http：//wenku. baidu. com/view/3b7e6c21482fb4daa58d4b22. html，港类。

的地方。如广州湾、洋浦港、龙门港等。

（2）避风港：供船舶在航行途中，或海上作业过程中躲避风浪的港口。一般是为小型船、渔船和各种海上作业船设置。

（3）海港：在自然地理条件和水文气象方面具有海洋性质的港口。由于海港受风浪、潮汐、沿岸输沙等的影响，一般利用海湾、岛屿等天然屏障，或建造防波堤等人工建筑物作为防护。海港港内有广阔的水域和深水航道，可供海船进出停泊，进行各种作业，补给燃料、淡水和其他物品，躲避风浪等，是沿海运输和各种海上活动的基地。

优良的海港，通常是沟通国内外贸易的枢纽，可分为：①海岸港。位于有掩护的或平直的海岸上，大都位于海湾中或海岸前，有沙洲掩护。如旅顺军港、湛江港和榆林港等，都有良好的天然掩护，不需要建筑防护建筑物。若天然掩护不够，则需加筑外堤防护，如烟台港。位于平直海岸上的港一般都需要筑外堤掩护，如塘沽新港。②河口港。位于入海河流河口段，或河流下游潮区界内。历史悠久的著名大港多属此类，如我国的黄埔港，国外的鹿特丹港、纽约港、伦敦港和汉保港等。

（4）河港：位于河流沿岸，且有河流水文特征的港口称为河港。如我国的南京港、武汉港和重庆港均属于此类。它可供内河运输船舶编解船队、装卸作业、旅客上下和补给燃料等。河港直接受河道径流的影响，天然河道的上游港口水位落差较大，装卸作业比较困难；中、下游港口一般有冲刷或淤积的问题，常需护岸或导治。

（5）水库港：建于大型水库沿岸的港口。水库港受风浪影响较大，常建于有天然掩护的地区。水位受工农业用水和河道流量调节等影响，变化较大。

（6）湖港：位于湖泊沿岸或江河入湖口处的港口。一般水位落差不大，水面比较平稳，水域宽阔，水深较大，是内河、湖泊运输和湖上各种活动的基地。

（7）商港：以商船和客货运输为服务对象的港口。商港具有停靠船舶、上下客货、供应燃（物）料和修理船舶等所需要的各种设施和条件，是水陆运输的枢纽。如我国的上海港、大连港、天津港、广州港和湛江港等均属此类，国外的鹿特丹港、安特卫普港、辛巾户港、伦敦港、纽约港和汉爆港也是。按装卸货物的种类分，商港有综合性港口和专业性港口两类。综合性港口是指装卸多种货物的港口；专业性港口为装卸某单一货类的港口，如石油港、矿石港、煤港等。由于专业性港口采用专门设备，其装卸效率和能力比综合性港口高，在货物流向稳定、数量大、货类不变的情况下，多考虑建设专业性港口。

（8）工业港：为临近江、河、湖、海的大型工矿企业直接运输原材料及输出制成品而设置的港口。如大连地区的甘井子大化码头、上海市的吴泾焦化厂煤码头及宝山钢铁总厂码头，均属此类。

（9）散货港：专门装卸大宗矿石、煤炭、粮食和砂石料等散货的港口。专门装卸煤炭的专业港称煤港。这类港一般都配置大型专门装卸设备，效率高，成本低。

(10) 油港：专门装卸原油或成品油的港口。一般由以下几部分组成：①靠、系船设备；②水上或水下输油管线和输油臂；③油库、泵房和管线系统；④加温设备；⑤消防设备；⑥污水处理场地和设施等等。为了防止污染和安全起见，油港距离城镇和其他固定建筑物都要有一定的安全距离，通常以布置在其下游、下风向为宜。由于近代海上油轮愈建愈大，所以现代海上油港也随之向深水发展。

(11) 渔港：是为渔船停泊、鱼货装卸、鱼货保鲜、冷藏加工、修补渔网和渔船生产及生活物资补给的港口。渔港是渔船队的基地，具有天然或人工的防浪设施，有码头作业线、装卸机械、加工和储存渔产品的工厂（场）、冷藏库和渔船修理厂等。

(12) 军港：供舰艇停泊并取得补给的港口。军港是海军基地的组成部分，通常有停泊、补给等设备和各种防御设施。

3.2.4 港口的区域及其设备①

1. 港口水域

港口水域是供船舶进出港，以及在港内运转、锚泊和装卸用的，要求有足够的深度和面积，水面基本平静，流速和缓，以便船舶安全停泊和技术操作。港口水域的主要设施有如下5种。

(1) 进出港航道。多数海港及河口港都有天然进出港航道，但其水深不一定满足船舶要求，在河口段可能还有部分浅滩，往往需要疏浚和整治。内河港口的航道常常就在主航道靠近码头的一侧，一般要求有适当的宽度，既不影响主航道上船舶的航行，又与码头、锚地留有足够的距离。

(2) 港外锚地。港外锚地是供进出港船舶抛锚停泊使用的，在这里船舶需接受边防检查、卫生检疫等手续，引水员也需在这里上下（海港）；有时也供大型船队编队、解队之用（河港）。

(3) 港内锚地。港内锚地主要供船舶等待泊位，或是进行水上装卸用，在气候恶劣情况下，还可供船舶避风停泊。而河港锚地主要用于编解船队和进行水上作业，水上装卸作业是内河港、河口港的主要作业方式之一，并设置有水上作业平台，配备有浮式起重机等。

(4) 码头前沿水域。码头前沿水域必须有足够的深度和宽度，以使船舶能方便地靠离。它不仅要保证船舶靠码头的一侧能进行装卸作业，有时还要考虑其另一侧同时进行水上（船过

① http：//wenku. baidu. com/view/1daf61683169a4517623a336. html，港口管理——港口基础知识。

船）装卸作业的需要，因此，码头前沿水域宽度应适当大些，以免影响附近的航道。

（5）船舶调头区。港内航道与码头之间一般要有供船舶进行回转的调头区，这段水域要有足够的宽度。大型海轮在港内靠离码头时常有拖轮协助，而内河船靠泊时为便于控制常常需要将船首对着水流的方向，调头区正是供它们使用的。

2. 港口陆域

港口陆域是供旅客上下船以及货物的装卸、堆存和转运使用的，因此必须具有适当的高程、岸线长度和纵深，以便在这里安置装卸设备、仓库、堆场、铁路、公路，以及各种必要的生产和生活设施等。其主要设施有如下5类。

（1）码头与泊位。供船舶停靠，以便旅客上下、货物装卸的水工建筑物称为码头。所谓泊位即供船舶停泊的位置。一个泊位即可供一艘船舶停泊；泊位的长度依船型的大小而有差异，码头线长度是由泊位数和每个泊位的长度来决定的。从港口货场到码头前沿为码头前方场地，又称码头前沿作业区。这里既要安排装卸机械，又要安排火车、汽车的通道，使货物转运方便，或是进入货场，或是直接运往港外。码头前方场地通常是港口最繁忙的地区。

（2）仓库与堆场。仓库与堆场是供货物装船前和卸船后短期存放使用的。多数较贵重的货物都在仓库内堆放保管；只有那些不怕风吹雨淋的货物如矿石、建材等可放入露天堆场或货棚内，这种散装货物的堆场常常远离市区和其他码头，以免对环境污染。

（3）铁路与道路。货物在港口的集散除了充分利用水路外，主要需依靠陆路交通，因此铁路和公路系统是港口陆域上的重要设施。在没有内河的海港，铁路是主要的疏运方式，它与港口生产有着密不可分的关系。当有大量货物需用铁路运输时，需设置专门的港口车站。在这里货物列车可以进行编组或解体，并配有专门的机车，将车辆直接送往码头前沿或库场的装卸线；装卸完毕后再由机车取回送往港口车站编组。港内道路与港外公路应该有很好的连接，对于有集装箱运输的港口，道路系统尤为重要，港区内的道路要能通往码头前沿和各库场，回路要通畅，进口与出口常常分开设置，并尽可能减少与铁路线或装卸线的平面交叉，以减少相互间干扰。

（4）装卸机械。港口装卸机械中，有的机械主要用来起吊货物，称作起重机械；有的主要用于搬运货物，称作运输机械，合称起重运输机械。装卸机械主要完成的工作有：对船舶实施装卸作业；对火车和汽车车辆实施装卸作业；在船舱内进行各种搬运、堆码和拆垛等工作；在库场上进行起重、搬运、堆码和拆垛等工作。

港口常见典型装卸机械主要有如下6类。

①门座起重机。门座起重机，简称门吊、门机。它的构造主要是下部有一个大型门架，其上装配有转盘式或转柱式的臂架起重机，如图3－3所示。

图3-3　门座起重机

②浮式起重机。浮式起重机，简称起重船、浮吊，它是安装在专用船上的臂架起重机。有的浮吊可以自己运行，有的则需拖轮来拖带，其各工作机构要由岸上供电驱动，如图3-4所示。

图3-4　浮式起重机

③装卸桥。其基本结构与龙门式起重机相似，所不同的是前者比后者跨距更大，不仅适用于铁路车辆场地，而且可以进行船一车一场多种作业，常常是一机多能。装卸桥以装卸散货为主，多用抓斗作业，如图3-5所示。

④带式输送机。通常是指胶带输送机，又称皮带机。这是一种连续运动的输送货物的机械。图3-6是运行于连云港码头的某带式输送机。

⑤斗式提升机。这是一种在封闭机壳内，能连续垂直提升粉末、颗粒或小块物料的输送机械。它是用安装在胶带或联调上的抓斗，通过滚筒或链轮驱动，在提升机的下部掏取物料，待提升到上部时依靠重力或离心力把物料投出。

图3-5　装卸桥

图3-6　带式输送机

⑥叉式装卸车。叉式装卸车，简称叉车、铲车，又称万能装卸机。这是一种装在轮胎底盘车上，主要依靠能升降的货叉对件货进行堆垛、拆垛和搬运的机械。特别是其货叉可以根据不同货种的装卸要求换用不同的工具，这样就扩大了它的适用范围，所以有“万能”的美称。用于码头库场作业的叉车起重量为1~5t，最大的集装箱叉车，起重量可达40t。

（5）辅助生产设施。为维护港口的正常生产秩序，保证各项工作得以顺利进行，港口还需要在陆域上配备一些辅助设施。如给排水系统，输电、配电系统，燃料供应站，工作船基地，各种办公用房，维修工程队，船舶修理站等设施。

3. 港口的水工建筑物

港口的水工建筑物指大部分处于水中，或经常与水接触，特别是遭受海水的侵蚀等有害作用的水工建筑物。根据用途的不同，可将水工建筑物分为如下三类。

（1）防护建筑物。多数用在海港，以防止波浪对港内的冲击，也有的用来防止泥沙、流冰进入港内。这种建筑物在水域外围的深海中，要经受巨大的波浪和冲击力，因此要建造得既稳定又坚固，规模往往很大，以便能阻抗深水海浪的作用。

常见的外海防护建筑物（外堤）按构造型式分有如下6种：①斜坡式外堤；②混合式外堤；③浮式外堤；④直立式外堤；⑤透空式外堤；⑥气压式外堤。

（2）码头建筑物。码头是港口的主要组成部分，码头建筑物也是港口的主要水工建筑物。现代码头的典型式样如图3－7所示，它由主体结构和附属设备两部分组成。主体结构的上部有胸墙、梁、靠船构件等；下部有墙身、基础或板桩、桩基等。附属设备主要是系船柱、护木、系网环、管沟、门扣和铁路轨道，以及路面等。

图3－7　码头建筑物

码头按平面布置分，有顺岸式码头、突堤式码头和墩式码头（与岸用引桥连系的孤立墩或用联桥连系的连续墩）。

（3）护岸建筑物。港口陆域和水域的交接地带，未被利用的天然岸坡因经常遭受着潮汐、水流和波浪的作用，若边坡土质比较松软，非常容易被冲刷而引起坍塌。由于对岸边的破坏，影响陆域及其上面建筑物的安全，同时也会影响水域的深度，因此要对这些岸边进行加固，这就是护岸建筑物的作用。

最常见的护岸建筑物有两种：一种是护坡，用块石（砌石护坡）或混凝土板铺砌而成。为了防止水流冲刷和水土流失，常在混凝土板下垫铺石块和碎石。另一种是护墙，是用混凝土制成的挡土墙。为了具有较大强度的抵抗水的腐蚀和破坏力的作用，特在靠水的一面镶嵌条石做成护墙。

3.2.5　港口的发展趋势

码头的发展趋势有：深水化；专业化；高效化；自动化；信息化。港口综合发展的趋势有：布局网络化——环球航线；服务物流化——海陆空三位一体交汇点；港城一体化——港城互为经济支撑体；管理信息化——适应网络物流体系的发展；体制民营化——促进港口经营的市场化。

3.3 铁路枢纽

3.3.1 铁路枢纽的概念及作用

在铁路网的交汇点或终端地区，由各种铁路线路、专业车站以及其他为运输服务的有关设备组成的总体，称为铁路枢纽。其功能是使各向铁路线相互沟通，与其他运输方式顺畅衔接。其主要作业内容是组织各向列车的到发和通过、客货的集散和中转、车辆改编以及货物承运与换装等项。通常设有编组站、客运和货运站，有时也可由一个站办理各种作业。在各站之间以联络线联结，在枢纽范围内引入车站的进出站线路。

图 3-8 是贵阳铁路枢纽示例图。

图 3-8 贵阳铁路枢纽示例

3.3.2 铁路枢纽的各种车站及设备[①]

按技术作业及业务性质不同，铁路枢纽的车站可分为会让站、越行站、中间站、区段站、

① http：//www.docin.com/p-107953466.html，铁路车站及枢纽重点知识复习。

编组站、客运站和货运站（工业站和港湾站，换装站）。铁路枢纽设备包括铁路线路、专业车站、疏解设备及其他设备（机务段、车辆段、客车整备所）。

1. 会让站与越行站

会让站与越行站都是铁路上专门办理列车接发、会让、通过作业，并有时兼办少量客货业务的车站，区别是会让站办理单线铁路，越行站办理双线铁路。

会让站与越行站设备：铺设有到发线并设置通信、信号及旅客乘降、办公房屋等设备。

2. 中间站

中间站指除办理会让站、越行站的作业外，还办理摘挂列车的作业和较大的客运业务、整车货运业务并设有货场的车站。

中间站作业：列车的通过、会让和越行，在双线铁路上还办理调整反方向运行列车的转线作业；旅客乘降和行李、包裹的收发与保管；货物的承运、装卸、保管与交付；调车作业。

中间站设备：列车到发线和货物装卸线，必要时有调车用的牵出线和安全线；为旅客服务的站房、站台、站台间的跨越设备和雨棚等；为货运服务的货物堆放场、货物站台、仓库、雨棚、装卸设备及货运办公房屋等；信号及通信设备；个别车站为机车整备、转向、给水作业而设置的有关设备等；必要时还设有存车线和调车线。

3. 区段站

区段站设在路网牵引区段的分界处，除办理中间站的业务外，主要办理无调中转列车的技术作业、解编区段、摘挂和运转列车、换挂机车和乘务组、进行车辆的检修和货运检查等作业。区段站除设有客货运转设备外，一般还设有机务段、车辆段和货场。

4. 编组站

编组站设在路网交叉或汇合地点，担当大量的货物列车解体、编组直达、直通；进行机车和乘务组的更换、机车和车辆检修、货运检查等作业。编组站设有专用的到达场、出发场、调车场、强大的驼峰调车设备以及机务段、车辆段。

5. 客运站

客运站是办理客运业务的专业车站。

客运站的设备设施：站房（主体）、站场、站前广场，以及售票子系统、检票、行包、广播、安全、旅客查询、旅客导向、运转作业、车站管理等系统。

客车整备所的设备：线路、客车外部清洗设备、客车整备库（棚）、消毒设备及其他设备（车底转向设备、洗烫卧具的洗衣房、供应餐车的餐料库及技术办公房屋等）。

6. 货运站

货运站是货物运输过程中进行货物集结、暂存、装卸搬运、信息处理、车辆检修等活动的场所，功能有：①运输组织功能；②中转换装功能；③装卸储存功能；④多式联运和运输代理功能；⑤通讯信息功能；⑥综合服务功能。货运站主要有汽车货运站和铁路货运站两种。货运站按其办理货物的种类，可分为综合性货运站和专业性货运站。

综合性货运站的作业：①运转作业（办理从编组站开来的小运转列车或从衔接区间开来的直达列车的接车列车；按装卸点选编车组、调送车组及按货运配置车辆；收集各装卸点装卸完毕的车组，并在调车线上进行集结；编组小运转列车或直达列车，想编组站或衔接区间发车）；②货物作业（货物的托运和交付；货物的装卸和保管；货运票据的编制；货物的检斤、分类、搬运、堆码及换装、加固、检查装卸；办理铁路与其他运输部门的联运）；③部分客车和货车的接发、通过和交会，不良车的修理，调车机车的整备，车辆的清扫、洗刷、消毒，保温车的加冰等。

综合性货运站的设备有：运转设备（到发线、调车线、牵出线）；货运设备（货场配线、场库设备、装卸设备、取送货物的道路及停车场和给排水设备及消防设备）；其他设备（旅客站台、机车整备、车辆检修设备）。其中货运站运转设备设置有：到发线（数量应根据行车量、列车性质和技术作业过程等因素确定）；调车线（根据作业车数、装卸地点数、办理货物品种和调车作业方法等因素确定）；牵出线（根据行车量、调车作业量、调车作业繁忙程度和有无装用调车机车和有无工业企业线用于调车等条件设置）。

专业性货运站主要承担某些特定货物的作业，是综合性货运站某一个或几个功能的专业化。所用设备与综合性货运站类似。

7. 货场

货场可分为综合性货场和专业性货场。

货场的主要设备有：配线（装卸线、存车线、倒装线）、场库设备（仓库、货棚、站台、堆场）；装卸牲畜较多的车站应设有牲畜装卸及饮水设备；各种装卸机械及其检修设备；货车的洗刷及消毒设备；货物检斤设备和量载设备；货场道路和生产用房。

3.3.3 我国目前主要的铁路枢纽①

铁路枢纽是在两条或两条以上的铁路线交汇处，由若干个车站、线路及一系列设备组成的运输生产综合体，任务是办理各线间大量客货列车的解体、编组、转线等业务。我国铁路枢纽

① http：//wenku. baidu. com/view/f20c6c6748d7c1c708a1456f. html，我国目前主要铁路枢纽。

众多，重要的铁路枢纽有北京、郑州、天津、广州、株洲、武汉、比海、徐州、石家庄、哈尔滨、沈阳、贵阳、重庆、昆明、成都、柳州、西安、乌鲁木齐、兰州、呼和浩特等。

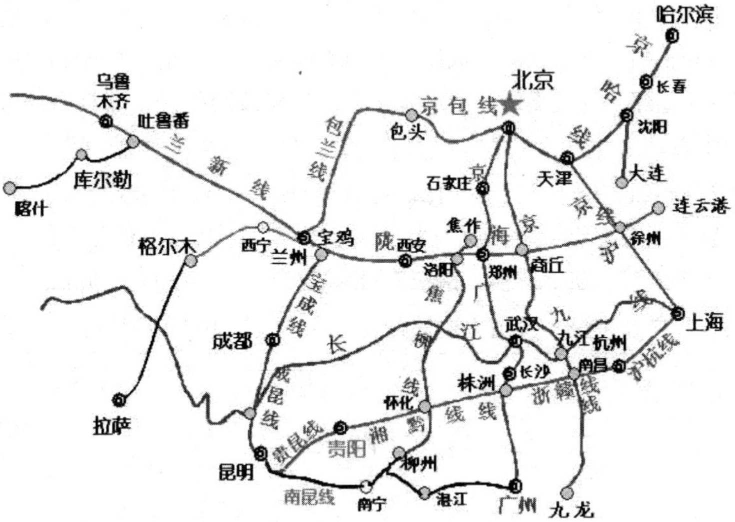

图3－9　我国主要铁路交通示意图

（1）北京铁路枢纽：由京广、京沈、京包、京九、京秦、京承、京通、京原等铁路线交汇而成，是我国最大的铁路枢纽，负责通向全国各地的列车编组作业。

（2）天津铁路枢纽：地处津沪和京沈两大重要干线交汇处，并与天津港相衔接，为北方最大的水陆联运中心，承担着繁重的运输任务。天津站既是客货混合站，又是编组站。

（3）郑州铁路枢纽：位于陇海和京广两条市要铁路干线交会处，居全国铁路网的中心，郑州北站是全国著名的大型编组站。

（4）武汉铁路枢纽：位于京广、汉丹和武九等铁路线的交汇处，并与长江航道相连，是一个以水陆中转为特点的交通枢纽。武汉铁路枢纽的各站分别设于武昌、汉口、汉阳，是一个延伸式的铁路枢纽。

（5）上海铁路枢纽：由津沪线和沪杭线交汇而成，与上海港相结合，组成了我国最大的水陆交通枢纽。

（6）广州铁路枢纽：地处京广、广茂、广深、广九、广梅汕等铁路交汇处，接广州港，是南方最大的水陆交通中心。

（7）兰州铁路枢纽：位十包兰、兰青、陇海、兰新四大干线交汇处，为西北地区最重要的铁路枢纽。

（8）沈阳铁路枢纽：地处哈大、京沈、沈丹和沈吉等铁路线交汇处，是东北南部地区最大的铁路枢纽。

(9) 哈尔滨铁路枢纽：位于哈大、滨洲、滨绥、滨北、滨吉、滨佳等铁路线交汇处，是东北北部地区最大的铁路枢纽。

(10) 成都铁路枢纽：地处宝成、成昆、成渝等铁路线交汇处，为一环形枢纽。

(11) 重庆铁路枢纽：地处襄渝、成渝、川黔等铁路线交汇处，联接重庆港，是西南地区最大的水陆交通中心。

(12) 贵阳铁路枢纽：位于黔桂、贵昆、川黔和湘黔等铁路干线交汇处。

我国主要铁路干线有七纵五横。所谓七纵，是指京哈、京沪、京九、京广、焦枝－枝柳、宝成－成昆、兰青－青藏。所谓五横，是指滨州－滨绥、京包－包兰、陇海－兰新－北疆、沪杭－浙赣－湘黔－贵昆、南昆。我国主要铁路交通示意图如图3－9所示。

3.4 航空站

航空站亦称机场、飞机场，为专供飞机起降活动的飞行场以及组织、保障飞机活动的场所。除了跑道之外，机场通常还设有塔台、停机坪、客运站、维修厂等设施，并提供机场管制、空中交通管制等服务。机场一般分为军用和民用两大类，用于商业性航空运输的机场也称为航空港（Airport），我国把大型民用机场称为空港，小型机场称为航站。按机场规模和旅客流量可将机场分为三种类型：枢纽国际机场、区域干线机场和支线机场。

航空港是航空运输的重要设施，是指民用航空运输交通网络中使用的飞机场及其附属设施。与一般飞机场比较，航空港的规模更大，设施更为完善。航空港体系主要包括飞机活动区和地面工作区两部分，而航站楼则是两个区域的分界线。

民用航空飞机的分类：按机身的宽窄可分为宽体飞机和窄体飞机两种；按用途不同可分为全货机、全客机和客货混用机。

某航空港示意图如图3－10所示。

3.4.1 航空站的功能与特点

航空站具备让飞机安全、平稳、迅速起飞，载运旅客、货物的能力，对于旅客的照顾也要求有舒适性，对飞机有维护和补给的能力。对于国际机场，航空站必须要有出入境管理、通关和检疫（CIQ）相关的业务。

(1) 航空运输的功能。①中长途旅客运输，这是航空运输的主要收入来源。②鲜活易腐等特种货物以及价值较高或紧急物资的运输。③邮政运输。

图3-10　某航空港

（2）航空运输的主要优点[①]。航空运输的主要优点有：速度快、运输路程最短、舒适、灵活、安全和包装要求低等。

（3）航空运输的主要缺点。①载运能力低、单位运输成本高。因飞机的机舱容积和载重能力较小，因此，单位运输周转量的能耗较大。除此之外，机械维护及保养成本也很高。②受气候条件限制。因飞行条件要求很高（保证安全），航空运输在一定程度上受到气候条件的限制，从而影响运输的准点性与正常性。③可达性差。通常情况下，航空运输都难以实现客货的“门到门”运输，必须借助其他运输工具（主要为汽车）转运。

3.4.2　航空站的基础设施与设备[②]

机场运作有航空管制、起降模式、助航标志、引导指标、照明设置、天气观测等。

机场可分为“非禁区”和“禁区”（管制区）范围。非禁区范围包括停车场、公共交通车站、储油区和连外道路，而禁区范围包括所有飞机进入的地方，包括跑道、滑行道、停机坪和储油库。大多数的机场都会在非禁区到禁区的中间范围，做严格的控管。搭机乘客进入禁区范围时得必须经过航站楼，在那里可以购买机票、接受安全检查、托运或领取行李，以及通过登机门登机。

航空站一般包括的设施及建筑有：跑滑道、停机坪、指挥台、助航系统、输油系统、消防系统、维修和检验基地、消防设施、货站、航站大厦。

1. 飞机

飞机是航空货物运输的运输工具，由空气动力支托并使飞机在空中飞行。

---

① http：//wenku. baidu. com/view/0da65812866fb84ae45c8ddc. html，第9章。

② http：//baike. sogou. com/h13939. htm，机场。

为确保飞行安全、起飞和着陆安全，飞机的重量是其主要的技术指标。每次飞行前，应严格根据当地的条件控制飞机装载重量。同时，飞机重量也是确定跑道长度、道面结构及厚度的重要设计参数。飞机的衡量重量主要有：基本重量、最大起飞重量、最大滑行重量、最大无燃油重量、燃油重量、最大着陆重量和大业务载重量。

飞机的机舱一般分为上仓和下仓，除全货机以外，一般都是上仓载客，下仓载货。在没有空调的机舱，飞机起飞 1 小时内仍与地面气温相同，飞行 3 小时后，会下降 10℃左右。

2. 飞机起降必要设备

（1）跑道。规模较小的机场的跑道往往短于1 000米，跑道种类为硬土、草皮或砂石跑道；而大型机场的跑道通常铺有沥青或混凝土，长度也比较长，能承受的重量也比较大，是机场最重要的设备。世界上最长的民用机场跑道是中国的昌都邦达机场，长度为5 500米，其中的4 200米满足4D 标准；同时它也是海拔最高的跑道，其高度为4 334米。而世界上最宽的跑道在俄罗斯的乌里扬诺夫斯克东方港机场，有 105 米宽。某些机场，特别是军用机场，会有紧急着陆专用的长跑道，另外许多空军基地会铺设液压钢索煞车系统的跑道，提供高速飞机着陆时，利用飞机本身的挂钩钩住钢索，达到煞车的效果，这样的设计常用在航空母舰上。

（2）停机坪。大多指的是飞机停放在航站楼旁的区域，方便乘客登机和运输行李，有时停机坪距离航站楼有一段路程，这时乘客需步行或搭乘登机用的巴士才能登机。

（3）塔台。机场可以有或没有塔台，取决于空中交通密度和可利用的资金。为了方便交通管制员看清楚机场内飞机的动向，塔台会设在高处。许多国际机场由于载运量高且航班频繁，因此机场内有自己的空中交通管制系统。

3. 乘客相关设备及服务

（1）航站楼。也称作航站楼，供旅客完成从地面到空中或从空中到地面转换交通方式，是机场的主体部分之一。内有办理登机手续的柜台、候机厅、出入境大堂、海关和检疫设施等等，亦有提供前往市区的公共交通交汇站。

国际航班的机场普遍会设有海关和出入境设施，但是有些国家彼此有协议，对乘飞机旅行的乘客不需要接受海关和移民检查，因此这些设施并不是国际机场的必要设施。国际航班往往需要较高硬件设施安全品质，许多国家对于国际和国内机场都采用相同的安全水平。

航站楼内普遍会设置免税商店和美食区，服务候机的乘客。机场内的饮食价格普遍地高于机场外的价格，然而有些机场已开始实行饮食价格控管，跟“民间价格”差不多，但是机场内的价格通常是制造商的建议零售价，没有折扣，所以还是比外界的价格来得高。另外，有些机场会贩卖当地的特色美食，让转机的乘客不需离开机场也能享受当地的食物或文化。

（2）豪华贵宾服务。机场可能也包含贵宾服务，包括快速登机手续、专用登机柜台、专用的起飞或到达贵宾休息室、优先登机、独立登机空桥和行李优先处理等服务。

（3）住宿。有些机场还设有机场酒店，许多酒店与航空公司间签有协议，提供乘客隔夜住宿的服务。

（4）运输。如果机场面积过大，乘客要移动的距离也会相对较长，因此相当多的机场提供电动步道和巴士，甚至是航站楼间的轨道系统，如亚特兰大国际机场内的电车系统和新加坡樟宜机场内的樟宜机场高架旅客运送车，可载着乘客通过不同的航站楼和行李领取区。

4. 货运集装器

机场除了服务乘客之外，也负责货物24小时的运送服务。货运航空公司常常在机场内有自己的货物处理厂房，来配送货物。

（1）集装设备的种类。①按注册与非注册划分，可分为注册的飞机集装器和非注册的飞机集装器；②按种类划分，可分为集装板和网套、结构与非结构集装棚、集装箱。

（2）集装器代号的组成。如AVE11OOMU，第一位字母代表集装器的类型，第二位字母代表底板尺寸，第三位字母代表外形或适配性，第四、五、六、七位数字代表序号，第八、九位字母代表所有人、注册人。

（3）集装货物的基本原则。①检查所有待装货物；②一般情况下，大货、重货装在集装板上，体积较小、重量较轻的货物装在集装箱内；③在集装箱内的货物应码放紧凑，间隙越小越好；④如果集装箱内没有装满货物，即所装货物的体积不超过集装箱容积的2/3，且单件货物重量超过150千克时，就要对货物进行捆绑固定；⑤特别重的货物放在下层，底部为金属的货物或底部面积较小、重量较大的货物必须使用垫板；⑥装在集装板上的货物要码放整齐，上下层货物之间要相互交错，骑缝码放，避免货物与货物坍塌、滑落；⑦装在集装板上的小件货物，要装在其他货物的中间或在适当地方予以固定，防止其从网套及网眼中滑落；⑧一般情况下不组装低探板货物，确因货物多需充分利用舱位，且货物包装适合装低探板时，允许装低探板。

5. 支援服务与联外交通

地勤营运机构大多提供飞机维修、飞机租赁和机库出租的服务，在主要机场，尤其是枢纽机场，航空公司可能会有自己的配套设施。

许多大型机场位于铁路干线附近，为的是可无缝连接多种交通方式，比如上海虹桥机场、法兰克福机场、阿姆斯特丹史基浦机场、伦敦希思罗机场等。利用城市轨道交通系统、轻轨或其他非道路型的公共交通系统来连接机场和城市相当常见，比如肯尼迪国际机场捷运、香港国际机场机场快线和兴建中的台湾桃园国际机场捷运，这种连接可避免因为交通堵塞而错过航班的风险。大型机场通常也可经由高速公路连接，车辆可选择进入离境和出境路线。

3.4.3 航空运输的其他相关知识①

1. 国际航空运输协会（International Air Transport Association，IATA）

国际航空运输协会是各国航空运输企业之间的联合组织，会员必须是有国际民用航空组织的成员国颁发的定期航班运输许可证的航空公司。

2. 航空集中托运

（1）集运商提供的服务。集中托运人除了可以提供货运销售代理人提供的服务内容外，还可承担：①对出口货物：负责集中托运货物的组装；将“待运状态”的散装货物交付给承运人；将货物装入集装器后，交付给承运人；货物的信息追踪。②对进口货物：办理清关手续并交付货物；准备再出口的文件；办理国内中转货的转关监管手续。

（2）航空集中托运的文件。分运单（HAWB）和主运单（MAWB）。

（3）航空集中托运的货物。并不是所有的货物都可以采取集中托运的方式，因为在集中托运时，代理人把来自不同托运人的货物并在一个主单上运输，对于航空公司来说，对待主单上所有的货物的方式一定是一样的，不可能对一张主单上的两种货物，采取两种不同的操作方法。下列货物不得以集中托运形式运输：贵重物品、活体动物、尸体、骨灰、外交信袋、危险物品等。

3. 航空运输地理和时差计算

（1）航空区划。为了便于航空公司间的合作和业务联系，国际航协（IATA）将世界划分为三个航空运输业务区：TC1 主要包括北美洲、拉丁美洲以及附近岛屿和海洋；TC2 主要包括欧洲、非洲、中东及附近岛屿；TC3 包括亚洲（除中东包括的亚洲部分国家）、大洋洲及太平洋岛屿的广大地区。

（2）飞行时间的计算。①从 International Time Calculator 中找出始发站和目的站的标准时间；②将起飞和到达的当地时间换算成世界标准时（GMT）；③用到达时间减去起飞时间，即飞行时间。

4. 航空手册 TACT（The Air Cargo Tariff）

TACT 主要分为三个部分：TACT Rules、TACT Rates—North America 和 TACT Rates—World wide。

① http：//wenku. baidu. com/view/8740c29c51e79b896802263e. html，第一章。

（1）TACT Rules：内容非常全面，包括了 IATA 在国际运输中的所有规则。

（2）TACT Rates—North America：北美运价手册，包含了从北美出发或到北美的运价。

（3）TACT Rates—World wide：世界（除北美）运价手册，包含了除北美的全世界的运价。

5. 有关航空货运的代码

（1）国家代码。如中国的两字代码为 CN，美国的两字代码为 US，英国的两字代码为 GB，德国的两字代码为 DE，日本的两字代码为 JP。

（2）城市的三字代码。如北京的三字代码为 BJS，广州的三字代码为 CAN，上海的三字代码为 SHA，伦敦的三字代码为 LON，巴黎的三字代码为 PAR，东京的三字代码为 TYO。

（3）机场的三字代码。如首都国际机场的三字代码为 PEK，戴高乐机场的三字代码为 CDG，成田机场的三字代码为 NRT，大阪关西国际机场的三字代码为 KIX，杜勒斯国际机场的三字代码为 IAD。

（4）航空公司的代码。如中国国际航空公司的代码为 CA，中国南方航空公司的代码为 CZ，中国东方航空公司的代码为 MU，美洲航空公司的代码为 AA，加拿大航空公司的代码为 AC，日本航空公司的代码为 JL。我国国内主要航空公司及其代码见表 3－1。

（5）常见的航空货运的操作代码。如 AVI 代表活动物，BIG 代表超大货物，DIP 代表外交邮袋，EAT 代表食品，FRO 代表冷冻货物，WET 代表潮湿货物。

（6）常见的危险品代码。如 RCL 代表低温液体，RCM 代表易腐蚀的货物，REL 代表易燃液体，RPG 代表有毒气体。

（7）常见的缩写。如 AWB 代表货运单，CC 代表运费到付，NVD 代表无声明价值，SLI 代表托运书，ULD 代表集装器。

表 3－1　　我国国内主要航空公司及其代码

两字代码	中文名	英文名
CA	中国国际航空（集团）公司	Air China
MU	中国东方航空（集团）公司	China Eastern Airlines
CZ	中国南方航空（集团）公司	China Southern Airlines
MF	厦门航空有限公司	Xiamen Airlines Ltd.
3U	四川航空股份有限公司	Sichuan Airlines
FM	上海航空公司	Shanghai Airlines
HU	海南航空股份有限公司	Hainan Airlines
4G	深圳航空公司	Shenzhen Airlines
SC	山东航空公司	Shandong Airlines

6. 航空公司出港货物的操作程序

航空公司出港货物的操作程序，指自代理人将货物交给航空公司，直到货物装上飞机的整个操作流程。航空公司出港货物的操作运输流程见图 3－11。

进出口货物空运主要采用三种方式，班机运输、包机运输和集中托运。

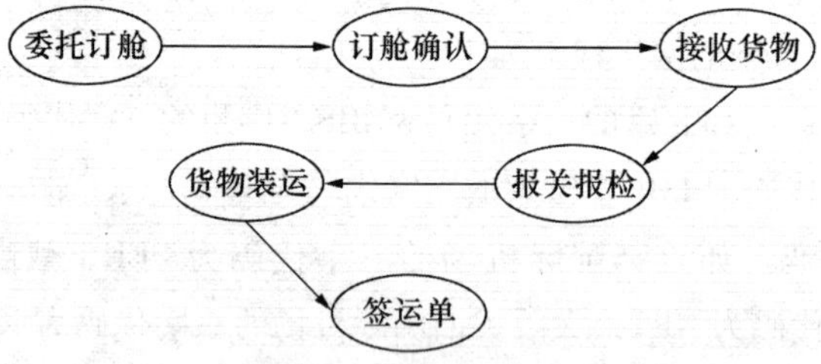

图 3－11　航空公司出港货物操作运输流程

3.5　公路运输枢纽

公路运输是国民经济的基础性、服务性产业，关系到我国经济社会发展的全局。随着经济社会快速发展和人民生活水平的不断提高，更迫切需要建立能力充分、组织协调、运行高效、服务优质、安全环保的公路运输系统，与其他运输方式共同构筑衔接顺畅、优势互补的现代综合交通运输体系。公路枢纽是指在公路运输网络中两条或者两条以上交通干线的交汇的场所，具有运输组织与管理、中转换乘与换装、装卸存储、多式联运、信息流通和辅助服务六大功能的综合性设施，作为交通运输的生产组织基地和公路运输网络中客货集散、转运及过境的场所，有若干专用汽车客、货车站和连接这些车站的公路及技术设备等所构成的集合体。它是城市对外交通的桥梁和纽带，并与城市交通系统有着密切的联系。

公路运输枢纽是指具有一定的旅客流量、货物流量、车辆流量及可获信息流量，办理旅客和货物的发送、中转、到达、配送等业务，具有所需的设施和设备的公路运输网络节点，处于两条以上的干线公路交汇处，由多个公路运输站场及其衔接与配套设施设备构成。

国家公路运输枢纽是位于重要节点城市的国家级公路运输中心，与国家高速公路网共同构成国家最高层次的公路运输基础设施网络，由客运枢纽站场和货运枢纽站场组成，提供公共交通运输服务。我国国家公路运输枢纽总数为 179 个，其中 12 个为组合枢纽，涉及 196 个城市。

黄石团城山枢纽站效果图如图 3－12 所示。

图3-12　黄石团城山枢纽站效果图

3.5.1　公路运输枢纽的主要设施[①]

（1）生产服务设施：是交通枢纽运营的基础，其主要目的是为了满足车主、货主在到发、中转等运输生产活动中的各种要求而提供必要的场所和设施。主要区域有：车辆作业区、装卸作业区、仓储区、站务管理区。

（2）生产生活辅助服务设施：目的是为车主、货主、旅客提供全方位优质辅助服务，保证运输生产顺利进行。主要区域有：①生产服务区域：包括汽车维修、保养、加油、清洗和检测设施设备；②工作人员服务区域：包括为站务、管理、司乘人员提供的生活服务，设置必要的生活服务，食堂、文化娱乐场所等；③用户服务区域：主要满足旅客、车主、货主候车、办理货物托运业务时的商务、问讯、食宿、休息等需求。

（3）通信信息设施：是整个枢纽有效运转的中枢神经系统，是各系统相互联系，提高运输效率的重要手段。主要设施有：计算机信息系统、通信系统等。

3.5.2　公路运输枢纽的分类及解释[②]

1. 分类

（1）按枢纽等级，可分为国际性枢纽、国家性枢纽、区域性枢纽和地域性枢纽。

（2）按运输对象，可分为公路旅客运输枢纽、公路货物运输枢纽和混合公路运输枢纽。

（3）按功能特征，可分为单一式和复合式。

（4）按布局特征，可分为终端式、伸长式、辐射式、辐射环式和辐射半环式。

---

① http：//www. docin. com/p－443023330. html，第三章。

② http：//wenku. baidu. com/view/d92f54dd26fff705cc170a1c. html，第七章。

(5) 按承担客货运业务，可分为如下三种。①中转枢纽：以办理中转或直通客货运业务为主，地方运输需求较少（一般为大型的公路交通枢纽，办理长途客货运输为主）；②地方性枢纽：以办理地方作业为主，中转运输需求较少（一般为为地方区域内需求服务的公路交通枢纽，办理中短途客货运输为主）；③混合枢纽：既办理大量的地方业务，同时还能办理相当数量的中转及直通业务（大型枢纽）。

(6) 按公路枢纽的作用和地位，可分为如下三种。①公路主枢纽：两条以上国家干线公路通过，对全国交通布局具有重要战略地位和作用的大型公路城市；②公路二类枢纽：在一定的区域内，承担地区客货运输业务为主（1989 年我国有 89 个公路二类枢纽城市，目前已发展为接近 200 个城市）；③地方性枢纽：主要分布在县城及少数地级市。

2. 部分汽车站介绍

(1) 公路汽车客运站

①概念：公益性交通基础设施；是道路旅客运输网络的节点；是道路运输经营者与旅客进行运输交易活动的场所；是为旅客和运输经营者提供站务服务的场所；是培育和发展道路运输市场的载体。

②功能分析：运输服务功能——基本功能；运输组织功能——关键问题，关系到整体运输效率和效益（包括组织客源、线路组织、班次组织、车流组织等）；中转、换乘功能——应尽量控制，做到“零换乘”；通讯、信息功能——网络效率（GPS 等）；辅助服务功能——娱乐、休闲、购物、住宿等。

③分类（按车站规模）：等级站——具有一定规模，可按规定分级的车站；简易车站——以停车场为依托具有集散旅客、售票和停发客运班车功能的车站；（有售票功能、能发少量班次）；招呼站——道路沿线（客运班线）设立的旅客上落点（无售票功能，不能发班次）。

④汽车客运站基本设施设备：主要包括四个部分，即站前广场、站房、停车场及辅助设施，如图 3－13 所示。

a. 站前广场：用于组织旅客流线，避免交叉和相互干扰，保证安全，方便旅客集散和换乘的场所，对于高等级客运站站前广场在高峰繁忙期间还可作为简易露天候车场所。三级以上汽车客运站必须设置站前广场。站前广场地面要求环境优美，为旅客和相关的交通车辆如社会停车场、出租车停车场、公交车场等提供足够的活动余地，以利于交通管理。

b. 站房：是客运站的主体，主要由售票厅、候车厅、行包托运处、行包库房、发车站台和行包装卸平台、问讯处、广播室、小件寄存处、调度室、失物招领处、值班站长室、站务员室、驾驶员休息室、治安办公室、旅客厕所、饮水处以及行政办公用房等组成。

c. 停车场（站内）：主要停放客运车辆，并附设对车辆进行小修和一般维护作业的维修车

图3－13　汽车客运站

间，保证客运车辆技术状况良好。停车场是汽车客运站面积最大的场所。

d. 辅助设施：主要由两部分组成，即生产辅助设施和服务设施。生产辅助设施有车辆维修车间、辅助车间、材料库、洗车台、车辆安全检测台、配电室、锅炉房、门卫传达室等。服务设施有司乘公寓、职工宿舍、医务室、旅客餐厅、商店（小卖部）、娱乐设施等。

（2）公路汽车货运站

①定义。公路汽车货运站是指以场地设施为依托，为社会提供有偿服务的具有仓储、保管、配载、信息服务、装卸、理货等功能的综合货运站（场）、零担货运站、集装箱中转站、物流中心等经营场所。其基本任务是：满足营运区域内社会对汽车货运的需求，为汽车货物合理运输创造良好条件，组织好城市间、城乡间的汽车货运工作；组织好汽车与其他运输方式的联运及相关业务；提高汽车运输实载率，保证安全、及时、便捷、经济地完成货运任务。

②功能分析。运输组织功能——货运组织（组织运力、组织货源、车辆调度、配载等）；中转、装卸及储运功能；中介代理功能——货代、车贷等业务；信息服务功能——保证货运顺利、准时、JIT等；综合物流服务功能；辅助服务功能——堆场、包装、加工、处理等。

③分类。根据站场与公路主枢纽的隶属关系，可分为主枢纽站场和非主枢纽站场。根据我国现行行政区划，分为国家级、省（市）级、地市级、县级四个层次。根据货运站场的服务对象，公路货运站可分为公用型站场和自用型站场。根据货运站场业务的涉外状况，分类有国际性站场和国内性站场。根据货运站场经营规模，可分为一级站、二级站、三级站、四级站和简易站场。根据服务运输方式，分为货运零担站、整车货运站、集装箱中转站和其他货运站。

a. 零担货运站：凡是以专门经营零担货物运输的汽车站，简称零担站。一批货物托运的重量、体积或性质在3t以下或不满一整车装运时，该批货物称为零担货物。零担货物要求单件质量不超过200kg，单件体积不超过1.5m^3，货物长度不超过3.5m，宽度不超过1.5m，高度不超过1.3m。零担站由站房、仓库、货棚、装卸场、停车场以及生产辅助设施组成。如图3－14所示。

图 3-14　零担货运站

b. 整车货运站。整车货运站是以货运商务作业机构如营业所、运输站、运管办等为代表的汽车货运站。它是调查并组织货源，办理货运商务作业的场所。整车货运站的商务作业包括托运、承运、受理业务、结算运费等项工作。有的整车货运站也兼营零担货运。

c. 集装箱中转站。集装箱中转站是主要承担集装箱中转运输任务为主的货运站，主要由站房、拆装箱库、拆装箱作业区、集装箱堆场、停车场以及生产辅助设施组成。

（3）公路集装箱货运站①

①基本功能：集装箱及其货物的运输组织与管理——生产组织管理，货源组织与管理，运力组织与管理，运行组织与管理，参与公路货运市场管理；中转换装功能；装卸、储存功能；多式联运和运输代理功能；通信、信息功能；综合服务功能。

②公路集装箱货运站装卸工艺方案及特点：龙门起重机装卸工艺——堆码层数多，作业通道窄，堆存箱列多，堆场平面利用系数大，使用寿命长，装卸效率高，但需要设置龙门起重机的转弯机构，且其自重大，要求基础强度高，因此堆场结构复杂，投资较大。叉车装卸工艺——操作灵活，适应性强，对堆场基础要求较低，造价低，但堆场平面利用系数较低，作业通道宽。汽车起重机（或轮胎起重机）装卸工艺——操作灵活，可跨箱作业，堆码层数多，但可靠性和完好率均较差。跨运车装卸工艺——装卸效率高使用年限长，可使集装箱密集堆放，堆场面积利用系数高，但操作技术要求较高，可靠性较差。

③集装箱堆场布置形式：可分为铁路—公路换装集装箱堆场，海洋—公路换装集装箱堆场及公路—公路换装集装箱堆场。

① http：//www. docin. com/p－876858638. html，公路运输枢纽规划与设计。

3.5.3 公路交叉①

公路交叉口是道路系统的重要组成部分，是道路交通的咽喉。公路交叉可分为公路平面交叉和公路立体交叉两种。

1. 公路平面交叉

公路与公路交叉，除高速公路全部采用立体交叉外，一级公路可少采用平面交叉，二级公路尽量减少平面交叉，其他各级公路可采用平面交叉。

2. 公路立体交叉

（1）按结构物形式分类，公路立体交叉可分为上跨式和下穿式两种。上跨式即用跨线桥从相交道路上方跨过的交叉方式。这种立交施工方便、造价低、排水易处理，但占地大、引道较长，高架桥影响行车视线和路容，多用于市区以外或周围有高大建筑物处。下穿式也称隧道式，即用地道（或隧道）从相交道路下方穿过的方式。这种立交占地少，立面易处理，对视线及市容影响小，但施工复杂、造价高、排水困难，多用于市区处。

（2）按交通功能分类，公路立体交叉可分为分离式立体交叉和互通式立体交叉两类。

公路立交桥示例如图 3－15 所示。

图 3－15　公路立交桥示例

① http：//wenku. baidu. com/view/39a6372a7375a417866f8f9d. html，第九章。

案例分析

图们江地区国际交通运输枢纽建设方案①

一、图们江地区国际交通运输枢纽的前景

有了物流的支持和对交通运输条件的要求，就有了建设交通运输枢纽的科学根据。

1. 交通运输枢纽的未来地位

从世界范围看，属于主要国际交通运输枢纽的地区都是与国际贸易关系和地区经济水平最发达的地区相联系，特别是与集装箱物流相联系。

与包括日本、韩国和我国东部沿海地区在内的东亚和东南亚沿海地区相比较，与西欧莱茵河下游及河口地区相比较，与北美的东西海岸相比较，图们江地区都不能取代它们，或者赶上它们成为同样等级的枢纽。图们江地区腹地的产业结构和经济发展水平，也使它不可能成为世界性的交通运输枢纽。

一种新的国际贸易理论认为，由于在发达国家和发展中国家之间存在着贸易关系的不平等，地区保护对于后者是更有利的。即使是对发达国家而言，如果有足够大的地区市场，形成地区性的自由贸易体系也有利于形成垄断优势和规避全球性的经济波动。这就是世界经济区域化的理论，即所谓“新贸易保护主义”理论。

对于世界上诸多区域化集团，东北亚地区的自然条件、资源禀赋和经济地理位置（指分属于各个国家的各个地区在其本国的“经济边缘”地位)，加上东北亚地区复杂的国际政治经济关系，使这里很难成为世界经济区域集团化最发达的地区。

但是，东北亚地区是一个“工业化潜力”极大的地区。根据是，我国东北地区经过产业结构的调整和重点发展装备制造业，将使这里成为世界机械工业的发达地区；俄罗斯远东和它的西伯利亚地区完全有条件成为世界能源原料开采和初级加工产业的中心区之一；韩国的工业化仍然要发展，同时它的技术创新能力在不断增强，对东北亚地区的推动作用在加强；日本巨大的产业创新力量和市场潜力，将对东北亚地区的工业化进程发挥越来越明显的作用。

根据区域集团化的规律，东北亚地区的工业化进程必然伴随的是区域经济的集团化，其形式可能更适应东北亚地区的国际政治经济关系。开发或者说建设图们江地区国际交通运输枢纽，将在促进各国之间经济贸易关系的发展、实现区域内部资源的充分流动、保障各国的产业

① http://wenku.baidu.com/view/8b9c7c86bceb19e8b8f6ba4f.html，图们江地区国际交通运输枢纽建设方案。

进入国际市场等方面发挥重要作用。

一个不断走向强大的区域经济决定了图们江地区国际交通运输枢纽在国际交通运输网络中的地位是要不断提升的。

2. 图们江地区国际交通运输枢纽的建设方案

该建设方案共分三个阶段。

第一个阶段到2005年。主要建设中俄铁路换装站的换轮设备，能力达到年160万吨，以此提高换装效率，增加中俄之间的短途地方贸易物流，包括木材、木片、渔业产品、少量的集装箱、化肥、废钢铁等。按照对珲春口岸物流的预测（2005年200万吨），公路口岸的年通过能力应该达到50万吨。图珲铁路9.16公里路线工程，使图珲铁路能达到设计能力。

第二个阶段到2010年。应该开始建设中蒙铁路（单线，年通过能力1 800万吨），形成与蒙古东部地区的交通运输联系手段，使图们江地区国际交通运输枢纽可以承担长距离的国际贸易物流，其中还包括俄罗斯对我国出口的矿物原料和我国出口的农产品，特别重要的是蒙古对外输出的散货。

第三个阶段到2020年。可以考虑建设中蒙铁路的复线（年通过能力最终达到3 500万吨）和彻底改造我国境内的长图、图珲铁路，建设我国通往俄罗斯和朝鲜的高级别公路，使图们江地区交通运输枢纽可以承担多个品种的长距离的国际贸易物流，包括俄罗斯对外输出的矿物资源、我国东北地区发展装备制造业所产生的出口产品流和所要求的进口材料、设备流，还有中俄之间资源贸易产生的大量物流。

（由于图们江国际合作开发地区不会成为大城市密集和形成大的城镇体系，所以可以不考虑这里客流大量增加的前景。这个交通枢纽的客流功能只能是非常有限的一小部分。）

二、中俄铁路的换轮换装工程及图珲铁路改线工程

中俄铁路在珲春—库拉斯基诺之间已经铺设了复合轨且投入了运营。货流的主要品种是我国自俄罗斯进口的木材和一些钢材。在中国与蒙古之间的铁路没有建成之前，也就是图们江地区没有蒙古物流需要经由此地出海之前，中俄铁路的意义在于开展两国之间的贸易，也就是我国自远东内陆地区进口资源。

由于目前与前方港口发生关系的物流目的地都在珲春和延吉，属于短途运输，公路运输的竞争力更强，所以中俄之间的长距离物流与前方港口系统不发生关系，但是仍然是图们江地区物流的组成部分。

在这里提出中俄铁路换装站的换轮换装工程。

三、中蒙铁路

1. 线路方案

蒙古曾经提出过几条线路方案，包括北部接通我国满洲里进入滨洲、滨绥铁路的方案、中部的在阿尔山接通我国白阿铁路和长白铁路方案和南部的接我国通辽而后进入平齐铁路（齐齐哈尔至四平）的方案。目前形成的共识是，中部方案可以为蒙古直接进入图们江地区国际合作开发和进入日本海，并且它的建设成本也是最节约的。

2. 中蒙铁路的单线建设

按中部方案需要接通两国之间的断头路，即，从伊尔炮到边境的30公里、从边境到塔木查格布拉克的220公里和再到乔巴山的350公里，新建线路总长600公里。可以按我国的二级铁路标准计算造价，但是乔巴山的枢纽站建设应该有新的投资，其能力可以参照我国的图们铁路枢纽。

按照白阿铁路的现有技术能力，一旦中蒙铁路建成和形成物流，增加的货流就要求对该铁路进行改造，另外还包括对乌拉浩特、白城、长春和图们铁路枢纽站的扩建。路线能力可以按建成后10年内1 800万吨计算（国际运输量1 000万吨，国内800万吨左右）。

我国境内的建设项目包括，新建铁路1230公里、四个编组—枢纽站，通过能力是1 800万吨。这意味着，乌兰浩特、白城、图们站和长春站10年后运输能力增加一倍。

铁路的牵引动力可以是内燃机车。

3. 中蒙铁路的复线建设

到2020年左右，可以计划建设这条铁路的复线，牵引动力不变。

随着中蒙铁路物流的增长，长白铁路和长图铁路都必须进行改建或者重新建设。实际上，要满足中蒙铁路的物流增长必须对我国境内的铁路进行全线建设，即重新建设一条西起伊尔炮东至图们的长1 150公里的铁路。考虑到图们—珲春至中俄边境的铁路的能力限制，新建铁路的总长度应该是1 230公里。复线建设的正线里程为1 230公里，由于新增的征地和桥涵、隧道等工程，单位里程的造价将较单线提高30%。复线建成后5年内通过能力达到2 500万吨，10年后达到3 500万吨（国际运输2 100万吨，国内1 400万吨左右）。

复线建设对站场的能力有更高的要求，白城、图们和长春三个编组站的能力较单线条件时将再分别提高一倍。

四、中朝铁路

自甩湾子接朝鲜铁路的距离只有20公里，但是必须重新建设跨图们江的铁路桥。假设朝鲜有能力扩建其境内的车站，可以设想每年的货物量增加100万吨。我方的图珲铁路可以不改建。从珲春到朝鲜的罗津港，按现行的新建公路的距离是85公里。铁路可以按公路的线由，从珲春站直接进入罗津港，建设里程为85公里。每年新增的货流也为100万吨。

五、我国后方的公路

长春—珲春高速公路已经建成的路段包括长春至吉林、至江密峰，长115公里，和延古到图们44.2公里。延吉到江密峰之间的近300公里和图们到珲春的60公里待建。

珲春至中朝、中俄边境的公路没有必要升级为高速公路，公路物流自珲春以西进入高速公路系统即可。

待建的高速公路总长为360公里。按长春至吉林高速公路的设计标准（双向四车道），每天的汽车交通量为15 000~22 000辆。

案例点评：

枢纽在交通运输网中的布局，枢纽内部各项设备的配置，各种运输方式的组织管理水平、相互协调的程度及其综合能力的大小，对整个运输系统的能力和效率（运输速度、质量等）以及运输成本影响很大，这是由于运输工具在枢纽内的周转时间在整个运输过程中往往占很大比重。枢纽是综合运输网的重要环节，受政治、经济、人口中心、工业区、游览区、疗养中心等发展的影响，反过来对于地区之间的联系、地区和城市的发展又起到促进作用。枢纽的调整和发展与城市规划、工业布局、交通运输网规划以及经济、贸易政策、国防要求等相适应，以取得几种运输方式之间的协作配合，实现统一技术作业。

复习思考题

一、名词解释

1. 直达联合运输
2. 实载率
3. 货运代理
4. 汽车货运装卸工作
5. 集装箱运输
6. 铁路枢纽

二、简答题

1. 简要提出一些关于降低公路运输成本的途径。
2. 公路运输管理部门的具体职责有哪些？
3. 集装箱运输的优越性有哪些？
4. 如何进行码头集装箱的合理装卸？
5. 港口的主要作用是什么，分为哪些类型？
6. 航空运输适合在什么条件下采用？
7. 飞机的主要技术参数是什么？

第 4 章 物流中心与配送中心

学习目的和要求

- 理解物流中心和配送中心的功能
- 了解物流中心和配送中心要用到哪些设备和设施
- 掌握物流中心设备配置与选择的原则及程序

现代物流业是利用先进信息技术和物流装备，有机整合运输、储存、装卸、包装、流通加工、配送、信息处理等物流环节，通过物流中心与配送中心，实现物流运作一体化、信息化、高效化的复合型服务业，是现代产业体系的重要组成部分。

《中华人民共和国国家标准物流术语》（GB/T 18354—2006）对物流中心（Logistics Center）的定义是：从事物流活动且具有完善信息网络的场所或组织。它应基本符合下列要求：①主要面向社会提供公共物流服务；②物流功能健全；③集聚辐射范围大；④存储、吞吐能力强；⑤对下游配送中心客户提供物流服务。物流中心是综合性、地域性、大批量的物资位移集中地，它集商流、物流、信息流和资金流为一体，是产销企业间的中介。

国家标准对配送中心（Distribution Center）的定义是：从事配送业务且具有完善信息网络的场所或组织，应基本符合下列要求：①主要为特定客户或末端客户提供服务；②配送功能健全；③辐射范围小；④多品种、小批量、多批次、短周期。执行实物配送是配送中心的主要功能，简单地讲，配送中心就是从事集货、流通加工、分货、拣选、配货以及组织对用户送货，以高水平实现销售和供应服务的现代物流设施。

由上述两则定义和其特点可看出：物流中心是综合性、地域性、大批量的物资位移集中地，它集商流、物流、信息流和资金流为一体，成为产销企业间的中介。配送中心是以组织配送或供应、执行实物配送为主要职能的流通型结点，它既有集货中心（集零为整）的职能，又有分货中心（化整为零）的职能，为了优质、高效地配送，它还有较强的流通加工能力；

也可说配送中心是集货中心、分货中心和加工中心的高度综合。配送中心是物流中心的一种主要形式。总体上，物流中心辐射范围大，处理的对象为大批量、小批次和少品种的商品，配送中心正好相反。从两者在供应链中所处的位置看，物流中心的上游是工厂，下游是配送中心或批发商，而配送中心的上游是物流中心或工厂，下游是零售商或最终用户。综合型物流中心是指能够储存、加工、分拣与配送多种商品的物流中心，这类物流中心的加工、配送品种多，规模也大，适合各种不同需求用户的服务要求，所以其柔性较大。

4.1 物流中心

4.1.1 物流中心的概念理解①

物流中心又称流通中心，是专门从事物流活动的中心场所。货物在从生产地向消费地的运动过程中，需要在物流中心进行一系列的物流处理，或集中或分散、或储存或运动、或包装或搬运。物流中心是组织、衔接、调节、管理物流的较大的物流据点。物流中心在供应链中所处的位置如图 4 – 1 所示。

物流中心与配送中心两种说法都是从英语翻译过来的，一般来说，两者在本质上没有太大的区别，都是现代物流网络中的物流结点，也称其为分销中心、集配中心等。在现代物流网络中，这些结点不仅执行一般的物流职能，而且越来越多地执行指挥调度、信息处理、作业优化等神经中枢的职能，是整个物流网络的灵魂所在。物流中心在近年得到越来越多人的重视，因其特别的中枢功能，故又被称为物流中枢或物流枢纽。

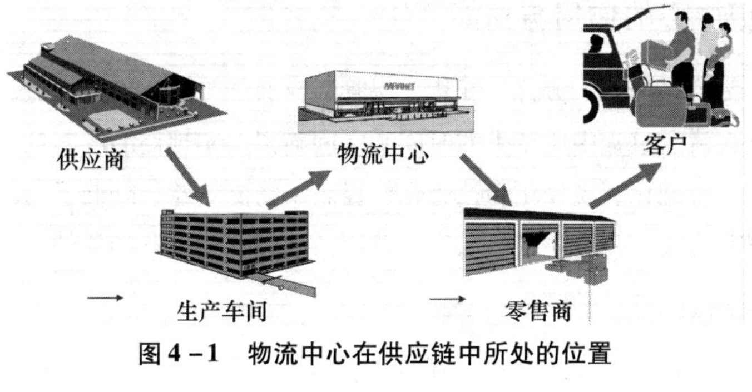

图 4 –1 物流中心在供应链中所处的位置

① http：//www. doc88. com/p –6703976879280. html，第二章。

物流中心可用狭义和广义来区分，广义物流中心包括货运车站、港口和卡车终点站、商品集散中心、企业拥有的物流设施等；而狭义的物流中心则排除了货运车站、港湾设施和道路等物流基础设施部分，是指为实施商品高效流通而建立的组织管理、控制、调配的物流中枢据点。

物流中心也被认为是一种“流通工厂”。流通工厂与生产工厂大不相同，生产工厂可根据生产计划使生产作业标准化、均衡化、流程化；而物流中心（流通工厂）要以对需求订单做出快速反应为首要条件，要确保对需求波动性的应变和与配送业务的联动性及同步化，减少对各种需求订单的错误处理和缺货，以提高物流服务水平为宗旨。因此，传统的物流仓库是以提高商品的保管效率为中心，而物流中心的主要着眼点却放在如何提高响应速度和分拣操作效率等方面。

在大都市郊外，建起大规模的物流中心，这些中心拥有大型的物流机械设备，以很强的辐射能力和库存能力，向省（州）际、全国乃至国际范围的用户配送的物流中心。这些物流中心称之为广域物流中心或区域物流中心。广域物流中心旨在通过物流活动的集约化、现代化达到服务的高度化和低成本化。例如：从 2002 年开始，以武汉为中心，构筑一个可直达华中主要城市、辐射国内和远东、东南亚及欧美的庞大的商品集散和运输渠道的大网。这项宏大的物流工程包括物流基地、物流中心、配送中心构成的商品流通网络。该物流中心依托武汉市在华中经济区域的中心城市地位，以武汉华中物流中心为核心，以武汉及周边城市物流基础设施与物流企业为基础，以长江水路、铁路、高速公路、航空（即四大物流通道）干线等国家综合运输网络为主干，形成以武汉为中心的 1 小时、6 小时、24 小时、72 小时四个级别的物流服务时域圈。

4.1.2 物流中心的作用与功能

物流中心可作为商品周转、分拣、配货、保管和流通加工等活动的据点，促进商品按顾客需求要求，克服其在流通过程中所产生的时间和空间障碍，实现商品的顺利转移。物流中心促进了物流的系统化、合理化、现代化和社会化，提高了物流效益、降低了物流费用，有利于社会资源的合理配置和优化，为企业进行供应和营销活动提供了有利的条件。

1. 物流中心的作用

物流中心的具体作用表现在如下几个方面①。

(1) 商品集散中心的作用。将零星产品集中成批量商品，称其为“集货”。在生产厂数量

---

① http：//www. doc88. com/p - 6703976879280. html，第二章。

很多、每个生产厂产量有限的地区，只要这一地区某些产品总量达到一定规模，就可以设置起聚集作用的物流中心。

（2）商品分拣、配货中心的作用。商品的分拣和配货工作是集中在物流中心统一完成的，而非每个企业各自完成的，这就实现了商品配送的集约化，有效地避免了分散运输、迂回运输和不合理运输等现象，实现了总物流成本最低和社会效益最好的目标。

（3）流通加工中心的作用。商品从生产地到消费地的过程中要经过很多流通加工作业，特别是在开展集中配送后，在消费地附近需要把大批量运达的商品按照用户要求进行细分，诸如小件包装、分割、计量、组配、价格贴付、标签贴付、商品检验等操作，这些作业都需要在物流中心内进行。物流中心还有蔬菜冷藏加工、食品速冻加工、食品保鲜及食品加工等功能。

（4）调节供需矛盾的作用。生产与消费在空间上通常是分离的，即此地生产，彼地消费，此外还存在季节、地区间的供需矛盾等。物流中心可以充分发挥时空的调节机能和价格的调整功能，消除时空差存在的矛盾与分离，有效地衔接产需，调节供求矛盾。

（5）商品在库管理中心的作用。物流中心在削减各企业库存量的同时，也使各企业节约大量仓储费用和存储空间。为各连锁店提供强有力的支持和帮助，使这些批发商和零售商基本上实现了零库存管理和商品集中在库管理。

2. 物流中心的功能

在整个供应链中作为物流结点的物流中心起着承前启后的重要作用，应具有以下基本功能①。

（1）商品的运输集散中心功能。生产企业以前的运输功能由物流中心取代。

（2）商品的分拣、配货中心功能。进行不同客户订单处理，按客户要求的种类、数量进行集中配置，再向客户发送货物。

（3）商品储存功能。物流中心的储存保管功能与传统的仓库是有区别的。物流中心的保管功能是与企业经营战略紧密相连，是一种企业管理功能；而仓库的保管只是一种静态的商品储存活动，其本身并不具备经营管理活动的性质。物流中心与仓库的关系见表 4-1。

（4）装卸搬运功能。综合型物流中心应配备专业化的装卸、输送、起重、堆垛机械，以提高装卸搬运的效率，减少中心作业对商品的损毁。

（5）流通加工功能。贴商标、制作并贴条形码是物流中心应具备的最基本的流通加工功能，此外，还有如蔬菜冷藏加工、食品速冻加工等功能。在生产资料相对集中的地方，对原材料进行深加工将是物流中心在流通加工方面深层次发展的方向。

① http：//wenku. baidu. com/view/14e9b24bc850ad02de80414c. html，物流中心定义。

表 4-1　　物流中心与仓库的关系

	仓　库	物流中心
功能	储存作业及保管	仓储作业，促使物料更快更有效地流动
作用	为生产和使用部门储备必要的原材料、成品和半成品	采购、销售、暂存、产品保管、设计开发、配送、检取分类、流通加工
运动过程	物品停留时间长，属静态管理	力求进货与发货同期化，物品周转率高，属动态管理
主要构成	各种存货设备和维护保养设备	物流作业场所系统、物流作业设备系统、控制和管理设备及土建公用设施等
管理和信息	物料收、发、存的管理	管理系统、网络信息系统

（6）包装功能。物流中心为便于物流运输配送，还可对商品进行组合、加固等作业。

（7）信息处理功能。处理的信息包括物流中心活动的各个环节产生的信息流，如知识、数据、图像、文件等。这些信息与其他功能有机结合，对整个物流中心活动产生作用。

除具有以上七个基本功能外，一些特大型综合物流中心还有如下特殊功能。

（1）快速通关功能。在国际贸易中，物流中心可具有代客户报关通关功能，海关、国检、理货、报关等“一站式”的通关服务，为客户商品在进出口方面提供快速良好的服务。

（2）保税仓库功能。经海关批准，物流中心在海关的监管下，某些特大型综合物流中心可具有专供存放未办理关税手续而入境或过境货物的仓库。

（3）出口监管仓库功能。经海关批准，物流中心可在海关的监管下，某些特大型综合物流中心可具有存放已领取了出口货物许可证或批件、已对外买断结汇并向海关办完全部出口海关手续的货物的专用仓库。

（4）结算功能。某些特大型综合物流中心不仅结算其本身的物流费用，还可承担第四方物流的功能，代货主向收货人结算货款。

（5）物流系统设计咨询功能。综合型物流中心在条件允许的情况下可具有为货主设计物流系统、代货主选择评价运输商及其他物流服务提供商的功能。

4.1.3　物流中心的类型①

物流中心按功能、商品、服务范围与服务对象等标志进行划分，可分成不同的类型。

① http：//www.doc88.com/p-6703976879280.html，第二章。

1. 按功能分类

按功能分类，物流中心可分为储存型物流中心、流通型物流中心、加工型物流中心和多功能物流中心。

（1）储存型物流中心：拥有较大规模的仓储设施，具有很强的储存功能，从而把下游的批发商、零售商的商品储存时间及空间降至最低程度，实现有效的库存调度。如美国福来明公司的食品配送中心、中国物资储运总公司天津储运公司唐家口仓库等。

（2）流通型物流中心：主要以随进随出方式进行分拣、配货和送货，其典型方式是“整进零出”，商品在物流中心仅做短暂停滞。

（3）加工型物流中心：对产品进行再生产或称再加工，以强化服务为主要目的，提高服务质量和服务水平，为消费提供更多的便利。如食品或农副产品的深加工，木材或平板玻璃的再加工，水泥、混凝土及预制件的加工等。

（4）多功能物流中心：集储存、流通加工、分拣、配送、采购等多种功能于一体的物流中心。

2. 按商品分类

按商品分类，物流中心可分为综合型物流中心和专业型物流中心。

（1）综合型物流中心：指那些储存、加工、分拣与配送多种商品的物流中心，这类物流中心的加工、配送品种多、规模大，适合各种不同需求用户的服务要求，应变能力较强。

（2）专业型物流中心：指专门服务于某些特定用户或专门从事某大类商品服务的物流中心，例如煤炭、钢材、建材、食品冷藏物流中心等。

3. 按服务范围与服务对象分类

按服务范围与服务对象分类，物流中心可分为区域型物流中心和城市型物流中心。

（1）区域型物流中心：以较强的辐射能力和库存商品，向省际、全国甚至国际范围的用户提供服务。其物流设施齐全，库存规模较大，用户较多，配送量也较大，而且往往是配送给下一级的城市物流中心，也配送给批发商和大企业用户。例如荷兰的 Nedlloyd 集团所属的“国际配送中心”、美国的马特公司配送中心和瑞典 DAGAB 公司所属乔鲁德市布洛物流中心。

（2）城市型物流中心：是以所在城市区域为配送范围的物流中心，采用机动性强、调度灵活的汽车进行运输，且直接配送到最终用户，实现“门到门”式的配送活动。如北京的食品配送中心、无锡的物资配送中心等。

4.1.4 物流中心的设计与选址

物流中心一旦建成后，在一个较长的时期内其地理位置是很难改变的，因此，科学合理地确定其位置对于物流中心的物流运作是十分重要的。合理选址可以有效节省费用，促进生产和消费两种流量的协调与配合，保证物流系统的平稳发展。

1. 物流中心的设计

物流中心的设计主要应做好如下5个方面工作。

（1）资料搜集与分析：根据欲建立的物流中心类型搜集资料。对不同品种商品数量进行定性分析，绘制物流—品种（P－Q）图，应用A、B、C方法对物流产品进行分类。应用定性、半定量、定量分析的方法，对物流中心的地址和建设规模进行规划。

（2）系统预测分析：根据外部环境变化的可能性、政府政策和未来发展的可能性，编制运营策略和发展规划。在编制过程中要对商品的未来需求、品种变化进行预测，在物流中心的规划过程中通过柔性化的设计满足预测提出的要求。

（3）物流中心的作业规划：通过系统的概念分析，确定订货、进货、发货、存储、分拣、配送等作业的流程。

（4）设施规划和选用设施布置：确定物流中心的主要系统设备和设施的功能、数量和型号，包括：自动化立体仓库、堆垛设备、托盘、货架、各种输送机、分拣设备和搬运车辆等；监控系统、通讯网络系统、识别系统等管理和监控装备等。应用搬运系统分析和系统布置设计等方法对物流状况进行相关分析，确定作业区域和设施的布置。

（5）信息系统规划：规划物流中心的信息系统的功能并建立功能结构。

2. 物流中心的选址①

物流中心在整个物流网络中是连接上游和下游的纽带。物流中心选址是指在一个具有若干供应网点及若干需求网点的经济区域内，选一个地址设置物流中心的规划过程。

（1）物流中心选址的原则

①适应性原则：须与国家以及省市的经济发展方针、政策相适应，与我国物流资源分布和需求分布相适应，与国民经济和社会发展相适应。

②协调性原则：应将国家的物流网络作为一个大系统来考虑，使物流中心的设施设备，在地域分布、物流作业生产力、技术水平等方面互相协调。

③经济性原则：有关选址的费用主要包括建设费用及物流费用（经营费用）两部分。选址时应以总费用最低为经济性原则。

④战略性原则：应具有战略眼光，考虑全局和长远。局部要服从全局，目前利益要服从长

---

① http：//wenku. baidu. com/view/14e9b24bc850ad02de80414c. html，物流中心定义；http：//wenku. baidu. com/view/aa1e7366f5335a8102d22034. html，物流中心选址分析。

远利益，既要考虑目前的实际需要，又要考虑日后发展的可能。

一般物流中心布局还须遵循如下要求：建在经济发达的中心地区；建在各种交通方式重叠和交汇地区；建在物流资源较优地区；建在土地开发资源较好地区；支持产业发展需要；符合区域物流特点；有利于整个物流网络的优化；有利于各类节点的合理分工、协调配合；地区管理和人才资源较好。

（2）物流中心选址时的注意事项

不同地区的物流中心在选址时有不同的注意事项。①大中城市建物流中心应采用集中与分散相结合的方式选址。②中小城镇建物流中心宜选择独立地段。③在河道（江）较多的城镇建物流中心可选择沿河（江）地段。城镇要防止将那些占地面积较大的综合性物流中心放在城镇中心地带，以免造成交通不便。

不同类型的物流中心在选址时也有不同的注意事项。①转运型物流中心一般应设置在城市边缘地区的交通便利的地段，以方便转运和减少短途运输；②储备型物流中心一般应设置在城镇边缘或城市郊区的独立地段，且具备直接而方便的水陆运输条件；③果蔬食品物流中心应选择入城干道处，以免运输距离拉得过长，商品损耗过大；④冷藏品物流中心往往选择屠宰场、加工厂、毛皮处理厂等附近，多选择城郊；⑤通常建筑材料物流中心的物流量大、占地多，可能产生某些环境污染问题，有严格的防火等安全要求，应选择城市边缘对外交通运输干线附近；⑥石油、煤炭及其他易燃物品物流中心应满足防火要求，选择城郊的独立地段、下风位或侧风位，应远离居住区和其他重要设施，最好选在城镇外围的地形低洼处；⑦综合型物流中心经营的商品种类繁多，根据商品类别和物流量选择在不同的地段，与居民生活关系密切的生活型物流中心，若物流量不大又没有环境污染问题，可选择接近服务对象的地段，但应具备方便的交通运输条件。

（3）物流中心选址的方法

在进行物流中心选址时，应综合运用定性分析和定量分析相结合的方法，在全面考虑选址影响因素的基础上，粗选出若干个可选的地点，然后进一步借助比较法、专家评价法、模糊综合评价等数学方法进行量化比较，最终得出较优的方案。物流中心选址的一般流程如图4－2所示。

4.1.5 物流中心的设备与设施[①]

1. 物流中心设备

（1）运输设备：包括公路运输载货汽车、铁道货车、货船、空运设备、管道运输设备等。

---

① http：//doc. mbalib. com/view/ee4d2ce20a62d83c765e1bf8cf057058. html，第三章。

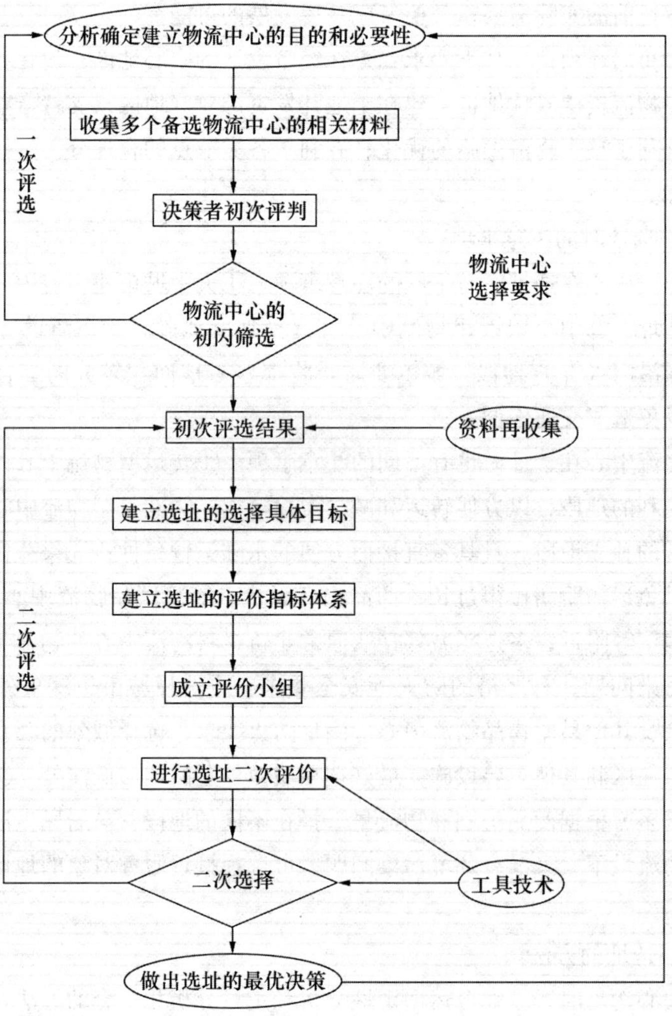

图4-2　物流中心选址的一般流程

（2）装卸搬运设备：按照用途和结构特征分类，一般可分为起重机械、连续输送机械、装卸搬运机械（或车辆）；按照装卸搬运物料的种类，可分为单元物料装卸搬运机械、散装物料装卸搬运机械和集装物料装卸搬运机械。

（3）仓储设备：主要是以单元负载的托盘储存方式为主，配合各种拣货方式的需要，另有容器及单品等储存设备等。

（4）集装单元设备：主要有托盘、集装箱和其他集装单元设备。

（5）流通加工设备：主要包括包装设备、金属加工设备、木材加工设备等。

（6）信息技术设备：主要包括基于各种通信方式的移动通信手段及设备、全球卫星定位技术设备、地理信息技术设备、计算机网络技术设备、智能标签技术设备、条码及射频技术设备以及信息交换设备等。

2. 物流中心设备的配置与选择

（1）物流中心设备的配置与选择原则：系统化原则；适用性原则；技术先进性原则；经济合理性原则；可靠性和安全性原则。

（2）物流中心设备的配置与选择程序：收集物流设备的相关资料；拟定配置的方案；物流设备招标与评价。

（3）物流中心设备的使用与保养：严格按规程操作设备；实施使用设备的各级技术经济责任制；严格使用程序的管理；实行设备维护的奖励办法；施行日常保养和定期保养。

3. 物流中心设施

（1）仓库：仓库是保管、储存物品的建筑物和场所的总称，物流中的仓库已经从单纯的物资存储保管功能，发展到具有担负物资的接收、分类、计量、包装、分拣、配送、存盘等多种功能。仓库是任何物流中心都必不可少的组成部分。根据货物的形态和物流中心的主要功能不同，可以将仓库分成平房、立体库、保温库等。

（2）装卸平台：装卸平台是货物在设施流通程序中的起点和终点，它将货物在室内的流通与对外运输结合起来，所以它必须与整个物流中心的设施系统的效率相匹配，才能保持整个物流中心具有较高的生产力。根据装卸平台的布置方式，可以将装卸平台分为合并式装卸平台和分离式装卸平台。

（3）货场：随着产品包装、存储要求标准的提高，物流仓储业对仓库地面也提出了更高的要求。货场根据其形式，可以分为传统地面货场和新型地面货场。

（4）其他公用设施：物流中心还有许多配套的其他公用设施，如给排水设施、电力设施、供热与燃气设施等。

4. 物流中心设施的管理

（1）物流中心设施布置：可以划分为物流作业区、辅助作业区和建筑外围区域等三个部分，在进行区域布置时，物流作业区域应该以物流作业为主。

（2）仓库的规划与选择：根据物流中心的作业要求，确定不同的仓库类型和要求，合理设计和选择仓库的结构形式，同时确定仓库的层数、高度以及作业面积等。

（3）装卸平台的规划与选择：根据物流中心的年吞吐能力，选择相应的装卸平台的数量和类型，确定装卸平台的位置和高度，选择平台高度调节板，并确定好装卸平台的外围区域。

（4）货场及道路的规划与选择：根据物流中心的运营要求，确定库区内道路的主要技术指标，选择适宜的道路层面，确定货场的宽度和坡度，设计货场排水系统。

（5）其他公用设施的规划与选择：根据物流中心的作业要求，主要进行给水、排水、电力、燃气和供热等设施的规划。在选择供应商时，特别要注意按照国家有关法律法规，例如防洪标准、建筑设计防火标准等来进行招标与选择。

4.2 配送中心

4.2.1 配送中心的概念理解

配送是订货、分货、配货、送货的现代送货方式，除发达的商品经济外，配送还必须依赖现代交通运输工具和经营管理、物流信息系统的作用、现代化的技术和装备。一个较为完整的配送工作流程包括集货、储存、分拣、配货、配装、配送运输、送达、按照用户的需要进行的流通加工等。

配送中心是接受供应者提供的多品种、大批量的货物，通过储存、保管、分拣、配货、流通加工和信息处理等作业后，按照消费者的订货请求以备齐货物并送交顾客的组织机构和物流设施。如果说集货中心的主要功能是实现货物的集中，那么配送中心主要的功能则是实现货物的分散，通过对货物储存、分拣、整理、配送、配装等一系列物流活动送交给用户。

4.2.2 配送中心的类型①

（1）专业配送中心。大体上有两个含义：第一个含义是配送对象、配送技术属于某一专业范畴，在某一专业范畴有一定的综合性，综合这一专业的多种物资进行配送，例如多数制造业的销售配送中心。第二个含义是指以配送为专业化职能，基本不从事经营的服务型配送中心。

（2）柔性配送中心。不向固定化、专业化方向发展，而向能随时变化、对用户要求有很强适应性、不固定供需关系、不断向发展配送用户和改变配送用户的方向发展。

（3）供应配送中心。专门为某个或某些用户（例如联营商店、联合公司）组织供应的配送中心。例如，为大型连锁超级市场组织供应的配送中心；代替零件加工厂送货的零件配送中心，使零件加工厂对装配厂的供应合理化。上海地区六家造船厂的配送钢板中心就是典型的供应配送中心。

（4）销售配送中心。以销售经营为目的，以配送为手段的配送中心。有三种不同的类型：

---

① http：//wenku. baidu. com/view/da16f0404a7302768f99392b. html，仓储配送中心分类。

一种是生产企业为自身产品直接销售给消费者的配送中心，在国外，这种类型的配送中心很多；另一种是流通企业作为本身经营的一种方式，建立配送中心以扩大销售，我国目前拟建的配送中心大多属于这种类型，国外的例子也很多；第三种，是流通企业和生产企业联合的协作性配送中心。

（5）城市配送中心。以城市范围为配送范围的配送中心，往往和零售经营相结合，由于运距短，反应能力强，因而从事多品种、少批量、多用户的配送较有优势。如北京食品配送中心。

（6）区域配送中心。以较强的辐射能力和库存准备，向省（州）际、全国乃至国际范围的用户配送的配送中心。如美国马特公司的配送中心、蒙克斯帕配送中心等。

（7）储存型配送中心。是规模很大且有很强储存功能的配送中心。如可储存 4 万个托盘的瑞士 GIBA—GEIGY 公司的配送中心、拥有一个有 163 000 个货位的储存区的美国赫马克配送中心等。

（8）流通型配送中心。基本上没有长期储存功能，仅以暂存或随进随出方式进行配货、送货的配送中心。如日本的阪神配送中心，中心内只有暂存区，大量储存则依靠一个大型补给仓库。

（9）加工配送中心。带有加工职能的配送中心。如上海市和其他城市已开展的配煤配送，配送点中进行了配煤加工；上海六家造船厂联建的船板处理配送中心；原物资部北京剪板厂等。

4.2.3 配送中心的功能和特征

1. 功能

基本功能：信息处理、流通加工、包装、装卸搬运、分拣、储存、运输、衔接、集散。

增值功能：结算、需求预测、物流系统设计咨询、物流教育与培训。

2. 特征①

在电子商务时代，信息化、现代化、社会化的新型物流配送中心具有以下几个特征。

（1）反应速度快。对上游、下游的物流配送需求的反应速度越来越快，前置时间越来越短，配送时间越来越短，物流配送速度越来越快，商品周转次数越来越多。

（2）功能集成化。着重于将物流与供应链的其他环节进行集成，包括物流渠道与商流渠道的集成、物流渠道之间的集成、物流功能的集成、物流环节与制造环节的集成等。

---

① http：//txt. wenku. baidu. com/view/cc5a15730912a2161479298e. html，第 8 章。

（3）服务系列化。在外延上扩展至市场调查与预测、采购及订单处理，向下延伸至物流配送咨询、物流配送方案的选择与规划、库存控制策略建议、货款回收与结算、教育培训等增值服务；在内涵上提高了以上服务对决策的支持作用。

（4）作业规范化。强调作业运作的标准化和程序化以及目标系统化，使复杂的作业变成简单的、易于推广与考核的运作；不求单个活动的最优化，但求整体活动的最优化。

（5）手段现代化。使用先进的技术、设备与管理手段为销售提供服务，生产、流通、销售规模越来越大、范围越来越广，物流配送技术、设备及管理越来越现代化。

（6）组织网络化。有完善、健全的物流配送网络体系，网络上点与点之间的物流配送活动保持系统性、一致性，这样可以保证整个物流配送网络有最优的库存总水平及库存分布，运输与配送快捷、机动，既能铺开又能收拢。

（7）经营市场化。具体经营采用市场机制，无论是企业自己组织物流配送，还是委托社会化物流配送企业承担物流配送任务，都以“服务—成本”的最佳配合为目标。

（8）流程自动化。是指运送规格标准、仓储货、货箱排列装卸、搬运等按照自动化标准作业，商品按照最佳路线配送等。

（9）管理法制化。宏观上，要有健全的法规、制度和规则；微观上，新型物流配送企业要依法办事，按章行事。

4.2.4 配送中心的作业流程

作业流程指配送中心的活动过程在运动时所形成的基本工作顺序，一般表现为进货、验收、入库、存放、拣取、包装、分类、出货、检查、装货、送货等诸多环节，如图4－3所示。

4.2.5 配送中心的设备与设施

配送中心进行大规模的配送活动，必须配置各种配送机械设备。应针对配送活动的特点、作业流程、处理货物种类等要求，选择相应的设备。这些机械设备是实现配送业务的重要载体和技术保证，是建立完善作业体系的基础。

配送中心的设备与设施主要包括以下这些。

（1）装卸机械设备。装卸机械设备主要设置在进货场、配货发送场和仓库内。在进货场和配货发送场中配置的主要设备有：叉车和各种起重机械，如汽车起重机、轮胎起重机、桥式起重机、龙门起重机、门座起重机等。在配送中心仓库内向货架上存取货物的主要设备有：叉车、轨巷道堆垛机、无轨巷道堆垛机和固定式堆垛起重机等。叉车主要用于低层货架；巷道堆垛起重机主要用于从中、高层货架上存取货物；固定式堆垛机主要用于从旋转式货架上存取货物。

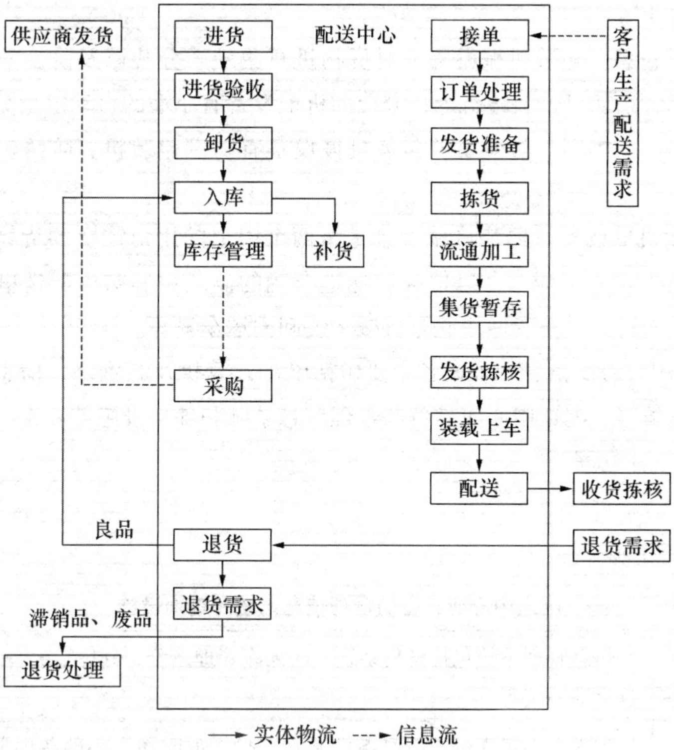

图4-3 配送中心作业流程图

(2) 连续输送机械设备。连续输送机械设备主要设置在进货场、检验场、分拣场、配货发送场、仓库和流通加工车间之间。连续输送机械设备主要有各种连续输送机械设备，如带式输送机、滚子输送机、链式输送机。

(3) 装卸搬运车辆。装卸搬运车辆主要用于配送中心中较长距离地运送货物。装卸搬运车辆主要有叉车、牵引车、托盘搬运车、电动搬运车、自动导引搬运车等。

(4) 检测计量机械设备。在重量检测方面主要运用的机械设备是电子台秤、吊钩电子秤、地中衡、轨道衡等；在规格尺寸检测上，主要使用光电检测装置、激光检测装置等；对于粉料、液体等货物的检测主要运用电子流量计等；成件包装或单元化货物则使用电子计数装置等。

(5) 分货、拣货机械设备。分货、拣货机械设备主要包括拣选式叉车、拣选式升降机、拣选式巷道堆垛机。

(6) 储存机械设备。常采用各种类型的货架，使存、取货物便利。货架的种类主要有普通货架、单元货架、重力式货架、贯穿式货架、旋转式货架等。

(7) 流通加工机械设备。流通加工是配送中心的重要功能，设备多为剪板机、折弯机、玻璃切割设备、锯床等。

（8）包装机械设备。包装机械设备可对货物进行集装、分装以及防变质包装等。集装的机械设备有捆扎机、集装机、装罐机等；分装的机械设备有小型的自动定量分装机械设备、热收缩包装机、拉伸包装机等；防变质的包装机械设备有防潮包装机、防锈包装机、充气包装机等。

（9）配装送货机械设备。配装机械设备是将两个以上的用户需要的货物，或同一用户需要的不同货物配装在同一车辆上，以便提高配送车辆的满载率和减少配送里程，降低配送成本。常用的配装送货机械设备有通用起重机械、装卸搬运车辆等。

（10）信息处理设备。信息处理设备主要包括电子计算机及其网络，信息识别装置、传票传递装置、通讯设备等。配送中心应具备的管理信息系统和辅助设施如表 4－2 所示。

（11）自动化立体仓库。

（12）冷库。

（13）其他辅助设施。

表 4－2　　配送中心应具备的管理信息系统和辅助设施

管理信息系统	信息管理系统包括订货系统、出入库管理系统、分拣系统、订单处理系统、信息反馈系统等
事务性管理手段	配送中心正常运转所必备的基本条件，如配送中心的各项规章制度、操作标准及作业流程等
辅助设施	包括库停车场、站台、外道路和铁路专用线等

案例分析

沃尔玛的物流配送中心案例分析①

沃尔玛公司是世界上最大的商业零售企业，素以精确掌握市场、快速传递商品和最好地满足客户需要著称。沃尔玛之所以能取得如此辉煌的业绩，其中一个极为重要的因素就是它拥有

① http：//wenku. baidu. com/view/7dcc16781711cc7931b716de. html，沃尔玛物流分析。

自己庞大的物流配送系统，并实施了严格有效的物流配送管理制度。这确保了公司在效率和规模成本方面拥有最大的竞争优势，也保证了公司能顺利地扩张。

沃尔玛的集中配送中心是相当大的，而且都位于一楼。之所以选在一楼，是因为沃尔玛希望产品能够滚动，能够从一个门进另一个门出；如果有电梯或其他物体，就会阻碍流动过程。因此，沃尔玛都是以一个非常巨大的地面建筑作为配送中心。沃尔玛使用一些传送带，如此可让产品能够非常有效地流动，对它们的处理不需要重复进行，都是一次性的。采用传送带，运用无缝连接形式，就可以尽可能降低成本。沃尔玛所有的系统都是基于一个 Unix 的配送系统，并采用传送带，采用非常大的开放式平台，还采用产品代码，以及自动补发系统和激光识别系统。所有这些加在一起，为沃尔玛节省了相当多的成本。

1. 沃尔玛配送体系的特色

沃尔玛现代化的物流配送体系，主要表现在以下几个方面。

(1) 设立了运作高效的配送中心。从建立沃尔玛折扣百货公司之初，沃尔玛公司就意识到有效的商品配送是保证公司实现最大销售量和最低成本的存货周转及费用的核心。而唯一使公司获得可靠供货保证及提高效率的途径，就是建立自己的配送组织，包括送货车队和仓库。建立配送中心的好处不仅是可使公司大量进货，而且可以要求供应商将商品集中送到配送中心，再由公司统一接收、检验、配货、送货。

(2) 采用先进的配送作业方式。沃尔玛在配送运作时，大宗商品通常经铁路送达配送中心，再由公司卡车送达商店。每店每周收到 1～3 卡车货物，60% 的卡车在返回配送中心的途中又捎回沿途从供应商处购买的商品。这样的集中配送为公司节约了大量的资金。据统计，20 世纪 70 年代初，公司的配送成本只占销售额的 2%，比一般大零售公司低了近一半。同时，集中配送还为各分店提供了更快捷、更可靠的送货服务，并使公司能更好地控制存货。竞争对手却只有大约 50%～65% 的商品实行集中配送。

(3) 实现配送中心自动化的运行及管理。沃尔玛的配送中心运行完全实现了自动化。每种商品都有条码，由十几公里长的传送带传送商品，并由电脑追踪每件商品的储存位置及运送情况，每天能处理约 20 万箱的货物配送。配送中心的一端是装货月台，另一端是卸货月台。配送中心每年处理的商品在配送中心停留的时间总计不超过 48h。数亿次商品，99% 的订单正确无误。

(4) 具有完善的配送组织结构。沃尔玛公司为了更好地进行配送工作，非常注意从自己企业的配送组织上加以完善。其中一个重要的举措便是公司建立了自己的车队进行货物的配送，以保持灵活性和为一线商店提供最好的服务。沃尔玛的商店通过电脑向总部订货，平均只要两天就可以到货。如果急需，则第二天即可到货。这一速度同业中无人可及。这使沃尔玛享有高于竞争对手的极大优势，货架总能保持充盈，并随时掌握到货时间，其运输成本也总是低于竞争对手。

2. 沃尔玛物流配送体系的运作

(1) 注重与第三方物流公司形成合作伙伴关系。在美国本土，沃尔玛做自己的物流和配送，拥有自己的卡车运输车队，使用自己的后勤和物流方面的团队。但是在国际上的其他地方，沃尔玛就只能求助于专门的物流服务提供商了，飞驰公司就是其中之一。飞驰公司是一家专门提供物流服务的公司，它在除美国外的其他地方为沃尔玛提供物流方面的支持。飞驰成为了沃尔玛大家庭的一员，并百分之百献身于沃尔玛的事业。飞驰公司同沃尔玛是一种合作伙伴的关系，它们共同的目标就是努力做到最好。

(2) 挑战"无缝点对点"物流系统，为顾客提供快速服务。在物流方面，沃尔玛尽可能降低成本。为了做到这一点，沃尔玛为自己提出了一些挑战，其中一个挑战就是要建立一个"无缝点对点"的物流系统，能够为商店和顾客提供最迅速的服务。这种"无缝"指的是使整个供应链达到一种非常顺畅的链接。

(3) 自动补发货系统。沃尔玛之所以能够取得成功，还有一个很重要的原因就是它有一个自动补发货系统。每一个商店都有这样的系统，包括在中国的商店。它使得沃尔玛在任何时间点都可以知道目前某个商店中有多少货物，有多少货物正在运输过程中，有多少是在配送中心等。同时补发货系统也使沃尔玛可以了解某种货物上周卖了多少，去年卖了多少，而且可以预测将来的销售情况。

(4) 零售链接系统。沃尔玛还有一个非常有效的系统，叫做零售链接系统，可以使供货商们直接进入到沃尔玛的系统，来了解他们的产品卖得怎么样，昨天、今天、上一周、上个月和去年卖得怎么样，可以知道这种商品卖了多少，而且可以在24小时内就进行更新。供货商们可以在沃尔玛公司每一个店当中，及时了解到有关情况。

沃尔玛的配送中心除了能够很好地实现物流配送中心的主要功能外，更重要的一点是，它使用了很多高科技信息技术。商品供应系统的协调运行要求建立在各个环节主体间高质量的信息传递与共享的基础上。沃尔玛投资4亿美元由休斯公司发射了一颗商用卫星，实现了全球联网，全球4 000多家门店通过网络可在1小时之内对每种商品的库存、上架、销售量全部盘点一遍；并通知火车司机最新的路况信息，调整车辆送货的最佳线路。这种以卫星技术为基础的数据交换系统的配送中心，将自己与供应商及各个店面实现了有效连接。沃尔玛总部及配送中心任何时间都可以知道，每一个商店现在有多少存货，有多少货物正在运输过程当中，有多少货物存放在配送中心等；同时还可以了解某种货品某段时间卖了多少，并能预测将来能卖多少。沃尔玛的供应商也可以利用这个系统了解自己昨天、今天、上周、上个月和去年的销售情况，并根据这些信息来安排组织生产，保证产品的市场供应，同时使库存降到最低。由于沃尔玛采用了这项先进技术，所以其配送成本只占其销售额的3%，远低于竞争对手的5%。仅此一项，沃尔玛每年就可以比竞争对手节省近8亿美元的配送成本。20世纪80年代后期，沃尔玛从下订单到货物到达各个店面需要30天，现在由于采用了这项先进技术，这个时间缩短到2~3天，大大提高了物流的速度和效益。

案例点评：

在物流方面，沃尔玛尽可能降低成本，不断让利于消费者，甚至能够做到“天天平价”。沃尔玛物流系统中的信息系统、补货系统、配送中心以及运输网络充分利用最尖端的技术，采用先进的、现代化的技术，进而提高效率、节约成本。沃尔玛配送各部门各职员都能根据自己的任务准确高效地完成作业，并向下一作业环节推进，不管是人工作业还是自动化作业，整个流程协调一致，形成了一个有机整体，共同完成配送任务。沃尔玛的配送体系能利用信息系统的配送数据进行预测，能实现多品种、少批量商品的及时送达，并注意减少库存，节约物流费用，实现效益最大化。

复习思考题

一、名词解释

1. 物流中心

2. 配送中心

二、简答题

1. 物流中心有哪些设备与设施？

2. 配送中心有哪些设备与设施？

三、案例分析

方达仓储物流有限公司（以下简称“方达物流公司”）成立于2000年，是一家实力雄厚的第三方物流企业。该公司以仓储业务为主，同时提供运输、市内配送和流通加工等物流服务。公司占地200亩，拥有6万m^2的露天货场、2万m^2的简易货棚和4万m^2的普通库房。

2011年9月，方达物流公司与兴华电子贸易公司签订了仓储合同，方达物流公司承诺为兴华电子贸易公司准备一个专业库房用于储存电子产品。

目前方达物流公司已经为兴华电子贸易公司库房修建了一间新库房，该库房长50m、宽40m、高8m，地坪车载重量200kg/m^2。

如果你是方达物流公司的仓储部经理，你应该为新仓库选择和准备哪些设施和设备，才能开展正常的仓储业务呢？

第 3 部分

物流常用设备

掌握常用的货架、分拣设备及连续输送机械以及它们的选用；熟悉集装箱的基本知识；掌握集装箱货物的整的流通过程；熟悉托盘的运用与管理；了解装卸搬运机械设备的概念、分类和特点；掌握装卸起重机械、运输机械等的系统运用和管理的基本知识；熟悉装卸、搬运机械设的配置和选择原则及方法；熟悉货车的类型；掌握货车的不同类型、不同用途；掌握货车的选用；掌握船舶货运的基础知识；熟悉铁路机车的类型；掌握铁路车辆的不同用途；了解流通加工的特点，掌握如何运用流通加工中常用到的几种设备。

第 5 章

仓储与分拣设备及连续输送机械

学习目的和要求

- 掌握常用的货架、分拣设备及连续输送机械
- 掌握常用的货架、分拣设备及连续输送机械的选用

随着国内经济的发展，特别是物流业的突飞猛进，立体仓储系统由于其具有很高的空间利用率，很强的入出库能力，采用计算机进行控制管理而利于企业实施现代化管理等特点，已成为企业物流和生产管理不可缺少的仓储技术，越来越受到企业的重视。仓储物流设备其结构主要包括立体货架、堆垛机、室内搬运车、出入输送设备、分拣系统、升降设备（提升机或升降机）、以及计算机管理和监控系统。这些设备可以组成半自动化、自动化、机械化的仓库，来堆放、存取和分拣物品。在自动仓储系统里，搬运系统一般都是由连续输送机组成，例如进出库输送机系统、自动分拣系统。连续输送机械在一定的空间里，连续不断地搬运，搬运成本相对较低、时间容易控制。连续输送机械优势明显，但也有缺点如：运行线路固定，承载能力较小，通用性较差；装卸能力差，一般需要单独配备装载、卸载装置。分拣设备是完成仓库、配送中心拣选、分货、分放作业的自动化设备。是大型物流中心、配送中心进行分拣、配送作业的强有力的技术保证。目前国内外出现的大容量仓库和配送中心里，几乎都配备有自动分拣机。自动分拣机具有很高的分拣能力，能处理各种各样的货物。

仓储、分拣设备及连续输送机械都是常用的且很重要的物流设备，在实际应用中有很多类型，本章应掌握它们各自的特点，根据具体情况具体选用。

5.1 仓储设备

5.1.1 仓储设备概述

仓储设备是指能够满足储藏和保管物品需要的技术装置和机具，其并非仅指以房屋、有锁之门等为外在表征的设备。

1. 仓储设备的分类

仓储工作中所使用的设备，按其用途和特征可进行如下分类①。

（1）装卸搬运设备：用于商品的出入库、库内堆码以及翻垛作业。这类设备对改进仓储管理、减轻劳动强度、提高收发货效率具有重要作用。我国仓库中所使用的装卸搬运设备通常用可以分成三类：①装卸堆垛设备，包括桥式起重机、轮胎式起重机、门式起重机、叉车、堆垛机、滑车、跳板以及滑板等。②搬运传送设备，包括电平搬运车、皮带输送机、电梯以及手推车等。③成组搬运工具，包括托盘、网络等。

（2）保管设备：用于保护仓储商品质量的设备。主要可归纳为以下4种。①苫垫用品：起遮挡雨水和隔潮、通风等作用，包括苫布（油布、塑料布等）、苫席、枕木、石条等。苫布、苫席用在露天堆场。②存货用具：包括各种类型的货架、货橱。③货架：即存放货物的敞开式格架。根据仓库内的布置方式不同，货架可采用组合式或整体焊接式两种，整体式的制造成本较高，不便于货架的组合变化。货架在批发、零售量大的仓库，特别是立体仓库中起很大的作用。它便于货物的进出，又能提高仓库容积利用率。④货橱：即存放货物的封闭式格架，主要用于存放比较贵重的或需要特别养护的商品。

（3）计量设备：用于商品进出时的计量、点数，以及货存期间的盘点、检查等。如地磅、轨道秤、电子秤、电子计数器、流量仪、皮带秤、天平仪以及较原始的磅秤、卷尺等。随着仓储管理现代化水平的提高，现代化的自动计量设备将会更多地得到应用。

（4）养护、检验设备：是指商品进入仓库验收和在库内保管测试、化验以及防止商品变质、失效的机具、仪器。如温度仪、测潮仪、吸潮器、烘干箱、风幕（设在库门处，以隔内外温差）、空气调节器、商品质量化验仪器等。

（5）通风、保暖、照明设备：是根据商品保管和仓储作业的需要而设的设备。

① http：//wenku. baidu. com/view/1dbdd3d86f1aff00bed51eb7. html，仓储设备使用。

（6）消防安全设备：是仓库必不可少的设备。它包括报警器、消防车、手动抽水器、水枪、消防水源、砂土箱、消防云梯等。

（7）劳动防护用品：主要用于确保仓库职工在作业中的人身安全。

（8）其他用品和用具。

仓储作业中，常用到手动搬运车。手动搬运车是托盘运输工具中最简便、最有效和最常见的装卸、搬运工具，广泛应用于仓库、工厂、医院、学校、商场、机场、体育场馆、车站等。各种手动搬运车如图 5－1 所示。

图 5－1　手动搬运车

2. 仓储设备的作用

仓储设备是构成仓储系统的重要组成因素，担负着仓储作业的各项任务，影响着仓储活动的每一个环节，在仓储活动中处于十分重要的地位。离开仓储设备，仓储系统就无法运行或服务水平及运行效率就可能极其低下。仓储设备的作用主要有如下 3 点。

（1）仓储设备是提高仓储系统效率的主要手段。先进的仓储设备和先进的仓储管理是提高仓储能力，推动现代仓储迅速发展的两个车轮，二者缺一不可。

（2）仓储设备是反映仓储系统水平的主要标志，决定着物流系统的技术含量。

（3）仓储设备是构筑仓储系统的主要成本因素。仓储设备的费用对系统的投入产出分析有着重要的影响。

5.1.2　货架①

1. 货架的概念

《中华人民共和国国家标准物流术语》（GB/T 18354—2006）将货架（Rack）定义为：用立柱、隔板或横梁等组成的立体储存物品的设施。货架在物流及仓库中占有非常重要的地位，

① http：//wenku. baidu. com/view/1dbdd3d86f1aff00bed51eb7. html，仓储设备使用。

随着现代工业的飞速发展，物流量大幅度增加，改善仓库的功能不仅要求有足够的货架数量，而且要求货架具备多功能，并能满足机械化、自动化的需要。

2. 货架的作用及功能

在现代物流活动中，货架起着相当重要的作用，仓库管理实现现代化，与货架的种类、功能有直接的关系。货架的作用及功能主要有如下5项。

(1) 货架是一种架式结构物，可充分利用仓库空间，提高库容利用率和仓库储存能力。

(2) 货物在货架中存储，相互不会产生积压现象，可完整地保存，减少货物的损失。

(3) 货物在货架存储，存取方便，便于按照先进先出的原则组织出入库。

(4) 很多新型货架的结构及功能便于实现仓库的机械化和自动化管理。

(5) 保证货物的质量，采取防潮、防尘、防盗、防破坏等措施，以提高货物存储质量。

3. 常用的货架类型

货架的分类方法很多，在现代化的仓库中，常用的货架结构形式有单元货格式货架、托盘货架、窄巷道型货架、驶入式货架、驶出式货架、流动式货架、后推式货架、旋转式货架、移动式货架、悬臂式货架和阁楼式货架。

(1) 单元货格式货架

在立体仓库中应用最为广泛，其结构特点是货架沿仓库宽度分为若干排，每两排货架为一组，各组货架之间留有堆垛机进行存取作业需要的巷道；沿仓库长度方向分为许多列；沿高度方向分为若干层，因而整个货架形成了储存货物的大量货格，货格开口面向巷道。如图5－2所示。

图5－2　单元货格式货架

（2）托盘货架

托盘货架是以托盘单元货物的方式来保管货物的货架，是机械化、自动化货架仓库的主要组成部分。托盘货架使用广泛，通用性强。其结构是货架沿仓库的宽度方向分成若干排，其间有一条巷道，供堆垛起重机、叉车或其他搬运机械运行，每排货架沿仓库纵长方向分为若干列，在垂直方向又分成若干层，从而形成大量货格，得以用托盘存储货物。如图5－3所示。

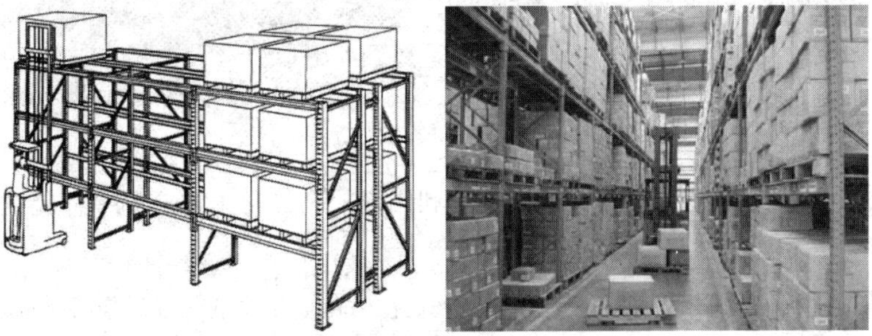

图5－3　托盘货架

托盘货架的优点是：①每一块托盘均能单独存入或移动，而不需移功其他托盘；②可适应各种类型的货物，可按货物尺寸要求调整横梁高度；③配套设备简单，成本低，能快速安装及拆除；④货物装卸迅速，主要适用于整托盘出入库或手工拣选的场合。

这种货架适用于品种适中、批量一般的储存。通常在高6m以下的3～5层为宜。此外，它的出入库不受先后顺序的影响，一般的叉车都可使用。

（3）窄巷道型货架

窄巷道型货架的通道仅比托盘稍宽，继承了托盘式货架对托盘存储布局无严格要求的特点，能充分利用仓库面积和高度，具有中等存储密度。但是窄巷道货架需用特殊的叉车或起重机进行存取作业，同时还需要其他搬运机械配套，周转时间相比传统的货架较长。由于货架不仅有储存托盘的功能，还需有支撑和加固搬运设备的功能，因此对结构强度和公差配合要求极为严格，必须综合考虑，精确设计、安装。窄巷道型货架也可以同时集成货物暂存平台，大幅度提高存储效率。

（4）驶入式货架

这是一种不以通道分割的、连续性的整栋式货架，在支撑导轨上，托盘按深度方向存放，一个紧接着一个，这使得高密度存储成为可能。货物存取从货架同一侧进出，“先存后取，后存先取”。平衡重力式及前移式叉车可方便地驶入货架中间存取货物。如图5－4所示。

驶入式货架投资成本相对较低，因为叉车作业通道与货物保管场所合一，仓库面积利用率大大提高；但同一通道内的货物品种必须相同或同一通道内的货物必须一次完成出入库作业。适用于横向尺寸较大、品种较少、数量较多且货物存取模式可预定的情况，常用来储存大批相

图 5-4　驶入式货架

同类型货物。由于其存储密度大，对地面空间利用率较高，常用在冷库等存储空间成本较高的地方。

其特点是：①储存密度高、存取性差；②适合少品种大批量储存；③不易做到先进先出管理；④不宜太长太重的物品存储。

（5）驶出式货架

驶出式货架与驶入式货架不同之处在于驶出式货架是贯通的。前后均可安排存取通道，可实现先进先出管理。如图 5-5 所示。

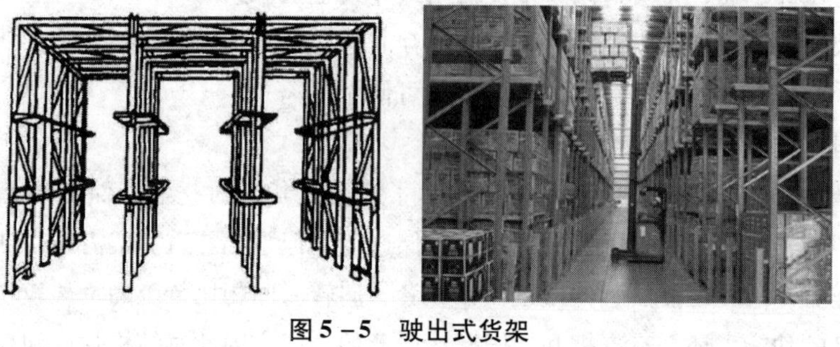

图 5-5　驶出式货架

（6）流动式货架

这种货架的一端较高，其通道作为放大货架用；另一侧较低，倾斜布置，其通道作为出货用。由于货物放在滚轮上，货架向出货方向倾斜，因此可以利用重力使货物向出口方向自动下滑，以待取出。存货时托盘从货架斜坡高端送入滑道，通过滚轮下滑，逐个存放；取货时从斜坡底端取出货物，其后的托盘逐一向下滑动待取，托盘货物在每一条滑道中依次流入流出。这种储存方式在排与排之间没有作业通道，大大提高了仓库面积利用率。仓库利用率极高，运营成本较低，但使用时，最好同一排、同一层上的货物，应为相同的货物或一次同时入库和出库的货物。此外，当通道较长时，在导轨上应设置制动滚道，以防止终端加速度太大。如图 5-6 所示。

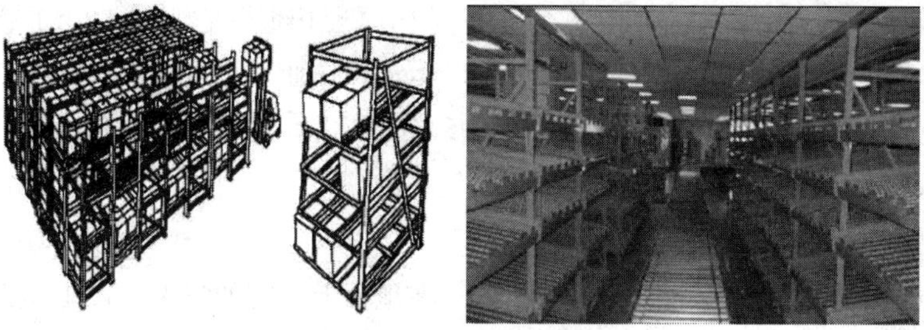

图5-6 流动式货架

这种货架的特点如下：①适用于大量储存短时发货的货物；②适用先进先出；③空间利用率可达85%；④适于与一般叉车配套存取货物；⑤高度受限，一般在6m以下；⑥托盘流动式货架的储存空间比一般托盘货架的储存空间多50%左右。

（7）旋转式货架。旋转式货架操作简单，存取作业迅速，适用于电子元件，精密机械等少批量多品种小物品的储存及管理。通过计算机控制，可实现自动存取和自动管理。此外，旋转式货架的空间利用率很高。

其特点为：①节省人力，增加空间；②由标准化的组建构成，可适用于各种空间配置；③存取入出口固定，货品不易丢失；④计算机快速检索和寻找储位．拣货快捷；⑤取料口高度符合人机学，作业人员可长时间工作。

旋转式货架又可分为水平旋转式货架和垂直旋转式货架两种形式，如图5-7所示。

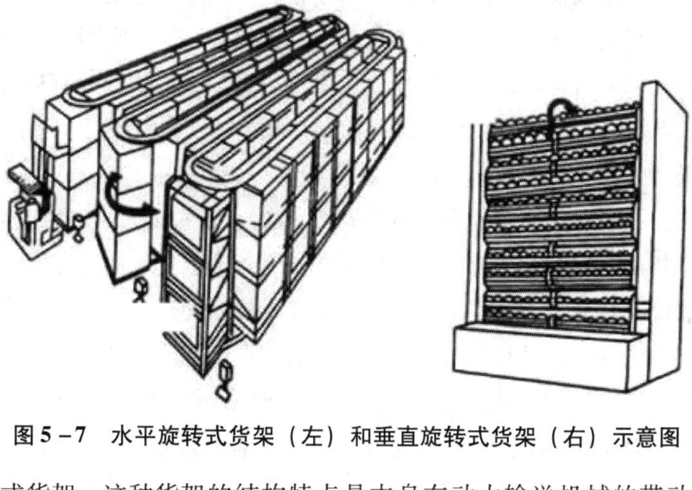

图5-7 水平旋转式货架（左）和垂直旋转式货架（右）示意图

a. 水平旋转式货架。这种货架的结构特点是本身在动力输送机械的带动下可在水平面内沿着一定的环形路线运行。需要提取某种货物时，操作人员给出相应的指令，相应的一组货架便开始运转，当装有该货物的货架到达拣选位置时，货架便停止运转，操作人员即可从中拣出货物，然后再给指令，使货架回位。

b. 垂直旋转式货架。与水平旋转式货架的结构原理相似，它只是改变了旋转方向，将货架在水平面内的旋转运动改为在垂直面内的旋转运动。作业人员通过操作盘向货架系统发出指令，货架系统则根据操作指令既可以正转也可反转，使需要提取的货物降落到最下面的取货位置上。这种垂直循环式货架特别适用于储存小件物品。

（8）移动式货架

这是一种在货架的底部安装有运行车轮，可在地面上运行的货架。按驱动方式不同可分为人力推动式、摇把驱动式和电动式。如图 5－8 所示。

图 5－8　移动式货架

移动式货架因为只需要一个作业通道，可以提高仓库面积的利用率。广泛应用于办公室存放文档，图书馆存放档案文献，金融部门存放票据，工厂车间、仓库存放工具、物料等。适于库存品种多，出入库频率较低的仓库；或库存频率较高，但可按巷道顺序出入库的仓库。

移动式货架的特点是：①一般固定式货架储存量大很多，节省空间；②适合少品种、大批量、低频率的保管；③节省地坪面积，地面使用率可达 80%；④可直接存取每一项货品，不受先进先出的限制；⑤高度可达 12m，单位面积的储存量可达托盘货架的 2 倍左右。

（9）后推式货架

这是一种高密度托盘储存系统，它是将相同货物的托盘存入二、三和四倍深度又稍微向上倾斜可伸缩的轨道货架上，托盘的存放和取出是在同一通道上进行的，存入时叉车将托盘逐个推入货架深处，取出时托盘借重力逐个前移，因而最先放入的托盘是在最后取出的。该系统既能达到驶入型货架的仓容量，又具有托盘流动式货架的取出能力。如图 5－9 所示。

后推式货架的优点是：①当某产品托盘数量较大而又不要求“先进先出”时，能简化工作程序，效益极为显著；②可缩短拣取时间，不需要特殊的搬运设备；③由于储存面积较多，通道较少，故空间利用率和生产率都很高；④能避免高密度储存货架在装卸作业中常易产生的货损。

（10）悬臂式货架

悬臂式货架适合存储长、大件货物和不规则货物，诸如钢铁、木材、塑料等等。其前伸的

图5-9 后推式货架

悬臂具有结构轻巧、载重能力好的特点。如果增加搁板，悬臂式货架特别适合空间小、高度低的库房，一般高在6m以下为宜。该种货架空间利用率低，约35%~50%。如图5-10所示。

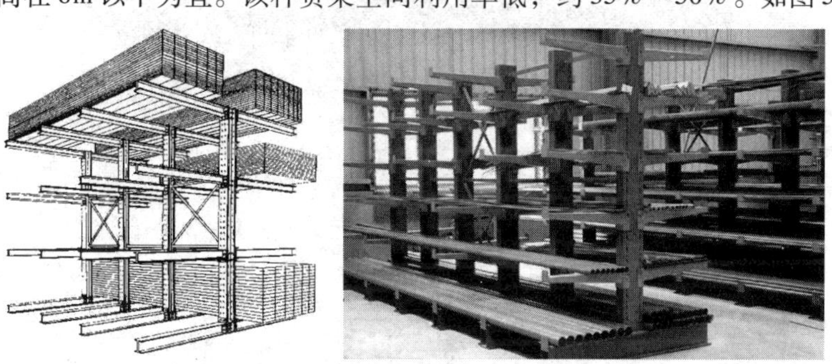

图5-10 悬臂式货架

(11) 阁楼式货架

阁楼式货架采用木板、花纹板、钢板、等材料做楼板，可灵活设计成二层及多层，适用于五金工具、电子器材、机械零配件等物品的小包装散件储存。该种货架存放多品种、少批量货物时，可充分利用空间。如图5-11所示。

其特点为：提高储存高度，增加空间利用率；上层仅放轻量物品，如上层存放箱、包和散件，下层存放托盘之用。

(12) 层格式货架

主要用于存放规格复杂多样、必须互相隔开的物品。如图5-12所示。

(13) 抽屉式层架

主要用于存放比较贵重或怕尘土、怕湿的小件物品。如图5-13所示。

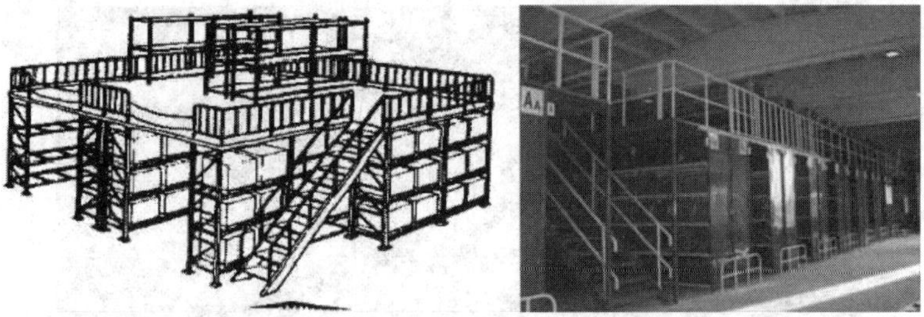

图 5－11　阁楼式货架

图 5－12　层格式货架

图 5－13　抽屉式层架

（14）层架式货架

特点：层架结构简单，适用性强，有利于提高空间利用率，方便存取，是人工作业仓库的主要存储设备。如图 5－14 所示。

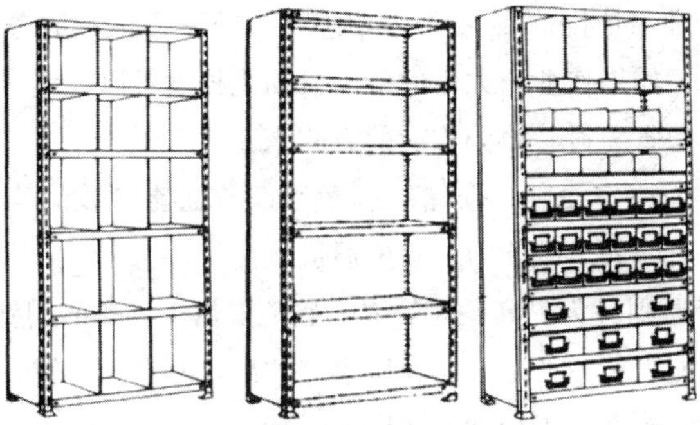

图5-14　层架式货架

4. 货架的选择原则

（1）实用性原则：货架首先应当满足所储存物品的品种、规格尺寸和性能的要求，满足物资先进先出的原则。

（2）低成本、高效益原则。

（3）安全可靠原则：货架的强度和刚度要满足载重量的要求，并有一定的安全余量。对于存放危险品的货架应有特殊的规定。

表5-1是部分通用货架的种类及各自适用范围。

表5-1　部分通用货架的种类及各自适用范围

货架种类		主要适用范围
层架式货架	层格式	存放规格复杂多样、容易搞混的物品；需相互隔离
	抽屉式	存放比较贵重或怕尘土、怕湿的小件货品
托盘货架		适于存放整托盘货物
阁楼式货架		适于各种类型货品的存放；上层放轻量货物；可有效利用空间
悬臂式货架		适于长条状或长卷状货品
移动式货架		适于各种类型货品的存放；能充分利用通道空间
驶入、驶出式货架		适于量多、样少货品；不适合太长或太重货物

5.1.3　仓储设备的选用原则①

仓储设备的选用原则是技术上先进、经济上合理、生产作业上安全适用、无污染或污染小，具体解释如下。

① http：//www.doc88.com/p-3475917432970.html，物流设施设备应用与管理。

（1）作业方式与作业量协同原则：应配合仓库的经营目标和服务方式，与作业流程、作业方式和作业量相配合。如果作业量大，设备的自动化程度可以配置得高一些；作业量小的情况下，通常可选用人力和省力设备协同作业的方式来完成。

（2）作业对象和环境决定原则：仓储装卸搬运设备性能参数的确定要考虑库存货物单元的重量、货架高度、仓库地面承载能力、货架通道宽度等。

（3）工作能力均衡原则：为提高搬运效率，避免人员、设备的闲置、等待和空载，仓储装卸搬运设备之间的工作能力要协调，要与仓库系统的出入库系统布置，以及分拣系统的能力协调，以保证仓储系统能维持在一个合理的速度下运行。

（4）最小成本原则：主要指的是设备的使用费用低，整个寿命周期的成本低。先进的设备、自动化程度高的设备的使用会与低成本发生冲突，这就需要进行权衡，作出合理选择。

（5）环境条件原则：仓储装卸搬运设备在高温或低温下作业时，要选用相应的传输带、轴承、驱动装置和润滑系统。自动化设备的选用还必须考虑其作业环境的清洁、干爽，且作业环境的温度要控制在一定的范围之内。

（6）系统可靠性和安全性原则：仓储装卸搬运设备能否安全可靠地作业，将直接影响仓库的服务水平和服务质量。为提高仓储机械系统的可靠性，在系统构造时，设计必要的冗余环节，防止仓储机械系统完全失效。安全性要求设备在使用过程中保证人身及货物的安全，并且尽可能地不危害到环境，选择符合环保要求、噪音少、污染小的仓储设备进行作业。

（7）维修性和可操作性原则。

（8）物流和信息流的统一原则：现代仓储系统是集信息、管理和机电一体化的复杂系统，仓储作业时要求输入各种作业和管理的指令，因此在配置时，要兼顾机械系统的控制与信息管理和状态监控的需要。

5.2 自动分拣设备

分拣是指为进行运输、配送，把很多货物按品种、不同的地点和单位分配到所设置的场地的作业。按照分拣手段的不同，可以将其分为人工分拣、机械分拣和自动分拣三大类。

自动分拣输送系统（Automated Sorting System）能将不同方向、不同地点、不同渠道运来的不同物资，按照类型、品种、尺寸、重量及特殊要求分拣输送后集中在指定的主库或旋转货架上，其输送速度高（最多达150米/秒）、分拣能力强（最高达3万件/小时）、规模大（机长高达几十甚至数百米）、卸货及分拣的通道多（最多达200个以上）、适用的货物范围广的优势使其在流通领域大有用武之地。自动分拣系统如图5－15所示。

图5－15　物流自动分拣系统

5.2.1　自动分拣设备概述

自动分拣是从货物进入分拣系统到被送到指定分配位置为止，都是按照人们的指令靠分拣装置来完成。自动分拣装置主要由接受指示信息的控制装置、计算机网络、把到达分拣装置的货物送到别处的搬运装置、在分拣位置把货物分送到分支装置、在分拣位置储存货物的储存装置，及机械分拣装置等构成。除了用键盘、条码或其他方式向控制装置输入分拣指示信息的作业外，全部用机械自动作业，分拣处理能力较大，分拣分类数量也较大。

1. 自动分拣设备的主要特点

（1）能持续、大批量地分拣货物：采用大生产中使用的流水线自动作业方式，不受气候、时间、人力等限制，可以连续运行。

（2）分拣误差率极低：主要采用条码技术识别货物。

（3）分拣作业基本实现无人化：送货车辆抵达自动分拣线进货端需要使用人工接货，分拣线末端也需要人工将分拣出来的货物进行集载和装车，分拣系统的控制、经营、管理和维修也必须由人工进行。除此之外，自动分拣系统在作业时都不需要人力。

2. 自动分拣设备的组成及工作过程

自动分拣设备主要包括各类输送机、分选机、拣选机以及各种附加设施和控制系统。其工作过程包括如下四个部分。

（1）合流：货物进入分拣系统，经过合流逐步将各条输送线上输入的货物，合并于一条汇集输送机上，同时将货物在输送机的方位进行调整，以适应分拣信号输入和分拣的要求。

（2）分拣信号输入：把分拣的指示信息记忆在货物上或记忆在分拣机上，以达到把货物按要求分拣出来并送到指定地点的要求。当货物到达并接受扫描后，货物信息被输入计算机后，识别到的标签信息会与自动分拣系统计算机内存储的信息进行对比，自动分拣系统在获得正确信息后会发出执行信息，开动分支装置，使其分流。

（3）分拣和分流：货物离开分拣信号输入装置后在分拣输送机上移动时，根据不同货物分拣信号所确定的移动时间，使货物行走到指定的分拣道口，由该处的分拣机构按照移动时间自行启动，将货物排离主输送机，再进入分流滑道。

（4）分运：分拣出的货物离开主输送机，再经滑道到达分拣系统的终端。

5.2.2 自动分拣设备的分类①

自动分拣设备包括自动分选机、自动拣选机和无线分拣系统等。自动分选机主要适合二次分选作业使用；自动拣选机主要适合一次拣选作业使用。二者往往需要结合使用，才能完成分拣作业。在分拣系统中，分选机是最主要的设备。因分选对象的尺寸、重量、外观形状存在着很大的差别，小的可以分选信件，大的可以分选长度达1 500mm 的大型货品，因此，分选机的种类繁多。

常见的分选机主要有以下 12 种。

1. 横向式分选机

使用较多的是横向式分选机钢带式横向推出分选机。当货物输送到指定的部位，靠拨杆的横向转动推挡货物进行分选。钢带运行速度很高，有的达 120m/min，分选能力很大，每小时万件以上。一般情况下，分选货物不受包装形态的特殊限制，能用输送机运送的货物可全部进行分选，但分选时对货品有一定的冲击，太薄、容易转动、易碎的货品，不宜采用这种设备。另外，因为速度高，要求分选口之间保持较大的间隔，因而可能设置的分选口数较少。具体示意图见图 5－16。

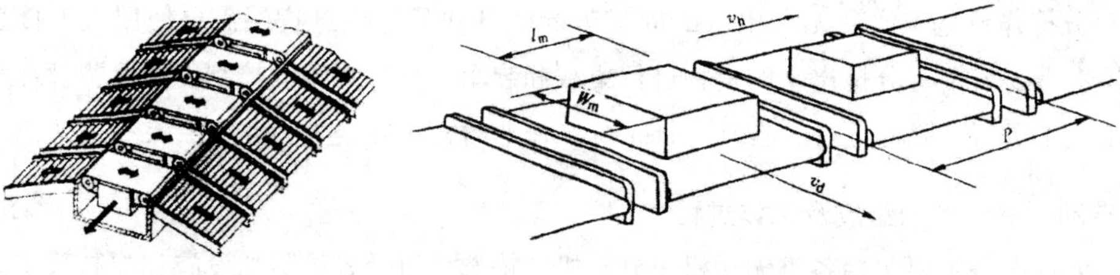

图 5－16　横向式分选机（左）和横向货物分拣装置（右）

① http：//common. ceac. gov. cn：66/upload/fileinfos/10001201305202223371963. doc，仓储设施与设备。

2. 升降推出式分选机

如图 5－17。升降推出式分选机是从搬运输送机的下侧用浮出装置把货物托起，转动一个微小坡度，送到搬运输送机外面进行分选的装置。在分选时给予货物的冲击较小，最适合于分选底面平坦的纸箱、托盘状的各种货物。但升降推出式分选机不能分选很长的或者底面不平坦的货物。

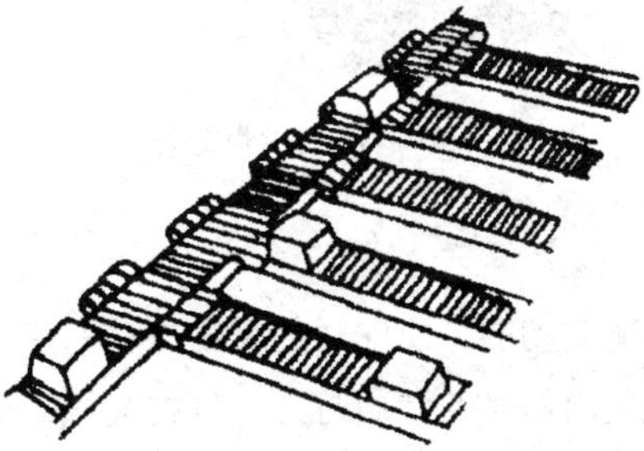

图 5－17　升降推出式分选机

3. 翻盘式分选机

如图 5－18。翻盘式分选机由牵引链牵引，翻盘到达指定的分岔道口时，向左或向右倾斜，被拣货物靠重力滑入分岔道口。这种分选装置的牵引链能在水平和垂直两个平面转向；工作时，被拣货物通过喂料输送机送入托盘，送入角度可以是斜角或直角，因此翻盘式分选机的布置十分灵活，或水平、或倾斜、或隔层布置，组成一个变化多样的空间分选系统。此类装置的翻盘一般都做成马鞍形，所以对底面不平整的软包装货物有良好的适应性。

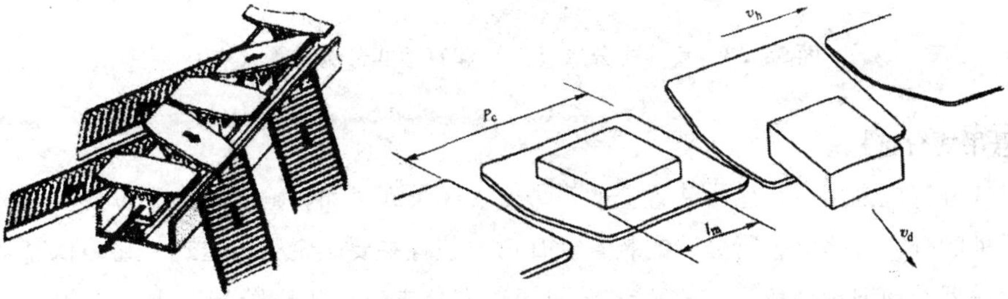

图 5－18　翻盘式分选机（左）和翻盘式分选装置（右）

4. 活动货盘分选机

如图 5－19。活动货盘分选机，主要由圆管或金属条板组成，每块条板或管子上都有一个活动的货物托盘做横向运动，当货物到达分类装置出口时，将货物分到指定的岔道实现分类。这种分选装置的分选效率很高，但仅适用于较轻、较小货物的分选。

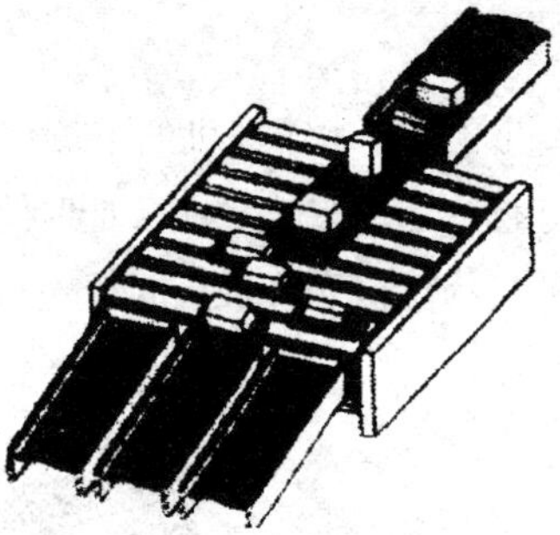

图 5 – 19　活动货盘分选机

5. 直落式分选机

直落式分选机是通过牵引链驱动的，所输送的货物放在一些底部有活门的托盘上。当托盘到达预定位置后，由分选系统发出信号，活门打开，货物落入指定的容器。采用这种装置不需要辅助作业就很容易实现分选货物的集中。此类装置一般用来对扁平状的货物进行分类，如书籍和扁平包裹等。如图 5 – 20 所示。

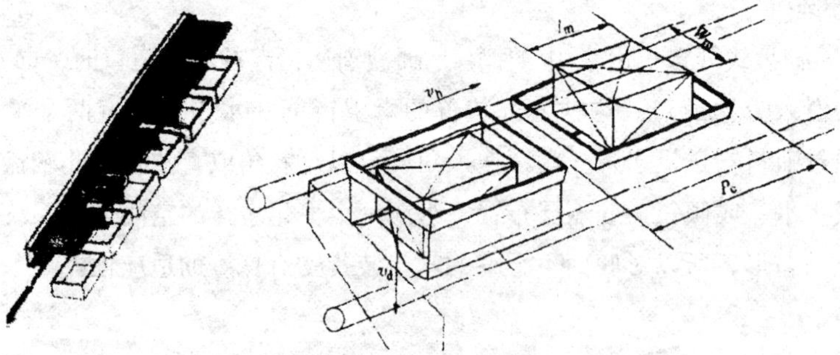

图 5 – 20　直落式分选（左）和直落式分选装置（右）

6. 悬吊式分选机

悬吊式分选机是用装在悬吊装置上的钳子或支架吊起货品，输送到指定位置放下货品，或转换到另外的分支线路上进行分选的装置。其动力装置主要是牵引输送式，它是依靠电动或气动，使分送器开动把货品放下或进而将导向棒送人分支路线进行分选装置，主要适用于对保管、搬运的成批货物分选。

7. 辊子浮出式分选机

如图 5 – 21。这种分选机可与辊子输送机、平带输送机融为一体，放在输送系统的岔口处，可看作是一种分流装置。在没有分选任务时，可作为输送机输送货物。该装置在对应岔口的入口处设置了一排短辊子，这些短辊子与主滚道上表面水平，可通过气动元件向两侧摆动和浮出主辊道的上平面。这些短辊子通过表面上胶或是采用聚氨酯材料增大摩擦力，从而带动货物转向。如果岔道上的辊子是主动辊子并且上了胶，加上采用上述的变向措施，就很容易达到较高的效率。采用这种装置，岔道可与主滚道成45～90度，在岔道方向与主道成90度的情形时，要在岔道前加一个转速较快的变向辊子来支持输送货物的变向。这种分选装置输送速度可达2～2.5m/s，每小时可分流7 000件货物。

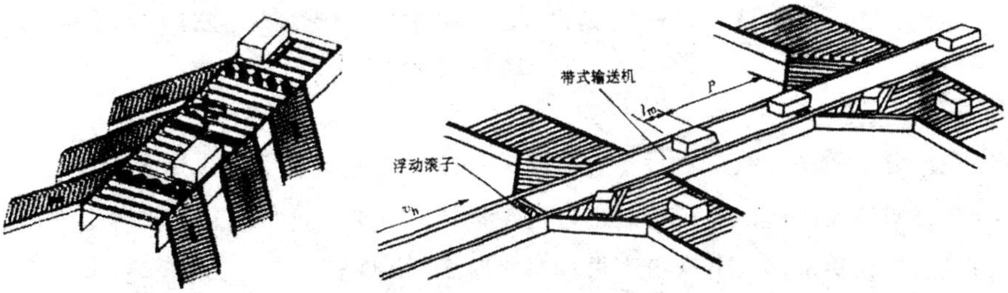

图5－21　辊子浮出式分选机（左）和辊子浮出式分选装置（右）

8. 皮带浮出式分选机

如图5－22。皮带浮出式分选机的工作原理与辊子浮出式分选机一样，不同在于主滚道中设置了一条宽度较窄的皮带机。它的皮带宽，带有花纹，摩擦力大，因而改变货物方向更加容易，也使分流速度更快更准确。这种装置多用在输送线中，用作分流，也可用作分选。

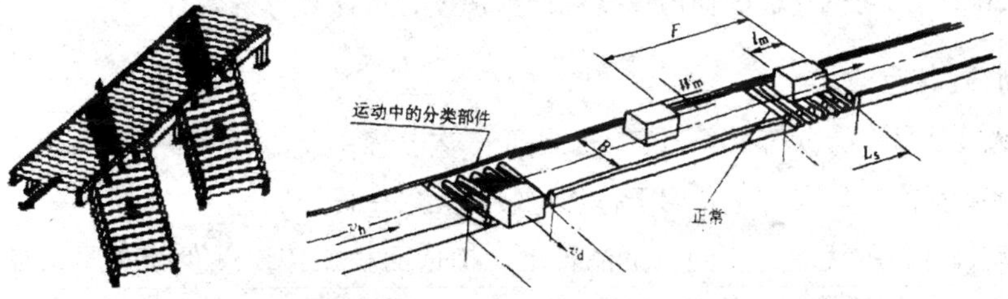

图5－22　皮带浮出式分选机（左）和皮带浮出式分选装置（右）

9. 滑块式分选机

滑块式分选机是一种特殊的板式输送机，它是通过货物分流来实现货物分选的。如图5－23。其板面由金属管或板子组成，每块板条或管子上各有一块能做横向运动的导向板，导向板靠在输送机的侧边上，当分选货物到达指定道口时，控制器发出指令使导向滑块顺序地向道口方向滑动，把货物推向指定的分岔道口。由于导向滑块向两侧滑动，所以可在输送机两侧设置分选道口，以节约场地。这类分选装置的震动小，基本不损伤货物，适宜各种形状、体积和重量小于90公斤的货物。分选能力可达每小时12 000件，准确率99.9%，是当代最新型的高速分选装置。

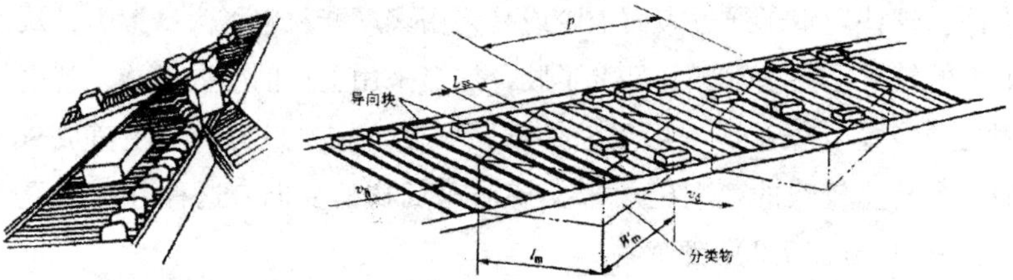

图 5－23　滑块式分选机（左）和滑块式分选装置（右）

10. 摇臂式分选机

为提高系统分选效率，通过对货物的流向进行控制也可实现货物的分选。因此，在主道上安装一根摇臂，对货物的流向进行控制也可实现货物的分类。这种装置的摇臂上安装的齿形皮带可使分流速度更快更准确，分选效率可达每小时 2 500 件。

11. 推出式分选机

推出式分选机是附在输送机上的一类装置，是通过 90 度分流来实现，分流可采用气缸侧推方式或摇臂推出方式或辊道侧翻推出方式。推出式分选机装置简单，价格也不高，货物分流精确、可靠。缺点是货物及货物的包装必须结实，否则货物会损坏或四处散开；货物的运行速度也不能太快；货物的包装，特别是包装箱的底面一定要平。一般而言，此系统的效率为每小时 1 000 ~ 1 200 件；调整气缸的伸出速度和回程速度，可提高分选效率。

12. 自动拣选机

自动拣选机是另一类分拣设备，它一般用于一次分拣作业，可以单独使用也可以和自动分选机结合使用。目前这类设备主要用于拣选包装单元单一货物。

（1）自动拣选机的优点：相同货货品种下，拣选面积比传统减少 30% ~ 50%；拣选速度可达 1 200 张订单/小时；拣选成本比传统方式节省 1/3 ~ 2/3；拣选准确率高（ >90% ）。

（2）自动拣选机的缺点：价格较高，需要专人（或设备）经常补货；可使用范围较小，只适合较小的物件。

5. 2. 3　分拣设备信号的输入

1. 人工键盘输入

人工键盘输入指操作者看着包装箱上的标签或书写的号码，同时在键盘上将此号码输入。此方式操作简单、费用低、限制条件少，但操作员必须注意力集中，劳动强度大，易出差错（看错、键错，据国外研究资料，差错率为 1/300），而且键入的速度一般只能达至1 000 ~ 1 500件/小时。

2. 声控方式

声控方式指先将操作人员的声音预先输入控制器电脑中，当货物经过设定装置时，操作员将包装箱上的票签号码依次读出，计算机将声音接受并转为分拣信息，发出指令，传送到分拣系统的各执行机构。此法与键盘输入法相比，速度要快些，可达3 000～4 000件/小时。但由于需事先储存操作人员的声音，当操作人员偶尔出现咳嗽声等，就会发生差错。

3. 利用激光自动阅读条形码

此方式即在输送带上通过激光扫描器（LASERS CANNER），自动识别被拣商品包装上贴印着代表物流信息的条码上的分拣信息，输送给控制器。激光扫描器的扫描速度极快，达100～120 次/秒，来回对条形码扫描。此方式费用较高，商品需要物流条码配合，但输入速度快，可与输送带的速度同步，达 5 000 件/小时以上，差错率极小。

4. RFID 技术

RFID（射频识别）是一种非接触式的自动无线识别和数据获取技术。目前这种带有可读和可写并能防范非授权访问的存储器的智能芯片已经广泛应用于物流领域，来实时记录和跟踪各种各样的移动货物/产品信息。识别工作无须人工干预，可工作于各种恶劣环境，且可识别高速运动物体并可同时识别多个标签，操作快捷方便，准确率高。

5.3 典型连续输送机械

5.3.1 概述

连续输送机是以连续的方式沿着一定的线路从装货点到卸货点均匀输送散料和成件包装货物的机械装置。

1. 连续输送机的优缺点

（1）连续输送机的优点：①起动、制动次数少，速度较高且速度稳定，所以具有较高的生产率。②在同样生产率下，自重轻，外形尺寸小、成本低，驱动功率小。③传动机构的机械零部件负荷较低，冲击小。④结构紧凑，制造和维修容易。⑤输送货物线路固定，动作单一，便于实现自动控制。⑥工作过程中，负载均匀，所消耗的功率几乎不变。

（2）连续输送机的缺点：①只能按照固定的线路输送货物，每种机型只适合于一定类型的货物，且一般只能用于输送重量不大的货物，通用性差。②大多数连续输送机不能自动取货，因而必须配置相应的装卸装置。

2. 连续输送机的类型①

（1）固定式输送机和移动式输送机。①固定式输送机械：整个设备安装在一个地方，不能再移动。多用于专用码头、仓库中货物移动，工厂生产工序之间的输送，原料的接受和成品的发放等。②移动式输送机械：整个设备安装在车轮上，可移动；适用于中小型仓库。

（2）有挠性牵引构件的输送机和无挠性牵引构件的输送机。①具有挠性牵引构件的输送机械：带式输送机、链式输送机、斗式提升机、悬挂输送机等。②无挠性牵引构件的输送机械：气力输送机，螺旋输送机等。

（3）单元物品件输送机和散货输送机。作用方式有机械式、惯性式、气力式、液力式等。

5.3.2 单元物品输送设备

1. 辊道式输送机（Roer Conveyor）

辊道式输送机依靠辊筒式输送物品，也借助托盘来输送非平底和柔性的物品。其具有结构简单、布置灵活、物品输送平稳，便于和其他工艺设备接配套等优点，广泛应用于各行业的物件输送及生产流水线中。如图 5－24。

图 5－24 辊道式输送机

2. 链条式输送机

链条式输送机是以链条作为牵引和承载体输送物料，链条可以采用普通的套筒滚子输送链，也可采用其他各种特种链条。

特点：输送能力大，可承载较大的载荷；输送速度准确稳定，能保证精确的同步输送；易于实现积放输送，可用做装配生产线或作为物料的储存输送；可在各种恶劣的环境（高温、粉尘）下工作，性能可靠。

为了输送小件物品更加平稳，可把链条换成链板，即成为链板输送机。如图 5－25。

① http：//www. docin. com/p－139019661. html，仓储设备。

图 5－25　链条式输送机（左）和链板输送机（右）

3. 悬挂式输送机

悬挂式输送机是一种具有空间走向、在空间轨道上运行的连续输送设备。它的空间轨道可以布置在空间任何方向，通过运行、转向、升降、分叉、合流组成复杂的空间线路，在输送过程中完成工艺流程各工序的要求。

（1）提式悬挂输送机

即普通悬挂输送机，由架空轨道、牵引链、滑架、吊具、改向装置、驱动装置、张紧装置和安全装置等组成。架空轨道构成闭合环路，滑架在其上运行。各滑架等间距地联接在牵引链上。牵引链通过水平、垂直或倾斜的改向装置构成与架空轨道线路相同的闭合环路，吊具承载物品并与滑架铰接。依输送线路的长短，可设单驱动装置或多驱动装置。单驱动的输送线路长度可达 500 米左右；多驱动的输送线路可更长，但各驱动装置之间需保持同步。在架空轨道的倾斜区段内设有捕捉器，牵引链一旦断裂捕捉器即挡住滑架，防止物品下滑。提式悬挂输送机不能将物品由一条输送线路转送到另一线路。见图 5－26。

图 5－26　提式悬挂输送机

（2）推式悬挂输送机

推式悬挂输送机可将物品由一条输送线路转送到另一线路。沿输送线路装有上、下两条架空轨道；除滑架外，还有承载挂车（简称挂车），各滑架与牵引链相连沿上轨道运行；挂车依靠滑架下的推头推动在下轨道上运行而不与滑架相连；线路由主线、副线、道岔和升降段等部分组成。推头与挂车挡块结合或脱开，使挂车运行、停止或经道岔由一线转向另一线。升降段可使挂车由一个层高转向另一层高的轨道上。挂车增加前杆、尾板和挡块等组成的杠杆系统，便成为积放式挂车。见图 5－27。

图 5－27　通用积放式悬挂输送机

积放式挂车用于积放推式悬挂输送机。挂车的积、放过程是：当挂车驶至副线上的某一预定地点时，挂车的前杆被该处停止器的触头抬起，挡块随即下降并与推头脱开，挂车停止前进；后一挂车驶到后，其前杆被已经停住的挂车的尾板抬起，挡块同样下降而停车。继之而来的各挂车也同样顺次停车，形成悬挂空间仓库。对挂车放行时，停止器的触头避开，挂车的前杆随即下降，挡块升起，副线上不停运动的滑架推头重新与挡块结合而使挂车运行。这一挂车驶出后，后一挂车的前杆落下，被继之而来的推头推至停止器处，此时停止器的触头已恢复原位，后一挂车的前杆被触头抬起而停止。相应地，后续挂车也依次向前停靠。由于有主线和副线，并且应用了逻辑控制，因而可把几个节奏不同的生产过程组成一个复合的有节奏的生产系统，实现流水生产和输送的自动化。

（3）拖式悬挂输送机

它与提式的不同之处是将悬挂的吊具改为在地面上运行的小车。提式悬挂输送机和推式悬挂输送机每个吊具或挂车的承载量一般在 600 千克以下，拖式悬挂输送机每个小车的承载量可大于 1 000 千克。见图 5－28。

图5－28　拖式悬挂输送机

4. 搬运机器人

搬运机器人是指可以进行自动化搬运作业的工业机器人。

5.3.3　散货输送机

1. 带式输送机

带式输送机（belt conveyer）又称胶带输送机，见图5－29，它广泛应用于家电、电子、电器、机械、烟草、注塑、邮电、印刷、食品等各行各业物件的组装、检测、调试、包装及运输等。它是一种摩擦驱动以连续方式运输物料的机械，主要由机架、输送带、托辊、滚筒、张紧装置、传动装置等组成。带式输送机可将物料在一定的输送线上，从最初的供料点到最终的卸料点间形成一种物料的输送流程。带式输送机既可输送碎散物料，也可输送成件物品。除进行纯粹的物料输送外，带式输送机还可与各工业企业生产流程中的工艺过程的要求相配合，形成有节奏的流水作业运输线。

（1）适用场合。带式输送机依靠输送带与滚筒之间的摩擦力平稳地传递货物，主要用于在水平和倾斜（倾角不大）方向输送大量散粒物料或中小型成件物品。

（2）结构组成及工作原理。①输送带：传递牵引力和承载被运货物，要求具有较高的强度、较好的耐磨性和较小的伸长率等。②支承装置：作用是支撑输送带和被运物料的重量，包括上托辊和下托辊。③驱动装置：作用是将动力（牵引力）传给滚筒及输送带，使其能承载并运行。④改向装置：改变输送方向。⑤制动装置：在倾斜布置的输送机中，为防止其停车时，在输送货物的重力作用下，发生倒转情况，需装设制动装置。⑥清扫装置：用以清扫黏附

图5-29 带式输送机

于输送带上的物料。⑦张紧装置：保证输送带与支承托辊之间有足够的摩擦力。

(3) 布置方式。带式输送机的布置方式有水平输送方式、倾斜输送方式以及水平倾斜混合输送方式等。

(4) 分类。一般来说，通用带式输送机有固定式、移动式、可逆式和伸缩式等几种。

(5) 特点。带式输送机结构简单，输送物料范围广泛，输送量大，运距长，对线路适应性强，装卸料十分方便。

(6) 普通带式输送机的运用。①检查胶带松紧程度，进行空载启动以降低启动阻力。②所有托辊都应回转，如托辊不转，会造成胶带运动阻力增大，功率消耗增大，同时，还将造成胶带和托辊严重磨损。③带式输送机必须保持均匀进料。④不使用时，应盖上油布，防止日晒和雨淋致使输送机腐蚀和生锈。

2. 斗式提升机

斗式提升机是指利用均匀固接于无端牵引构件上的一系列料斗，竖向提升物料的连续输送机械。斗式提升机的牵引构件环绕在顶轮和底轮间，斗式提升机轮和驱动装置相联；底轮设有张紧装置，以保证牵引构件运行平稳。斗式提升机从底部加入机内的物料，被各料斗依次挖取并提升至顶部卸出。见图5-30。

斗式提升机适用于向上输送粉状、粒状无磨琢性物料。

粮食筒库的粉尘爆炸，有23%发生在斗式提升机。目前国内较为常见的防爆方法有：装设泄爆孔；安装速度监控仪；采用热电偶检查轴承温度；采用塑料料斗；在驱动轮表面加胶衬；在进料口或出料口设吸风管；采用防爆电机。

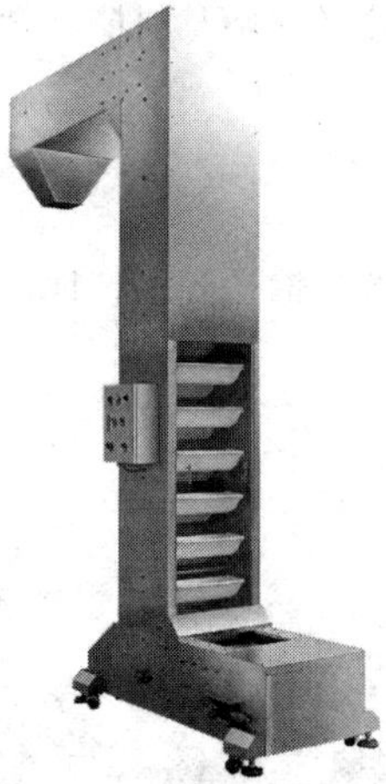

图5-30 斗式提升机

3. 螺旋输送机

螺旋输送机指利用带有螺旋叶片的螺旋轴的旋转使物料产生沿螺旋轴面的相对运动，物料受到料槽或输送管臂的摩擦力作用不与螺旋一起旋转，从而将物料推移向前来实现物料输送的机械。见图5-31。

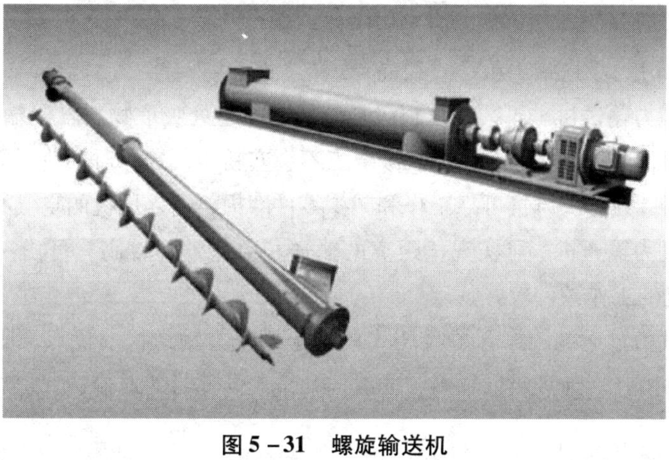

图5-31 螺旋输送机

螺旋输送机可分为水平式和垂直式两大类型；按槽体形状，可分U形槽式和管式两种。该机一般由机本体、进出料口及驱动装置三大部分组成。

螺旋输送机广泛应用于各行业，如建材、化工、电力、冶金、煤矿炭、粮食等行业，适用于水平或倾斜输送粉状、粒状和小块状物料，如煤矿、灰、渣、水泥、粮食等，物料温度应小于200℃。螺旋输送机不适于输送易变质的、黏性大的、易结块或高温、怕压、有较大腐蚀性的特殊物料，因输送过程中物料易破碎，螺旋及料槽易磨损。在混凝土搅拌站中，螺旋输送机的作用得到了最大的发挥。

4. 气力输送机

利用气流来输送物料，通过管道将其输送到指定地点的方法叫气力输送。气力输送机见图5－32。

图5－32　气力输送机

气力输送机可分为吸送式、压送式和混合式三类。

（1）吸送式气力输送机。可装有多根吸料管同时从多处吸取物料，但输送距离不能过长；由于真空吸力作用，供料装置简单方便，吸取点不会有粉尘飞扬，对环节污染小，但对管路系统密封性要求较高；为保证风机可靠工作和减少零件磨损，进入风机的空气必须除尘。

（2）压送式气力输送机。可实现长距离的输送；生产效率较高，可由一个供应点向几个卸料点输送，风机的工作条件较好。

（3）混合式气力输送机。综合了吸压式和压送式气力输送机的优点，吸取物料方便且能较长距离输送；可由几个地点吸取物料，同时向几个不同的目的地输送；但结构比较复杂。

案例分析

货物分拣系统提高顶峰公司的物流速度[①]

一个先进的货物分拣系统，对于系统集成商、仓储业、运输业、后勤管理业等都是至关重要的，因为这意味着比竞争对手更快的物流速度、更快地满足顾客需求，其潜在的回报是惊人的。建立一个先进的货物分拣系统，结合有效的吞吐量，不但可以节省巨额成本，而且可以大大提高工作效率，显著降低工人的劳动强度；不但可以快速完成简单定货的存取，而且可以方便地根据货物的尺寸、提货的速度要求、装卸要求等，实现复杂货物的存储与提取；分拣工人简单的操作，就可以实现货物的自动进库、出库、包装、装卸等作业，降低了工人的劳动强度并提高了效率；结合必要的仓库管理条件，可以真正实现仓库的现代化管理，充分实现仓库空间的合进利用，显著提高企业的物流速度，为企业创造、保持市场竞争优势创造条件。

顶峰（Zenith）电子公司位于亨茨维尔市的仓库，采用自动识别技术改进货物分拣系统，从出货到装船，实现了全部自动化操作，显著改善了该公司的物流管理。这套系统在基于Unix的HP9000上运行美国ORACLE公司的数据库。服务器由4个900MHz的NorandRF工作站组成，它连接各个基本区域，每个区域支持20个带有扫描器的手持式无线射频终端。订单从配送中心的商务系统（在另一HP9000上运行的）下载到仓储管理系统（Warehouse Management System-WMS），管理系统的服务器根据订单大小、装船日期等信息对订单进行分类，实施根据订单分拣与零星两种分拣策略，并且指导分拣者选择最佳分拣路线。

1. 根据订单分拣货物

如果订单定货数量比较大，可以根据订单，一个人一次提取大量定货。货物分拣者从其无线射频终端进入服务器，选择订单上各种货物，系统会通过射频终端直接向货物分拣者发送货物位置信息，指导分拣者选择最优路径。货物分拣者在分拣前扫描货柜箱上的条形码标签，如果与订单相符，则直接分拣。完成货物选择后，所有选择的货物经由传送设备运到打包地点；扫描货物目的地条码后，对分拣出来的货物进行包装前检查，然后打印包装清单。完成包装以后，在包装箱外面打印订单号和条码（使用CODE－39条码）。包装箱在UPS航运站称重，扫描条形码订单号，并且把它加入到UPS的跟踪号和重量信息条码中。这些数据，加上目的地数据，构成跟踪记录的一部分，上报到UPS。

---

① http：//wenku. baidu. com/view/0616860d763231126edb11d8. html？re = view，案例72。

2. 零星分拣货物

小的订单的分拣或者单一路线货物分拣，则采用“零星分拣货物”的策略来处理。信号系统直接将订单分组派给货物分拣者，每个分拣人负责3～4个通道之间的区域。货物分拣者在自己负责的区域内携带取货小车进行货物分拣，取货小车上放置多个货箱，一个货箱盛入一个订单的货物。如果货架上的货物与订单相符，就把货物放进小车上的货箱，并且扫描货箱上条形码序列号。在货物包装站，打印包装清单，即包括货物条码与包装箱序列号。

新的货物分拣系统使装船准确率增长到99.9%，详细目录准确率保持在99.9%，货物分拣比率显著提高。以前，货物分拣者平均每小时分拣16次，现在是120次。这一系统的使用，使劳动力减少到原来的1/3，从事的业务量增加了26%。尽管公司保证48h内出货，但实际上99%的UPS订单在15min内就能完成，并当日发出。

这一系统方案为顶峰电子公司遍及全美的服务区域提供了电视、录像装备，实现远程监控与订货，装船作业在接到订单24～48h内完成。同时，应用这一系统，顶峰公司绕过了美国国内60个、国外90个中间商，把产品直接输送到个人服务中心，缩短了产品供应链，大大降低了产品的销售成本，显著提高了顶峰公司的市场竞争力。

案例点评：

随着竞争的加剧，人们对物流的流动速度要求越来越高，传统的货物分拣系统已经远远不能满足现代化物流管理的需要。先进的自动识别的货物分拣系统可大大缩短产品供应链，提高企业的竞争力。

复习思考题

1. 什么是货架？
2. 货架可以分为哪些种类？
3. 货架选用应遵循哪些原则？
4. 简述自动分拣机的特点。
5. 自动分拣系统由那些部分组成？
6. 连续输送机械有哪些特点？
7. 带式输送设备的特点是什么？
8. 辊子输送设备的特点是什么？
9. 气力输送设备的特点是什么？
10. 连续搬运设备的选型应考虑哪些因素？

第 6 章 集装化设备

学习目的和要求

- 熟悉集装箱的基本知识
- 掌握集装箱货物的整的流通过程
- 熟悉托盘的运用与管理

集装是将许多单件物品，通过一定的技术措施组合成尺寸规格相同、重量相近的大型标准化的组合体，这种大型的组合状态称为集装。

GB/T 18354—2006 对集装单元（palletized unit）的定义为：经过专门器具盛放或捆扎处理的，便于装卸、搬运、储存、运输的标准规格的单元货件物品。可理解为：一些零部件或散装物料，按照一定的规律安排聚集在一起，当成一次搬运移动标的物的最大负荷，这一负荷量就是集装单元。

GB/T 18354—2006 对集装化（containerization）的定义为：用集装单元器具或采用捆扎方法，把物品组成集装单元的物流作业方式。它是物流现代化的主要特征之一，也是一个国家物流是否发达的重要衡量标准。目前，世界各国大都采用了集装单元化技术进行物流活动，集装单元化已运用于物流全过程的各个环节，并且发展成包括集装箱化、托盘化、货捆、网袋、框架、滑板、半挂车等多种集装箱单元作业形式。

GB/T 18354—2006 对集装单元器具（palletized unit implements）的定义为：承载物品的一种载体，可把各种物品组成一个便于储运的基础单元，主要有托盘、集装箱等。

6.1　集装箱及其装卸搬运设备

6.1.1　集装箱的定义

《中华人民共和国国家标准物流术语》（GB/T 18354—2006）将集装箱（Container）定义为：一种运输设备，应满足下列要求：①具有足够的强度，可长期反复使用；②适于一种或多种运输方式运送，途中转运时，箱内货物不需换装；③具有快速装卸和搬运的装置，特别便于从一种运输方式转移到另一种运输方式；④便于货物装满和卸空；⑤具有 $1m^3$ 及以上的容积。

集装箱这一术语不包括车辆和一般包装。

由以上定义可知，集装箱是具有一定强度、刚度和规格专供周转使用的大型装货容器。使用集装箱转运货物，可直接在发货人的仓库装货，运到收货人的仓库卸货；中途更换运输工具时，不需要将货物从箱内取出换装。通用的干货集装箱是一个六面长方体，它是由一个框架结构、两个侧壁、一个端面、一个箱顶、一个箱底和一对箱门组成的。

6.1.2　集装箱的分类①

1. 按用途和货物的特点分类

集装箱按用途和货物的特点，可分为普通货物集装箱和特种货物集装箱。

（1）普通货物集装箱

普通货物集装箱是指除装运需要控温货物、液体和气体货物、散货、汽车和活的动物等特种货物集装箱及航空集装箱外，所有其他类型集装箱的总称。普通货物集装箱以装运杂件货物为主，包括五金、机电产品、零部件等。

根据不同的结构，普通货物集装箱可分为内柱式集装箱、外柱式集装箱、折叠式集装箱和薄壳式集装箱。

①内柱式集装箱，如图6－1（a）所示。它的侧柱或端柱位于侧壁或端壁之内，外表平滑，防热效果好，能减少货物的湿损率，在修理和更换外板时，箱内衬不需要取下。

②外柱式集装箱，如图6－1（b）所示。它的侧柱或端柱是在侧壁或端壁之外，故受外力时，对外部不易损伤，有时可以不要内衬板。

③折叠式集装箱，如图6－1（c）所示。它的侧壁、端壁和箱顶能简单地折叠或分解，再

---

① http：//wenku. baidu. com/view/12071ed4195f312b3169a51b. html，集装箱基础知识。

次使用时可以方便地再组合起来。优点是在回收和保管时能缩小箱的体积，提高运输的经济效果。但由于各主要部件使用铰链连接的，故其强度受影响。

④薄壳式集装箱。与一般集装箱结构（由骨架承受荷重、箱的外板与骨架是铆接或焊接在一起的）不同，薄壳式集装箱的所有部件组成一个刚体，近似于飞机结构。它的优点是重量轻，整体可以承受所发生的扭力而不会引起永久变形，但工艺要求高。

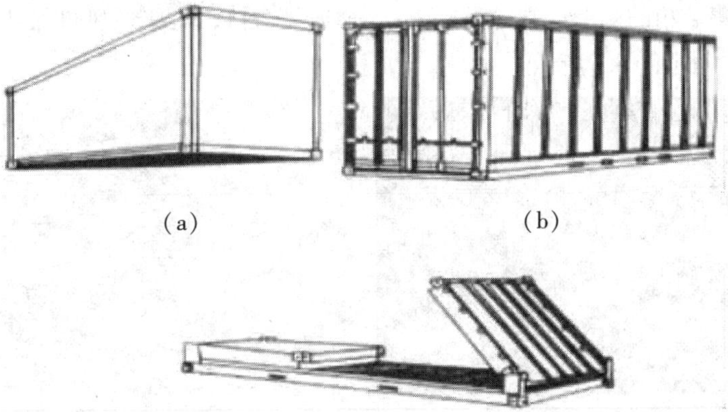

（a） （b）

（c）

图6-1 普通货物集装箱

根据不同的用途，普通货物集装箱可分为通用集装箱和专用集装箱。

①通用集装箱（Dry Cargo Container）。又称干货集装箱或杂货集装箱，是指全封闭式，具有刚性的箱顶、侧壁、端壁和壁底，至少在一面端壁上有箱门的集装箱；要求结构尺寸符合国际或国内尺寸标准，便于流通和周转。为防止货物在箱内摇动，在箱内设有使货物稳定的附属设备；适于装运大多数普通货物，以装运文化用品、日用百货、医药、纺织品、工艺品、化工制品、电子机械、仪器、机械零件等杂货为主；其使用数量约占全部集装箱的70%～80%。如图6-2所示。

图6-2 通用集装箱

②专用集装箱。是指为便于不通过端门装卸货物，或为通风等特殊用途而设有独特结构的货物集装箱，包括通风集装箱、敞顶集装箱、台架式集装箱和平台集装箱。专用集装箱主要是作为专门用途或单一品种规格的普通货物流通之用，对结构尺寸标准要求不严格。专用集装箱又可分为通风集装箱、敞顶集装箱、台架式集装箱及其他专用集装箱。

a. 通风集装箱（Ventilated Container）。用于装载需要通风和防止潮湿的货物，如蔬菜、水果和食品等。在集装箱的侧壁或端壁设有 4 ~ 6 个通风窗口，这些通风口保证新鲜货物在运输途中不腐烂损坏。如图 6 – 3 所示。

图 6 – 3　通风集装箱

b. 敞顶集装箱。用于装运较重、较大不易在箱门掏装的货物；用吊车从顶部吊装货物；其上部、侧壁及端壁为可开启式。如图 6 – 4 所示。

图 6 – 4　敞顶集装箱

c. 台架式集装箱。用于装载不适于用于货集装箱或开顶集装箱装运的长大件、超重件。比如，重型机械、钢管钢材、裸装机床和设备等。板架集装箱没有箱顶和侧壁，箱端壁也可以卸掉，只靠箱底和四角柱来承受载荷，因此也叫平台或平板集装箱。如图 6 – 5 所示。

d. 其他专用集装箱。除上述集装箱外，还有装运其他有特殊要求的货物的集装箱。比如装运毒品、危险品、散货等的集装箱。

（2）特种货物集装箱

①冷藏集装箱（Reefer Container）。用于运输那些需要低温保存的新鲜水果、鱼、肉、水

图6－5　台架式集装箱

产品等食品。冷藏集装箱有内藏式和外置式两种。内藏式集装箱的箱内装备有冷冻机；外置式集装箱的箱内没有冷冻机，而只有隔热结构，在箱的前壁设有冷气吸入口和排气口，由专门的冷藏装置供给冷气。如图6－6所示。

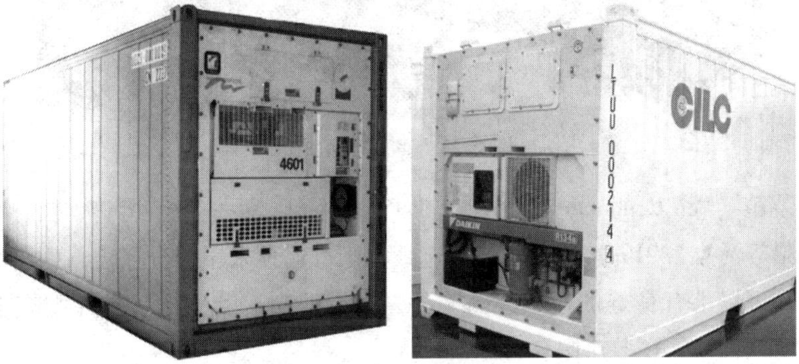

图6－6　冷藏集装箱

②保温集装箱（Keep Constant Temperature Container）。适于装载对温度变化十分敏感的货物，比如精密仪器、油漆、石蜡等；也适用于装载在运输途中不允许温度上升而需要通风的货物，比如水果罐头、糖果、葱头等蔬菜类食品。保温集装箱的特点是能隔绝外部温度变化，在一般情况下，箱内温度保持不变。如图6－7所示。

③罐式集装箱（Tank Container）。适用于装运液体物料，比如各种酒类、油类、液体食品、化学药品等；主要由液罐和框架两部分组成。罐式集装箱的液罐是载货主体，有椭圆形和近似球形等形状；框架由钢材制成，液罐顶上一般设有圆形的装载口，用于装载；罐底设有卸载阀，采用便于拆卸和清扫的结构。如图6－8所示。

④汽车集装箱（Car Container）。是一种运输小型轿车用的专用集装箱，其特点是在简易箱底上装一个钢制框架，通常没有箱壁（包括端壁和侧壁）；分为单层的和双层的两种；一般不是国际标准集装箱。

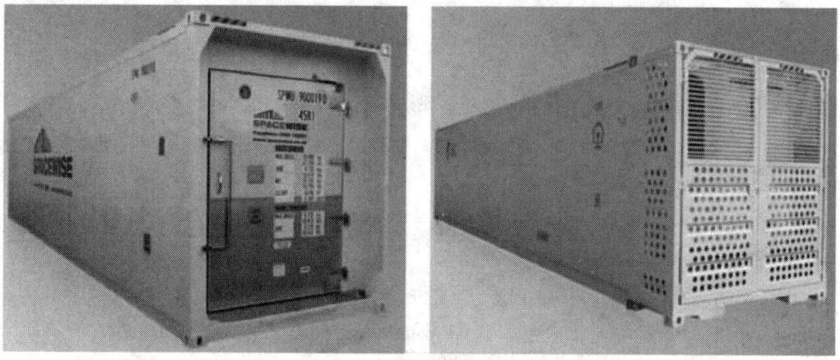

图6-7 保温集装箱

图6-8 罐式集装箱

⑤动物集装箱（Pen Container or Live Stock Container）。是一种装运鸡、鸭、鹅等活家禽和牛、马、羊、猪等活家畜用的集装箱。为了遮蔽太阳，箱顶采用胶合板盖，侧面和端面都有用铝丝网制成的窗，以求有良好的通风；侧壁下方设有清扫口和排水口，并配有上下移动的拉门，可把垃圾清扫出去；还装有喂食口。

⑥服装集装箱（Garment Container）。在箱内上侧梁上装有许多根横杆，每根横杆上垂下若干条皮带扣、尼龙带扣或绳索，成衣利用衣架上的钩，直接挂在带扣或绳索上。这种服装装载法属于无包装运输，节约了包装材料和包装费用，减少了人力物力，提高了运输质量。

2. 按制造材料分类

按制造材料分类，集装箱可分为钢质集装箱、玻璃钢集装箱、铝合金集装箱及不锈钢集装箱。

（1）钢质集装箱：其框架和箱壁板皆用钢材制成。最大优点是强度高、结构牢、焊接性和水密性好、价格低、不易损坏，易修理；主要缺点是自重大、防腐蚀性比较差。

（2）玻璃钢集装箱：是用玻璃纤维和合成树脂混合在一起制成薄薄的加强塑料，用黏合剂粘在胶合板的表面上形成玻璃钢板而制成的集装箱；具有隔热性好、易清扫等特点。

（3）铝合金集装箱：是由铝合金型材和板材构成的集装箱。主要优点是自重轻，不易生锈且外表美观、弹性好、不易变化；主要缺点是造价高，受碰撞时容易坏。它在航空集装箱领域中使用较多。

（4）不锈钢集装箱：具有钢质集装箱的优点，但与之相比，重量轻、防腐蚀性能高。

3. 按运输方式分类

按运输方式分类，集装箱可分为海运集装箱、空运集装箱、铁道集装箱及联运集装箱。

（1）海运集装箱：与国际联运集装箱相同。

（2）空运集装箱：航空货运及航空行李托运用的集装箱。对于同一飞机，在机腹不同位置，所用的集装箱的形状尺寸有所不同。

（3）铁道集装箱：铁道系统为货车运输和小范围铁路水路、铁路陆路联运而使用的具有一定专用性的集装箱。我国主要有 5 吨、10 吨两种。

（4）联运集装箱：在转运节点能进行快速转运而不需对箱内装运物重组，能满足物流系统多种运输形式的集装箱。

4. 按箱体构造分类

按箱体构造分类，集装箱可分为拆解式集装箱、台架和平台式集装箱、折叠式集装箱、隔板集装箱及抽屉集装箱。

（1）拆解式集装箱：其顶板、台座和四个侧壁靠组件组装而成，必要时可全部拆解。

（2）台架和平台式集装箱：平台式集装箱是在台架式集装箱上再简化而只保留底板的一种特殊结构的集装箱，其特点是可利用各种机械从前、后、左、右及上方进行装卸作业。

（3）折叠式集装箱：一种四个侧壁和顶板在空箱时可折叠平放到台座上的集装箱，其特点是适于无回头货的单程运输，返运时折叠可减少运力占用。

（4）隔板集装箱：是一种箱内有若干隔板分隔的集装箱，隔板可组合拆卸拼装，适用于装运需分隔的物品。

（5）抽屉集装箱：箱内由一定尺寸的抽屉组成，打开箱门后便可抽出抽屉装取货物；一般是小型集装箱，主要用于装运仪器、仪表、武器、弹药及贵重物品。

6.1.3 集装箱的运用与管理

1. 集装箱规格标准与标识①

（1）国际标准集装箱：是指根据国际标准化组织（ISO）制订的国际标准来建造和使用的国际通用的标准集装箱。目前，国际标准集装箱共有 13 种规格，其宽度均一样（2 438mm），

① http://wenku.baidu.com/view/12071ed4195f312b3169a51b.html，集装箱基础知识。

长度有四种（12 192mm、9 125mm、6 058mm、2 991mm），高度有四种（2 896mm、2 591mm、2 438mm、2 438mm）。

（2）国家标准集装箱：是指各国政府参照国际标准并考虑本国的具体情况制定的本国集装箱标准。我国现行国家标准《集装箱外部尺寸和额定重量》（GB1413—85）中对集装箱各种型号的外部尺寸、极限偏差及额定重量作了明确的规定。

（3）地区标准集装箱：是由地区标准化组织根据各地区的特殊情况制定的，根据此类标准制造的集装箱一般只适用于该地区。例如，欧洲国际铁路联盟所制定的集装箱标准。

（4）公司标准集装箱：是一些大型的集装箱货船公司，根据本公司的具体情况和条件而制定的集装箱船公司标准，这类集装箱主要在该公司运输范围内使用。例如，总统轮船公司所制定的45ft及48ft集装箱。

（5）集装箱标识。集装箱外体上的标记一般为箱主代号、箱号及核对数字；国家代号及尺寸类型代号；最大总质量（公斤、磅）；箱体质量（公斤、磅）；船舶检验局徽记等。

①集装箱标记的内容：箱主代号、顺序号、核对号。箱主代号是集装箱所有者的代码，它用4位大写的拉丁文字母表示，前3位由箱主自己规定，并向国家集装箱局登记，第4位为U，表示海运集装箱代码，如中国远洋运输（集团）公司的箱主代码为COSU。顺序号是集装箱编号，用6位阿拉伯数字表示，不足6位，则以0补之。核对号用于计算机核对箱主号与顺序号记录的正确性。核对号一般位于顺序号之后，用1位阿拉伯数字表示，并加方框以醒目。核对号是由箱主号的4位字母与顺序号的6位数字通过以下方式换算而得。

②国家代号及尺寸类型代号。国家代号用两位大写拉丁字母表示，说明集装箱的登记国。尺寸代号及类型代号由4位数符组成。前两位为尺寸代号，由阿拉伯数字组成，用以表示集装箱的大小；后两位由2位数符组成，用以表示集装箱的类型。类型代码可从有关手册中查得。

③最大总重量和箱体自重。最大总重量（MAX GROSS）又称额定重量，是集装箱的自重与最大允许装货重量之和。箱体自重是指集装箱的空箱重量。集装箱最大重量和自重的标记要求用公斤和磅两种单位同时标出。

④其他内容：a. 船舶检验徽记；b. 国际集装箱安全公约（CSC）安全合格牌照；c. 中华人民共和国海关批准牌照；d. 免疫牌是表示集装箱所用裸露木材按照有关规定经过免疫处理。以上内容中，a、b项为必备标准，c、d项为自选标准。

2. 集装箱货物装载的一般要求①

集装箱货物一般分为整箱货和拼箱货。由于装箱货物的种类、卸货地点不同，在装箱前，

① http：//wenku. baidu. com/view/380bf3fdaef8941ea76e0514. html，第六章。

应根据具体条件来把握货物的装载方法和固定方法。

(1) 重量的配置均衡。根据货物的体积、重量、外包装的强度，以及货物的性质进行分类，把外包装坚固和重量较重的货物装在下面，外包装较为脆弱、重量较轻的货物装在上面，装载时要使货物的重量在箱底上形成均匀分布。否则，有可能造成箱底脱落或底梁弯曲。如果整个集装箱的重心发生偏移，当用扩伸抓具起吊时，有可能使集装箱产生倾斜；此外，还将造成运输车辆前后轮重量分布不均。

(2) 货物的必要衬垫。装载货物时，要根据包装的强度来决定对其进行必要的衬垫。对于外包装脆弱的货物、易碎货物应夹衬缓冲材料，防止货物相互碰撞挤压。为填补货物之间和货物与集装箱侧壁之间的空隙，有必要在货物之间插入垫板，覆盖物之类的隔货材料。要注意对货物下端进行必要的衬垫，使重量均匀分布。对于出口集装箱货物，若其衬垫材料属于植物检疫对象的，箱底应改用非植检对象材料。

(3) 货物的合理固定。货物在装箱后，一般都会产生空隙。由于空隙的存在，必须对箱内货物进行固定处理，以防止在运输途中，尤其是海上运输中由于摇摆船体而造成的货物坍塌与破损。货物的固定方法主要有以下几种：支撑、塞紧、系紧。

(4) 货物混装时，要避免相互污染或引起事故。

3. 集装箱的管理

目前，广泛采用了高效率的集装箱管理信息系统进行集装箱的管理。该系统是用来对集装箱进行自动识别，将集装箱运输中的相关信息记录到箱体的集装箱电子标签中，使集装箱成为集装箱运输信息的载体，实现对运输过程中的集装箱实行货物状态和运输信息的有效监控和实时管理。集装箱管理信息系统分为编目控制系统、电子封条监控系统、自动识别系统三种①。

(1) 集装箱编目控制系统。将诸如箱号、箱类、箱型、尺寸、购（租）箱、地点、日期等有关集装箱的固定特征资料，事先储存在计算机中。集装箱的日常动态信息则使用特定的代码随时输入计算机。通过编目控制，不仅能够掌握及跟踪分布在国内外集装箱码头堆场、集装箱货运站、内陆货站、货主仓库及运输途中的有关集装箱地理位置和使用状态变化的动态信息，而且还可对各个运输环节的箱子的需求情况做出预测。

(2) 集装箱电子封条监管系统。在设备上使用或者加装多个主动射频自动识别产品，包括一张电子封条（即电子标签）、一张传感器封条。这些标签能够随时将集装箱的一些关键信息如位置、安全状况、灯光、温度和湿度等货物状态和运输信息的变化传送给读取器网络，现

---

① http：//www. docin. com/p－513126415. html，第四章。

场负责人实时管理当地读取器网络，收集、过滤获得 RFID 的信息，并将有效信息输送到 TSS（Transportation Security System）运输安全管理系统。发货人通过 TSS 系统，及时了解货物的方位、状态和安全状况，实现不用开箱就可对货物追踪查询。

（3）集装箱自动识别系统。主要由标签、地面识别设备和中央处理设备组成。其中标签安装在被识别的集装箱上；地面识别设备主要由天线、RF 射频装置和读出计算机组成，分别安装在铁路出入口、公路出入口以及起重机、叉车和机动清点车上，当集装箱无论是从轮船、火车、汽车上到达或发出货场时，各识别设备均能对该集装箱进行自动识别，并将识别信息与 EDI 系统联网，从而实现集装箱的动态跟踪和管理。

6.1.4 集装箱装卸搬运机械设备

集装箱运输是一种先进的运输组织形式，不同的装卸搬运工艺、作业场所需配备不同的装卸搬运设备。以下是几种常见的集装箱装卸搬运机械设备。

1. 岸边集装箱装卸桥

如图 6－9 所示。集装箱码头前沿进行集装箱船舶装卸的专用机械，具有效率高、车船作业简便、适用性强的优点，在集装箱专用码头上大都安装有岸边集装箱装卸桥。其构造是：带行走机构的门架；承担臂架重量的拉杆；海侧臂架、陆侧臂架。臂架的主要作用是用来承受带升降机构的小车重量，而升降机构又是用来承受集装箱吊具和集装箱重量的。

图 6－9　岸边集装箱装卸桥

2. 集装箱跨运车

集装箱跨运车是一种应用于集装箱码头和集装箱中转站堆场具有搬运、堆垛、换装等多功能的集装箱专用机械。如图 6－10 所示。可完成如下的作业：岸边集装箱装卸桥与前方堆场之间的装卸和搬运；前方堆场与后方堆场之间的装卸和搬运；后方堆场与货运站之间的装卸和搬运；对底盘车进行换装。其构成有：车架、吊具与升降系统、动力及传动系统、转向及行驶系统、制动系统及液压系统及电控系统。

图6-10　集装箱跨运车

3. 轮胎式集装箱龙门起重机

轮胎式集装箱门式起重机（通称场桥）是大型专业化集装箱堆场的专用机械，装卸标准集装箱。如图6-11所示。它不仅适用于集装箱码头的堆场，同样也适用于集装箱专用堆场。它由门形支架、动力传动系统、起升机构、大车运行机构、小车运行机构及伸缩式吊具等组成。装有集装箱吊具的行走小车沿主梁轨道行走，进行集装箱装卸和堆码作业，轮胎式行走机构可使起重机在货场上行走，并可作90°直角转向，从一个货场转移到另一货场，作业灵活。

图6-11　轮胎式集装箱龙门起重机

4. 轨道式集装箱龙门起重机

轨道式集装箱门式起重机主要用于集装箱铁路转运场和大型集装箱储运场的集装箱装卸、搬运和堆放。如图 6－12 所示。主要有以下特点：①起升速度较低而大车运行速度较高。②小车运行速度可根据桥架跨度和两端外伸距确定。③当跨度超过 40m 时，大车高速运行过程中，由于两侧门腿运行阻力不同将会发生偏移，为此设置同步装置，通过电气控制系统保持两侧运行机构运行速度的同步。④为满足较高的使用要求，电气驱动控制系统采用晶闸管直流或交流调速驱动控制系统，以达到较好的调速和控制性能。

图 6－12　轨道式集装箱龙门起重机

5. 集装箱牵引车

如图 6－13 所示。集装箱牵引车用来拖带载运集装箱的挂车或半挂车；按驾驶室的形式可分为长头式和平头式，按车轴的数量可分为双轴式和三轴式，按用途可分为公路运输用牵引车和货场运输用牵引车。

（1）长头式集装箱牵引车：这种牵引车的发动机布置在驾驶座的前方，驾驶员受发动机振动的影响较小，比较舒适，发生碰撞时也较安全。此外，打开发动机罩检修也比较方便。但这种车头较长，因而整个车身长度和转弯半径较大。如图 6－14 所示。

（2）平头式集装箱牵引车：这种牵引车的发动机在驾驶座位下面，驾驶员的舒适感较差，但牵引车的驾驶室较短，视线较好，轴距和车身全长比较短，转弯半径小。在司机座位后面可以加一小床，以便长途行车时驾驶员换班休息。如图 6－15 所示。

近年来，为了提高运输效率，降低运输成本，拖挂运输越来越多地被采用。为此，各国都

图6-13　集装箱牵引车

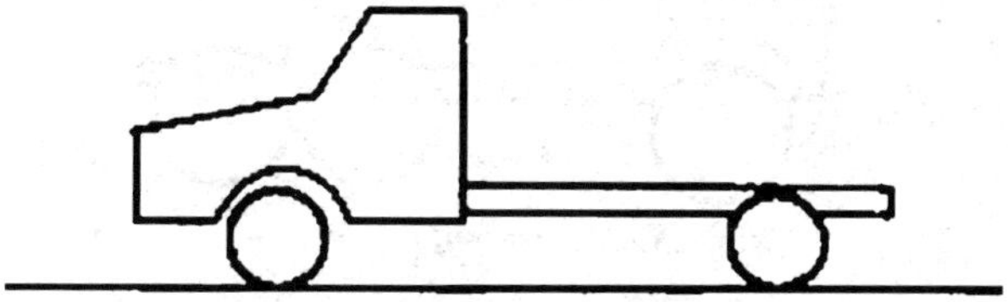

图6-14　长头式集装箱牵引车

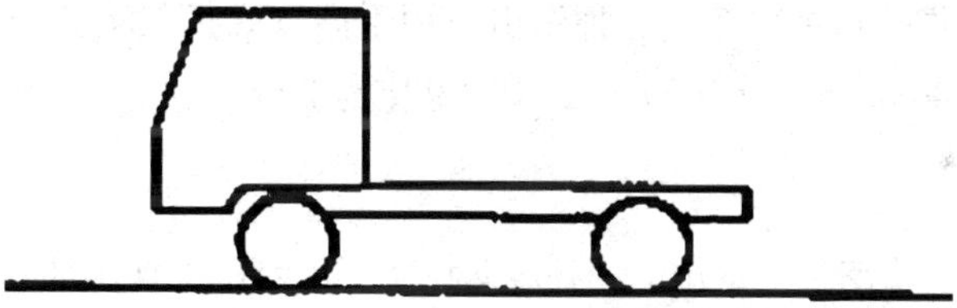

图6-15　平头式集装箱牵引车

根据本国公路、桥梁的宽度和负荷量以及涵洞的尺寸，对挂车组的重量和尺寸作出了各种限制，我国也制定了一些规定。为了缩短挂车组的长度，以达到规定的要求，平头式牵引车被越来越多地采用。

（3）双轴式集装箱牵引车：这种牵引车一般用于牵引装运20ft集装箱的半挂车。这种牵引车双轴一般为4×2型，即后轴为驱动轴，前轴为转向轴。其车身较短，轴距较小，转弯半径小，机动性能好。但由于后轴为单轴，因此承受负荷较小，牵引力也较小。如图6-16所示。

（4）三轴式集装箱牵引车：这种牵引车后轴为双轴，承载能力大，牵引力大，一般用于牵引装运40ft集装箱的半挂车。这种牵引车车轴一般布置为6×4型，个别要求牵引力大和越野性能好的布置为6×6型，即后轴为驱动轴，前轴为转向轴或转向驱动轴。如图6-17所示。

（5）公路运输用集装箱牵引车：这种牵引车采用大功率发动机（163～294kW），速度高（一般可达100km/h），具有多档高速，其制动性能及加速性能较好，因此主要用于高速和长距

图 6－16　双轴式集装箱牵引车

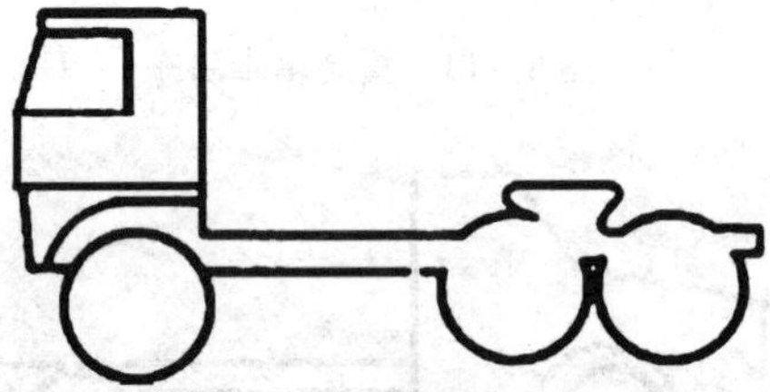

图 6－17　三轴式集装箱牵引车

离运输。

（6）货场运输用集装箱牵引车：这种牵引车用于港口或集装箱货场作短距离运输，行驶速度低（一般不超过 40km/h），牵引力大，牵引鞍座为低台式。

6. 集装箱叉车

集装箱叉车是集装箱港站上常用的一种装卸设备，主要用于操作量不大的综合性港站上进行集装箱的装卸、堆垛、短距离的搬运和车辆的装卸作业，也有用于集装箱堆场的辅助作业，是一种多功能的机械。如图 6－18 所示。

图 6－18　集装箱叉车

6.2 托　　盘

6.2.1 托盘的定义

中华人民共和国国家标准物流术语（GB/T 18354—2006）对托盘（Pallet）的定义是：用于集装、堆放、搬运和运输的放置作为单元负荷的货物和制品的水平平台装置。

托盘是为了使货物有效地装卸、运输、保管，将其按一定数量组合放置于一定形状的台面上，这种台面有供叉车从下部插入并托起的叉入口中。在实际操作中，凡是满足上述基本结构的平台和在这种基本结构的基础上所形成的各种形式的集装器具，均可称为托盘。

托盘是一种重要的集装器具，是物流领域中适应装卸机械化而发展起来的一种常用器具。托盘的发展总是与叉车同步，叉车与托盘的共同使用，形成的有效装卸系统大大地促进了装卸活动的发展，使装卸机械化水平大幅度提高，使长期以来在运输过程中的装卸瓶颈得以改善。它区别于普通的集合包装的特点，是随时处于“备战”状态，使静态的货物转变为动态的货物。托盘包装是以托盘为承载物，将包装件或产品堆码在托盘上，通过捆扎、裹包或胶粘等方法加以固定，形成一个搬运单元，以便用机械设备搬运。托盘既具有搬运器具的作用，又具有集装容器的功能。托盘的出现还促进了集装箱和其他集装方式的形成和发展。托盘作为物流系统化的重要工具，对物流系统的建立和形成具有重要作用。托盘已成为和集装箱一样重要的集装方式，形成了集装系统的两大支柱。

6.2.2 托盘的特点①

1. 托盘的优点

（1）自重量轻。劳动强度小，无效运输及装卸负荷相对也比集装箱小。

（2）返空容易。返空时占用运力较少。造价不高，又很容易互相代用，互相以对方托盘抵补，无须像集装箱那样必须有固定归属者。

（3）装盘容易。装盘后可采用捆扎、裹包或胶粘等技术处理，操作简便。

（4）装载量适宜，组合量较大。

（5）有时候物品可以不用包装而直接放在托盘上，节省包装材料，降低包装成本。

---

① http：//common. ceac. gov. cn：66/upload/fileinfos/10001201305202223371963. doc，仓储设施与设备。

2. 托盘的缺点

（1）产品保护性能较差，不如集装箱。

（2）基本不能露天存放，需要在仓库等设施里。

（3）回运需要一定的运力消耗和成本支出。

6.2.3 托盘的分类①

按材料分：木制、塑制、钢制、竹制、塑木复合、纸质；多以钢、木或塑料制成。

按结构特征分：平托盘、柱式托盘、箱式托盘、轮式托盘和特种专用托盘等。

各种托盘如图6-19所示。

图6-19 各种托盘

1. 平托盘

平托盘几乎是托盘的代名词，只要一提托盘，一般都是指平托盘，因为平托盘使用范围最广，利用数量最大，通用性最好。平托盘又可细分为多种类型。

（1）根据台面分类，有单面形、单面使用型、双面使用型和翼型4种。如图6-20所示。

（2）根据叉车叉入方式分类，有单向叉入型、双向叉入型、四向叉入型等三种。其中四向叉入型叉运最为方便灵活。

（3）根据材料分类，有木制平托盘、钢制平托盘、塑料制平托盘、复合材料平托盘以及纸制托盘5种。据中国物流与采购联合会托盘专业委员会2011年对国内多家托盘生产企业、

① http：//baike. baidu. com/view/91235. htm，托盘；http：//common. ceac. gov. cn：66/upload/fileinfos/10001201305202223371963. doc，仓储设施与设备。

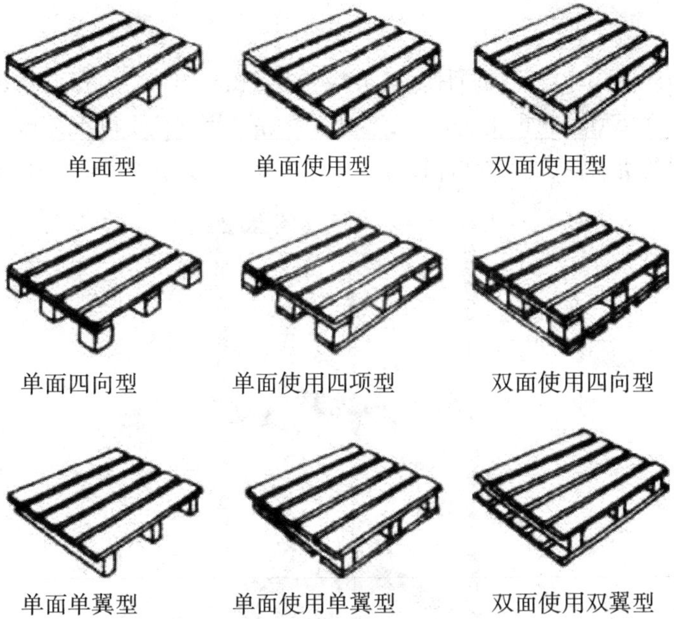

图6－20　根据台面分类的各种平托盘

托盘使用及销售企业进行初步调查的结果，目前中国拥有的各种类型托盘总数约为16 000～20 000万片，目前每年产量递增2 000万片左右。其中木制平托盘约占85%、塑料平托盘占12%、钢制托盘、复合材料托盘以及纸制托盘合计占3%。复合材料平托盘和塑料托盘上升比例较大。如图6－21所示。

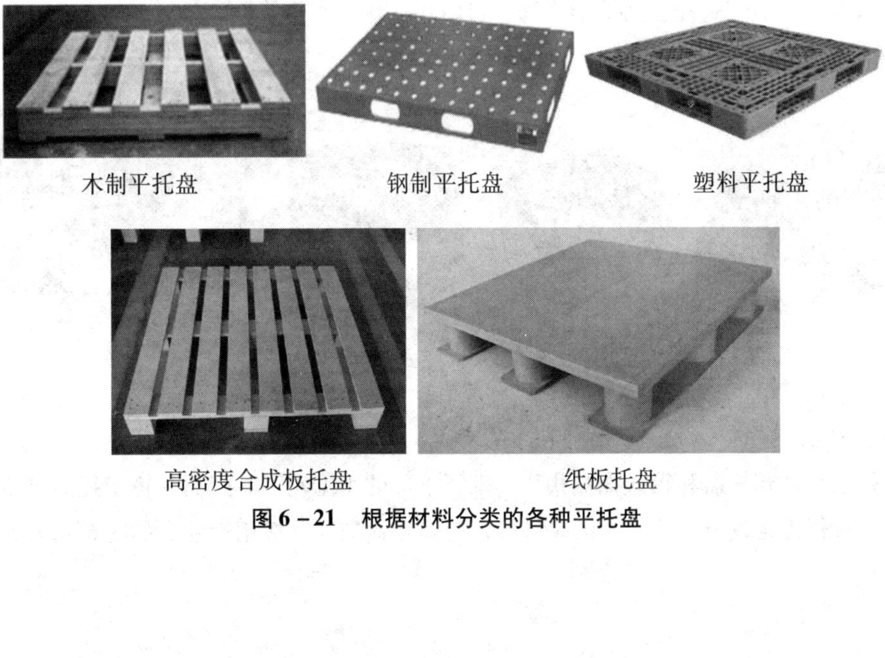

图6－21　根据材料分类的各种平托盘

2. 柱式托盘

柱式托盘分为固定式和可卸式两种，其基本结构是托盘的4个角有钢制立柱，柱子上端可用横梁联结，形成框架型。柱式托盘的主要作用，一是利用立柱支撑重量物，往高叠放；二是可防止托盘上放置的货物在运输和装卸过程中发生塌垛现象。如图6－22所示。

图6－22　柱式托盘

3. 箱式托盘

箱式托盘是四面有侧板的托盘，有的箱体上有顶板，有的没有顶板。箱板有固定式、折叠式、可卸下式三种。四周栏板有板式、栅式和网式，因此，四周栏板为栅栏式的箱式托盘也称笼式托盘或仓库笼。箱式托盘防护能力强，可防止塌垛和货损；可装载异型不能稳定堆码的货物，应用范围广。如图6－23所示。

图6－23　箱式托盘

4. 轮式托盘

轮式托盘与柱式托盘和箱式托盘相比，多了下部的小型轮子。因而，轮式托盘显示出能短距离移动、自行搬运或滚上滚下式的装卸等优势，用途广泛，适用性强。如图6－24所示。

图6-24　轮式托盘

5. 滑片托盘

滑片托盘是一种新型托盘，它是由瓦楞纸、板纸或塑料简单地折曲而成的板状托盘，也叫薄板托盘。其形状不同于普通托盘，它在片状平面下方无插口，但在操作方向上有突起的折翼，以便于配套的叉车进行操作。为了与滑板使用匹配，需要有带钳口推拉器的叉车。取货时先用推拉器的钳口夹住滑板的壁板，将叉向前伸，并同时将滑板货体拉到叉上，卸货时先对好位，然后用推位器将滑板货体推出，使货体就位。滑片托盘质轻体薄，结实耐用，有较强的耐水及耐化学腐蚀的性质，能承受强度很大的操作，无效操作少，不易发生滑动、塌垛等事故，成本低廉，功能亦完好，故目前正得到发展。如图6-25所示。

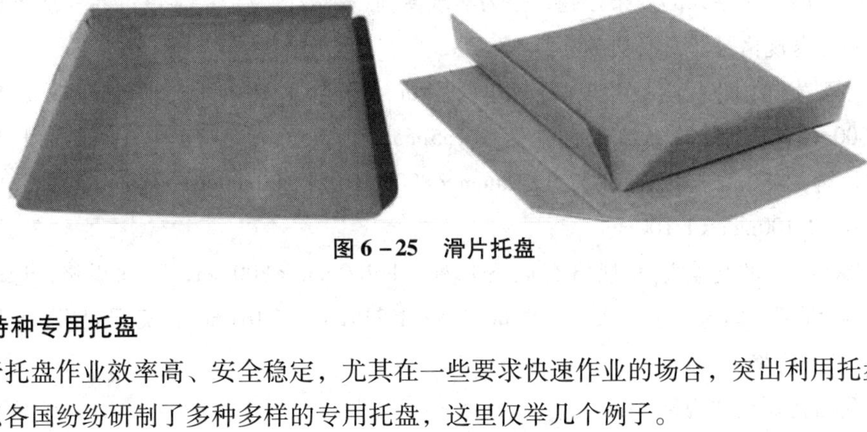

图6-25　滑片托盘

6. 特种专用托盘

由于托盘作业效率高、安全稳定，尤其在一些要求快速作业的场合，突出利用托盘的重要性，所以各国纷纷研制了多种多样的专用托盘，这里仅举几个例子。

（1）平板玻璃集装托盘。也称平板玻璃集装架，分许多种类，有L型单面装放平板玻璃单面进叉式、A型双面装放平板玻璃双向进叉式、吊叉结合式和框架式等。运输过程中托盘起支撑和固定作用，平板玻璃一般都立放在托盘上，并且玻璃还要顺着车辆的前进方向，以保持托盘和玻璃的稳固。

（2）轮胎专用托盘。轮胎的特点是耐水、耐蚀，但怕挤、怕压，轮胎专用托盘较好地解决了这个矛盾。利用轮胎专用托盘，可多层码放，不挤不压，大大地提高了装卸和储存效率。

（3）长尺寸物托盘。这是一种专门用来码放长尺寸物品的托盘，有的呈多层结构。物品堆码后，就形成了长尺寸货架。

（4）油桶专用托盘。这是专门存放、装运标准油桶的异型平托盘，双面均有波形沟槽或侧板，以稳定油桶，防止滚落。它的优点是可多层堆码，提高仓储和运输能力。

7. 滑板托盘（slip sheet）

滑板托盘在一个或多个边上设有翼板的平板，用于搬运、存储或运输单元载荷形式的货物或产品的底板。

8. 植绒内托

植绒内托是一种采用特殊材料的吸塑托盘，将普通的塑料硬片表面粘上一层绒质材料，从而使托盘表面有种绒质的手感，用来提高包装品档次。

6.2.4 托盘的尺寸规格

托盘尺寸标准化是实现托盘联运的前提，也是实现物流机械化和设施标准化的基础及产品包装标准化的依据。托盘尺寸规格应与桥梁、隧道、运输道路与货车站台设施相适应；与货车、卡车等车辆宽度相配合。而托盘尺寸规格又决定仓库支柱的间距、货架等尺寸。因此，改变托盘规格，涉及一系列的复杂课题，但为实现便利、高效的物流，促进世界经济更加良好的发展，统一托盘规格是非常必要的。

（1）主要发达国家托盘尺寸规格。美国：48in×40in（1 219mm×1 016mm）；加拿大、墨西哥：1 000mm×1 000mm；澳大利亚为1 165mm×1 165mm；欧洲各国：多为1 200mm×800mm的托盘；英国、德国、荷兰：1 200mm×800mm和1 200mm×1 000mm两种；日本、韩国、新加坡：1 100mm×1 100mm。

（2）ISO制定的托盘尺寸规格有以下几种：1 200mm×800mm，欧洲规格；1 200mm×1 000mm，欧洲部分国家、加拿大、墨西哥规格；1 219mm×1 016mm，美国规格；1 100mm×1 100mm，亚洲规格。

（3）我国托盘尺寸规格

机械工业系统使用JB 3003—1981规定的800mm×1 000mm与500mm×800mm，载重量为0.5t和1.2t的箱式和柱式托盘JB 3004—1981规定的825mm×1 100mm与545mm×825mm，载重量为1t和0.5t的平托盘。

1982年我国颁布国家标准（GB 2934—1982），将联运托盘的平面尺寸定为：800mm×1 200mm，800mm×1 000mm，1000mm×1 200mm三种，载重量均为1t。

6.2.5 托盘货物的码垛方式

1. 重叠式

重叠式指托盘上货物各层以相同的方式码放，上下完全相对，各层之间不会出现交错现象。这种码垛方式的优点有：作业方式简单，作业速度快，且包装物的四个角和边垂直并重叠，承载能力大，能承受较大的荷重；缺点有：各层面之间只是简单地排放，缺少咬合，在货体底面积不大的情况下，稳定性不够，容易发生塌垛。

2. 纵横交错式

纵横交错式的码垛方式相邻的两层货物之间的摆放旋转角，一层成横向放置，另一层成纵向放置，层间纵横交错堆码，层间有一定的咬合效果，但咬合强度不高。重叠式和纵横交错式较适合自动装盘操作，配以托盘转向器，装完一层后，利用转向器旋转90°。

3. 正反交错式

正反交错式指同一层中，不同列的货物都垂直码放，相邻两层货物码放形式是另一层旋转180°的形式。这种码垛方式不同层间咬合强度较高，码放后稳定性很高，但操作较为麻烦，而且包装体之间不是垂直面互相承受荷载，所以下部货体容易被压坏。

4. 旋转交错式

旋转交错式第一层相邻的两个包装体都互成90°，两层间的码放又相差180°，这样相邻两层之间咬合交叉。这种码垛方式托盘货体稳定性较高，不容易塌垛，但码放的难度比较大，且中间形成中空，会降低托盘装载能力。

托盘货物码放方式如图6－26所示。

6.2.6 托盘货物紧固①

为保证货品稳固性、防止塌垛，需要对托盘货品紧固。其方法有如下10种。

（1）捆扎。用于多种货物的托盘集合包装，用绳索、打包带等对托盘货品进行捆扎以保证货品的稳固，方法有结扎、黏合、热融、加卡箍等。顶部加柜式盖板，宽度方向捆两道，长度方向捆三道，都是铅垂方向。如图6－27所示。

① http：//common. ceac. gov. cn：66/upload/fileinfos/10001201305202223371963. doc，仓储设施与设备。

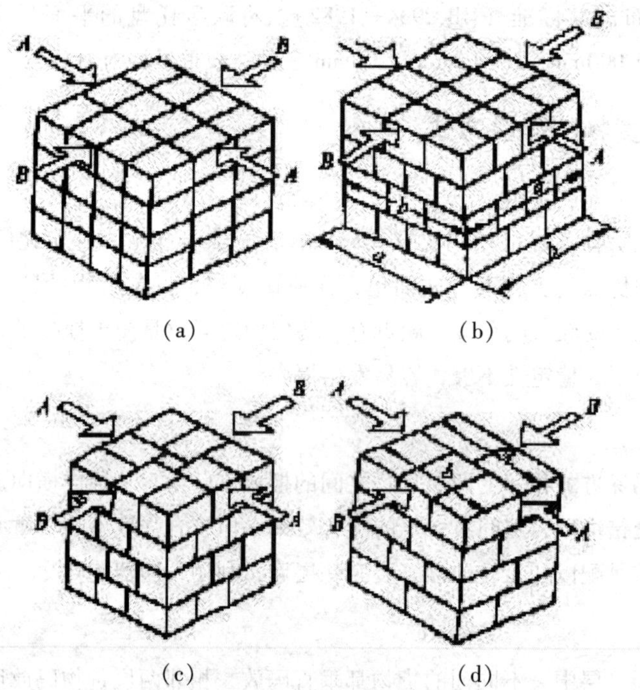

(a) (b) (c) (d)

图 6－26　托盘货物码放方式

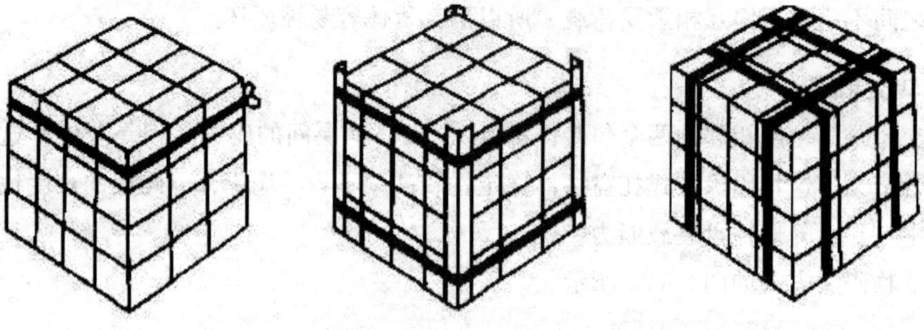

图 6－27　托盘货物的捆扎紧固方法

（2）网罩紧固。主要用于装有同类货物托盘的紧固。将网罩套在托盘货物上，再将网罩端的金属配件挂在托盘周围的固定金属片上（或将绳网下部缚牢在托盘的边沿上），以防形状不整齐的货物发生倒塌。网罩用棉绳、布绢和其他纤维绳等材料制成。如图 6－28。

（3）框架紧固。框架紧固是将框架加在托盘货物相对的两面或四面以至顶部，用以增加托盘货物刚性。框架的材料以木板、胶合板、瓦楞纸板、金属板等为主，安装方法有固定式和组装式两种。采用组装式需要打包带紧固，使托盘和货物结合为一体。如图 6－29 所示。

（4）中间夹摩擦材料紧固。将具有防滑性的纸板、纸片或软性塑料片夹在各层容器之间，

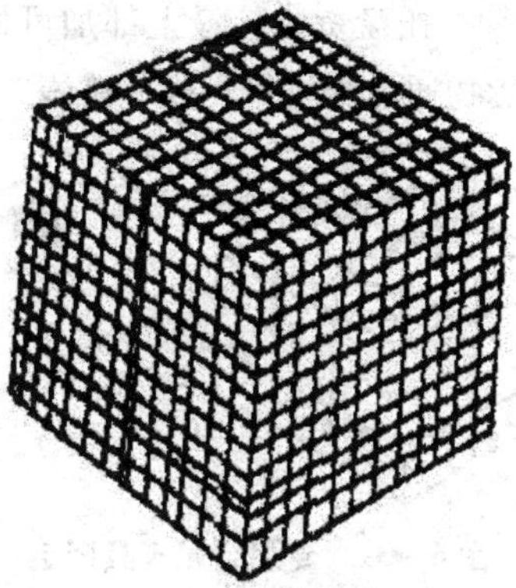

图6-28　网状紧固

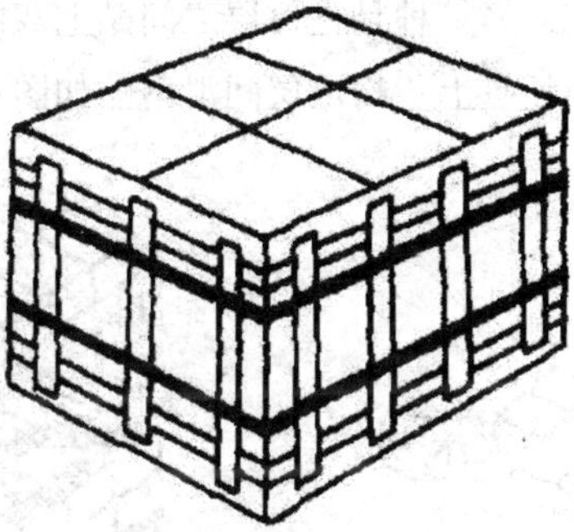

图6-29　框架紧固

以增加摩擦力，防止水平移动（滑动），或防止冲击时托盘货物各层之间的移位。防滑片用纸板较多，还有软性聚氨酯泡沫塑料等片状物、在包装容器表面涂二氧化硅溶液防滑剂等方式。如图6-30。

图6-30　夹摩擦料紧固

（5）专用金属卡具固定。对某些托盘货物，最上部加可伸入金属夹卡，则可用专用夹卡将相邻的包装物卡住，以便每层货物通过金属卡具成一整体，防止个别分离滑落。如图6－31。

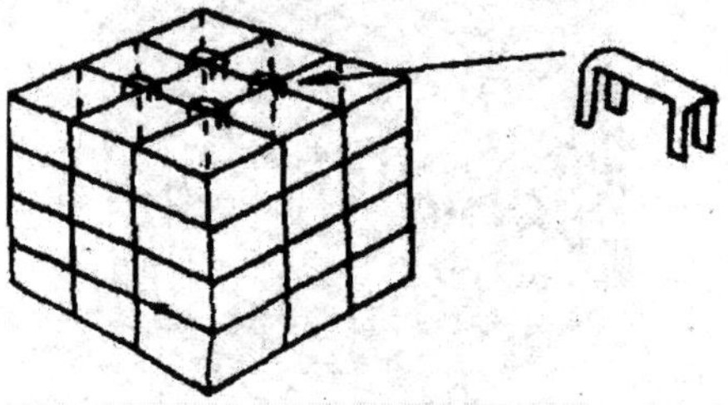

图6－31　专用金属卡具固定

（6）黏合紧固。有两种方式粘合：一种是在下一层货箱上涂上胶水使上下货箱粘合，涂胶量根据货箱的大小和轻重而定，另一种是在每层之间贴上双面胶条，可将两层通过胶条黏合在一起，这样便可防止在物流中托盘上货物从层间滑落。如图6－32。

涂胶黏合　　　　胶带黏合

图6－32　黏合紧固

（7）胶带黏扎。托盘货物采用单面不干胶包装带黏捆，即使是胶带部分损坏，由于全部贴于货物表面，也不会散捆；而绳索、包装带捆扎，一旦一处断裂，全部捆扎便失去效用。如图6－33。

图6－33　胶带粘扎

（8）平托盘周边垫高。平托盘周边稍稍垫高，托盘上置之货物会向中心互相依靠，在物流中发生摇摆、振动时，可防止层间滑动错位，防止货垛外倾，因而也会起到稳固作用。如图6－34。

图6－34　平托盘周边垫高

（9）收缩薄膜紧固。可形成五面封，托盘下部与大气连通。将热缩塑料薄膜套于托盘货品上，然后进行热缩处理，塑料薄膜收缩后，便将托盘货品紧箍成一体。它不仅起到紧固、防止塌垛作用，而且由于塑料薄膜的不透水作用，还可起到防水、防雨的作用，这有利于克服托盘货品不能露天放置、需要仓库的缺点。如图6－35。

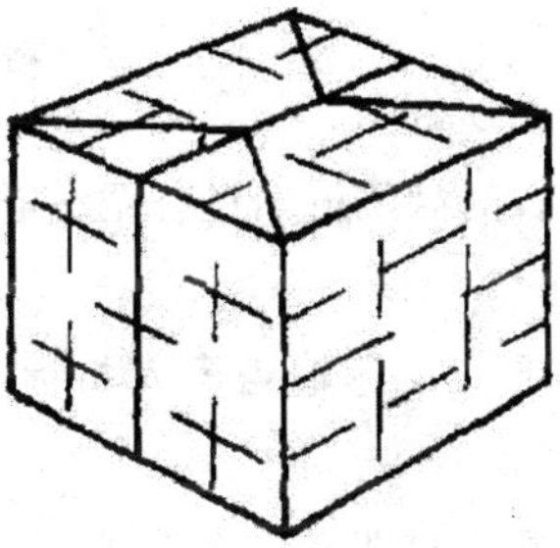

图6－35　收缩薄膜紧固

（10）拉伸薄膜紧固。多用于轻量的集合包装；用拉伸塑料薄膜将货物和托盘一起缠绕包裹，当拉伸薄膜外力撤除后收缩紧固托盘货品形成集合包装件；可形成四面封和五面封，不能完成六面封，因此不能防潮。如图6－36。

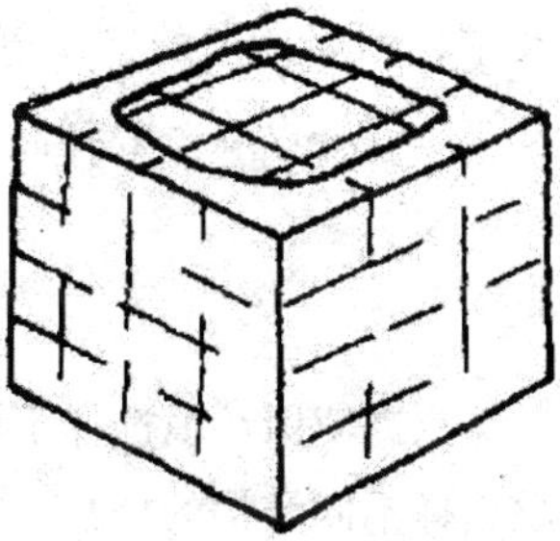

图6－36　拉伸薄膜紧固

6.2.7 托盘联运与专用

1. 托盘联运

托盘联运是托盘的重要使用方式。托盘联运又称一贯托盘运输，其含义是将载货托盘货体，从发货人开始，通过装卸、运输、转运、保管、配送等物流环节，将托盘货体原封不动地送达收货人的一种“门到门”运输方法。

要解决托盘联运问题，必须实行全社会统一的托盘技术标准和托盘管理制度。在联运系统中，托盘可只保留一个数量的归属权，具体托盘则可在联营系统中广泛进行交换，而不强调个别托盘的归属和返盘。

目前，联营共用托盘有以下几种方式。

（1）对口交流方式。有关单位之间签订协议，各单位所属托盘可在若干有关单位之间运营，共同承担接收、回送等义务，到一定时期清算。

（2）即时交换方式。以运输承担人和发货人为双方，当发货人发出一批托盘后，运输承担人则给予发货人同等批量托盘。

（3）租赁方式。托盘由托盘公司所拥有，托盘公司在各地设营业点，货主自己不备托盘，使用时从附近托盘公司租用，接货后空盘就近归还托盘公司，托盘公司拥有全部托盘并调配、维修、更新托盘。

（4）租赁交换并用方式。这种方式是运输当事人与货主之间采用交换方式，而与托盘公司之间采用租赁方式。

（5）结算交换方式。托盘流动方式与即时交换方式程序相同，只是不需在现场交换托盘，通过传票处理，在规定的日期内返还。

2. 托盘专用

按某一领域的要求，在该领域的各个环节，采用专用托盘作为贯通一气的手段，实际上，这是一个小领域的托盘联运。托盘专用可按某一领域的特殊性选择和设计效率最高的专用托盘，而无须照顾社会物流标准化的要求，因而托盘的选择更合理，具有较好的技术经济效果。由于专用托盘的运用，有时要配以专用机具、设施，会降低这些机具设施的使用效率，故限制了它的发展。

3. 托盘的选择与使用

选择托盘时，要记住以下 4 点：①根据使用环境选择不同材质的托盘。②根据具体用途选择不同材质的托盘。③根据具体情况选择不同结构的托盘。④选择合适尺寸的托盘。

案例分析

多特蒙德集装箱到发场有限责任公司的集装箱发展之路①

1989年5月16日成立的多特蒙德集装箱到发场有限责任公司是一家德国铁路私营公司，主要由多特蒙德港口（31.42%股份）、德国铁路货运公司（30%股份）、RehnusGruppe公司（14.28%股份）、Eurogate公司（10.72%股份）等公司组成。其中多特蒙德港口提供土地，德铁组织铁路班列。公司的地理位置优越，可以通过水运、铁路、公路将比利时、荷兰、卢森堡三国的港口和德国港口连接。

成立之初，公司只有5个人，现在则增至24人。现场工人9人，其一是负责技术的组长，另外8人分为2组，分早、晚班工作。公司设有铁路分配部、运输分配部（包括前期任务分配、仓储、重载汽车分配部）、办公室和营销部。建立初期，公司没有先进的计算机系统支持现场操作，工人使用集装箱桥式门吊要对照很大的草图，经过确认后，才能将需换装的集装箱放到集装箱换装场上合理放置，偶尔会发生错误换装。如今，由于业务的扩大，集装箱换装场地由4.3万㎡扩大到9万㎡，换装能力也整体提高了1倍，同时使用了计算机系统操作，精确程度得到了很大提高。

公司的主要业务是集装箱的装卸、保管、出售和修理等，同时办理危险货物集装箱、冷藏集装箱、大型平托盘和特种集装箱的运输、换装与保管。

德国公司的作息时间相对来说比较合理。多特蒙德集装箱到发场有限责任公司现场工人分早、晚班工作，在现场7个半小时的工作分为两部分，主要考虑吊车司机长时间从事吊装任务，腰椎和眼睛比较疲劳，容易产生事故。前3个小时工人操作吊车进行换装集装箱，后3个小时在重载汽车入口处（相当于国内的场区门房）工作，使用公司专用的系统，根据办公室对集装箱的要求、吊车的现工作位置和换装，进行任务分配。

德国工人工资比较高，为节省劳动力，公司的人员基本都是一岗多能。现场的工人往往掌握吊车、叉车、重载汽车等多种机械的操作。办公室人员一般能够互相补充，工作可以互换，这得益于德国良好的培训方式。

公司没有生产集装箱的能力，但利用集装箱换装场的有利地势出售各种集装箱，根据顾客需要，及时将信息反馈给集装箱经营业务伙伴，通过中间差价获得赢利。公司也没有能力修理

---

① http：//wenku. baidu. com/view/1e457e768e9951e79b892733. html，案例一。

集装箱，但将部分场地出租给其他公司，由其他公司代替该公司修理集装箱。这样扩大了公司的业务范围，提高了整体竞争能力。

在 1989 年组建之初，公司换装能力为3 500个集装箱，1990 年为10 200个集装箱，1991 年为26 000个集装箱，1994 年为36 000个集装箱，2004 年为60 000个集装箱。业务的不断增长，得益于集装箱换装场的有利位置和该地区集装箱运量的增长，而该公司由于良好的经营和飞速的发展，被称为“多特蒙德港的珍珠”。

公司拥有90 000m^2 集装箱换装场，同时拥有多特蒙德威斯特豪因茨货物转运站的专用线。公司有 4 股到发线，其中 3 股均为 300 米长、1 股为 400 米长。公司同时拥有多特蒙德港口的 400 多米长码头，该港口是属于多特蒙德至埃姆运河的一部分。公司的任务是：每周 5 次的从多特蒙德港口到不来梅和汉堡的“信天翁”铁路专列运输，Necoss 公司每周 4 次的铁路集装箱专列运输和每周 3 次的船运集装箱任务。

案例点评：

集装箱运输是一种现代化的先进运输方式。由于集装箱运输使货物流通过程中各个环节发生重大改变，被称为 20 世纪的“运输革命”。

复习思考题

1. 采用集装单元的优势是什么？
2. 集装单元作业系统基本包括哪些部分？
3. 物流作业中使用托盘的优势包括哪些？
4. 简述托盘的主要类型。
5. 说明主要的集装箱装卸搬运器具的特征。

第 7 章

装卸搬运机械

学习目的和要求

- 了解装卸搬运机械设备的概念、分类和特点
- 掌握装卸起重机械、运输机械等的系统运用和管理的基本知识
- 熟悉装卸搬运机械设备的配置和选族原则及方法

装卸搬运机械设备一般都是结构简单牢固，作业稳定，造价低廉，易于维修保养，操作灵活方便，安全可靠，能最大程度地发挥其工作能力。不仅可用于完成船舶与车辆货物的装卸，而且还可用于完成库场货物的堆码、拆垛、运输以及舱内、车内、库内货物的起重输送和搬运。大力推广和应用装卸搬运设备，不断更新装卸搬运设备和实现现代化管理，对于加快现代化物流发展，促进国民经济发展，均有着十分重要的作用。随着物流现代化的不断发展，装卸搬运设备将会得到更为广泛的应用。从装卸搬运设备的发展趋势来看，发展多类型的、专用的装卸搬运设备来适应货物的装卸搬运作业要求，是今后装卸搬运设备的发展方向。

7.1 概　　述

装卸搬运机械是用来搬移、升降、装卸和短距离输送货物或物料的机械，是实现装卸搬运机械化、自动化的物质技术基础，是实现装卸搬运合理化、效率化、省力化的重要手段。其主要作用有：提高装卸搬运效率，节约劳动力，减轻劳动强度，改善劳动条件；缩短作业时间，加速车辆周转，加快货物的送达和发出；提高装卸质量，保证货物的完整和运输安全；降低装卸搬运成本；充分利用货位，加速货物周转，减少堆码的面积。

7.1.1 装卸搬运机械的分类

装卸搬运机械的种类繁多，分类方法也很多，为便于管理，常按以下方法进行分类。

（1）按主要用途和结构特征分类，可分为起重机械、输送机械、装卸搬运车辆、专用装卸搬运机械。专用装卸搬运机械指带有专用取物装置的装卸搬运机械，如托盘专用叉车、集装箱装卸桥等。

（2）按作业性质分类，可分为：①装卸机械，即以实现货物垂直方向位移为主的机械，如升降电梯等；②搬运机械，即以实现货物水平方向位移为主的机械，如搬运车辆、输送带等；③装卸搬运机械，即具有装卸和搬运两种功能，如叉车、龙门起重机、跨运车等。

（3）按装卸搬运货物的种类分类，可分为：①长大笨重货物装卸搬运机械。包括轨行式起重机和自行式起重机两类。轨行式起重机如龙门式起重机、板式起重机、轨道起重机，适合于运量较大、货流稳定的货场、仓库等场所；自行式起重机如汽车起重机、轮胎起重机和履带式起重机等，适合于运量不大、作业地点经常变化的场合。②散装货物装卸搬运机械。一般用抓斗起重机、连续输送机等。③成件包装货物装卸搬运机械。一般采用叉车并配以托盘进行作业，也可用牵引车和挂车、带式输送机等。④集装箱货物装卸搬运机械。采用集装箱叉车、集装箱跨运车、集装箱搬运车、龙门起重机等机械。

7.1.2 装卸搬运车辆的配置和选择

（1）根据指标体系进行配置选择。①技术指标：是指搬运车辆的主要性能参数。②经济指标：是指搬运车辆在购置和使用过程中所涉及的费用问题。③组织性指标：是指搬运车辆作业和供货的及时性和可靠性。④适应性指标：是指所选择的搬运车辆在工作时与货物的特性、工作条件、作业性能要求相互适应的程度。⑤人机关系指标：是指搬运车辆的各种参数和参作人员的协调性问题，反映的是搬运车辆操作的舒适性。

（2）根据使用条件进行配置选择。使用条件包括：①作业场合；②作业性质；③作业的配套性；④搬运距离；⑤搬运作业量。

7.2 叉　　车

中华人民共和国国家标准物流术语（GB/T 18354—2006）对叉车（Fork lift Truck）的定义是：具有各种叉具，能够对货物进行升降和移动以及装卸作业的搬运车辆。实际生活中，叉车又称为铲车，是物流领域中应用最广泛的装卸搬运设备。它以货叉作为主要的取货装置。叉车的前部装置装有标准货叉，可以自由地插入托盘取货和放货，依靠液压、发动机等装置升降货物，由滚轴、轮胎等行驶系统实现货物的水平搬运。叉车除了使用货叉以外，通过配备其他装置（即叉车属具）后，还能用于散货和多种规格品种货物的装卸作业。

7.2.1 叉车的特点①

叉车除了能够减轻装卸工人繁重的体力劳动、提高装卸效率、缩短车辆停留时间、降低装卸成本以外，它还有以下特点和作用。

（1）通用性强：在物流的各个领域如仓库、车站、码头和港口等场所都有所应用。如果叉车和托盘配合，它的应用范围更广，更可以提高作业效率。

（2）机械化程度高：将装卸和搬运两种作业合二为一，使用各种自动取物装置或在货叉与货板配合情况下，可实现装卸工作完全机械化，不需要工人的辅助体力劳动，作业效率高。

（3）机动灵活性好：叉车外形尺寸相对较小、重量轻，可机动地与其他起重运输机械配合工作，能在作业区域内任意调动，适应货物数量及货流方向的改变。

（4）可以“一机多用”：在配备和使用各种取货装置如货叉、铲斗、臂架、吊杆、货夹、抓取器等的条件下，可以适应各种品种、形状和大小货物的装卸作业。

7.2.2 叉车的类型②

1. 叉车的分类

现在世界上主要的叉车生产商均可提供数百种规格的产品，所以它有很多种分类。

（1）按举升高度，可分为：①低举升叉车。举升高度在 100 ~ 150mm，由操作者站立操作，手动低举升叉车由人力做水平及垂直的移动，而电动低举升叉车以电瓶提供动力做举升及搬运动作。②高举升叉车，举升高度可达 12m。

（2）按所用动力，可分为：①内燃机式叉车。又有汽油内燃叉车和柴油内燃叉车之分，前者多用于 1 ~ 3t 的起重载荷，后者多用于 3t 以上的起重载荷。②蓄电池式叉车。一般用于 2t 以下的起重载荷。

（3）按结构特点，可分为平衡重式、前移式、插腿式、伸缩臂式、侧面叉车等。

（4）按使用环境，通常可将其分为：①室外用的叉车。通常为大吨位柴油、汽油或液化气叉车，如用于码头或者集装箱转运站的集装箱叉车、吊车。②室内叉车。室内叉车基本为电瓶车。

---

① http：//common. ceac. gov. cn：66/upload/fileinfos/10001201305202223371963. doc，仓储设施与设备。

② http：//common. ceac. gov. cn：66/upload/fileinfos/10001201305202223371963. doc，仓储设施与设备。

2. 叉车的类型

叉车通常可分成如下4个系列。

(1) 低举升托盘叉车

行走速度通常限制在5km/h以下，单向搬运距离在100m以内。可以分为手动液压托盘叉车和电动托盘叉车两种。

①手动液压托盘叉车（Pallet Trucks）。俗称“地牛”，具有升降平衡、转动灵活、操作方便等特点。由于不产生火花和电磁场，因而特别适用于汽车装卸及车间、仓库、码头、车站、货场等地的易燃、易爆和禁火物品的装卸运输。如图7-1所示。

图7-1 手动液压托盘叉车

②电动托盘叉车（Support Arm Stacker）。又分为电动液压托盘叉车和全电动托盘叉车两种。电动液压托盘叉车，为“电动行走，液压起升”；全电动托盘叉车，为“电动行车，电动起升”。两种叉车配上加长型货叉可同时搬运两个或四个托盘，均适用于中等重量的短距离运输。

(2) 平衡重式叉车（Electric Counter Balance Truck）

平衡重式叉车的货叉位于前轮中心线以外，尾部安装平衡重，是为了克服货物产生的倾覆力矩。门架可前后移动，前移时便于货叉插入，方便取货或卸货，取货后门架后倾以便在运行中保持货物的稳定。平衡重式叉车是使用范围最广的叉车，适用于在露天货场作业，一般采用充气轮胎，运行速度较快，爬坡能力较好。

在结构上，平衡重式叉车主要由发动机、底盘（包括传动系、转向系、车架等）、门架、叉架、液压系统、电气系统及平衡重等部分组成。叉车门架一般为两级，起升高度为2~4m。当堆垛很高而叉车总高受到限制时，可采用三级或多级门架。货叉的升降及门架的倾斜，均采用液压驱动；一般提升油缸配合起重滑轮、链条可使货叉加速升降。根据车轮的数量，平衡重式叉车可分为三轮与四轮，根据驱动轮的位置可分为后轮驱动与前轮驱动，根据动力分为内燃机式、蓄电池式、柴油/汽油式等。如图 7－2 所示。

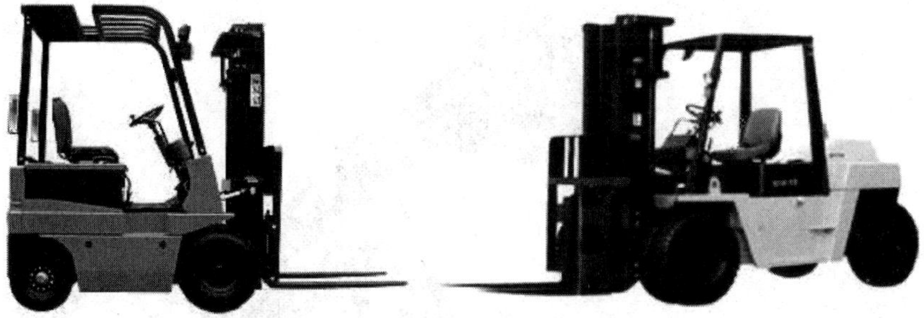

图 7－2　内燃机式叉车（左）和蓄电池式叉车（右）

（3）前移式叉车

前移式叉车结合了有支撑臂的电动堆垛机与无支撑臂的平衡重叉车的优点，使得在保证操作灵活性及高荷载性能的同时，体积与自重不会增加很多，可最大限度节省作业空间。当门架（欧洲设计多为门架前伸，美国设计多为货叉前伸）前伸至顶端，荷载重心落在支点外侧，此时相当于平衡重叉车；当门架完全收回后，荷载重心落在支点内侧，此时即相当于电动堆垛机。如图 7－3 所示。

图 7－3　前移式叉车

（4）高架堆垛机（High Rack Stacker）

高架堆垛机的驾驶舱作为主提升随门架同时上升，称为上人式高架堆垛机，其优点是在任何高度都可以保持水平操作视线，保证最佳视野以提高操作安全性。同时由于操作者可以触及货架任何位置的货物，故可以同时用于拣货及盘点作业。高架堆垛机在通道内有磁导及机械式导引两种方式保持直线行驶。磁导必须在巷道中央切割埋上磁导线，容易破坏地坪并且不易搬迁调整；机械式导引需与货架配合，在巷道的两侧安装钢轨，通过车身导轮及其他辅助装置导入巷道。如图 7 - 4 所示。

图 7 - 4　高架堆垛机

各个类型的叉车尽管在功能上可能有某些重合，但均有其最适用的场合与环境。

7.2.3　叉车的总体结构[①]

不同的叉车虽然在结构上有一定的差异，但其基本结构大致由动力设置、起重工作装置、叉车底盘和电器设备四部分组成。

1. 动力装置

动力装置为叉车的各工作机构提供动力源，保证叉车工作装置装卸货物和叉车正常运行所需要的动力；其基本形式有内燃叉车和电动叉车两大类型。

2. 起重工作装置

起重工作装置由以下两部分组成。

（1）工作装置：直接进行装卸作业，完成货物的叉取、卸放、升降、堆码作业，主要由外门架、内门架、叉架、货叉、链条和导向滑轮等组成。

（2）液压控制系统：把发动机（或电动机）的能量传递给叉车的工作装置，以便实现货物的起升和门架的前、后倾斜；主要由油泵、安全阀、分配阀、工作油缸、节流阀、油箱、滤清器和油管等组成。其中，油泵是将机械能转换成液体压力能的机构；油缸是将液体压力能转换成机械能的机构；安全阀、分配阀、节流阀是控制液体的压力、流量和流动方向的机构；油

① http：//club. 1688. com/article/18874987. html，叉车的总体结构组成。

箱、滤清器和油管是保证液压系统可靠、稳定、持久工作的机构。

3. 叉车底盘

叉车底盘由以下四部分组成。

(1) 传动系统：将动力装置发出的动力高效、经济、可靠地传给驱动车轮；必须具有改变速度、改变扭矩和改变行驶方向等功能。

(2) 转向系统：改变叉车的行驶方向或保持叉车直线行驶；转向形式有机械式转向、液压助力转向和全液压转向三种。

(3) 制动系统：使叉车能够迅速地减速或停车，并使叉车能够稳定地停放在适当的地方，防止溜车。一般包括两套独立的制动装置，即：①行车制动装置，保证叉车在行驶过程中适当减速或停车，它的每个车轮都装有车轮制动器，其操纵装置可分为机械式、液压式和气压式。②驻车制动装置，保证叉车原地停驻，并有助于在坡道上起步。驻车制动系统还可在紧急制动时与行车制动系统同时使用，或当行车制动系统失灵时紧急使用。

(4) 行驶系统：一般由车桥、车架、车轮和悬架等部分组成。作用有：承受并传递作用在叉车车轮和路面间的力和力矩；缓和路面对叉车的冲击；减轻叉车行驶时的振动。

4. 电器设备

电器设备包括发电设备和用电设备，主要有发电机、起动机、蓄电池、照明、仪表等。

7.2.4 叉车的主要技术参数

叉车参数有：①起重能力；②最大起升高度；③车体高度；④最小转弯半径。用来反映叉车的结构特征和工作性能的参数，包括性能参数、尺寸参数、质量参数等。

叉车的主要参数具体示例如下。

(1) 额定起升质量：指用货叉起升货物时，货物重心至货叉垂直段前壁的距离不大于载荷中心距时，允许起升货物的最大质量。额定起升质量系列有 0.5T、0.75T、1.0T、1.5T、2.0T、3.0T、4.0T、5.0T、8.0T、10T、12T、15T、16T、20T、25T、32T、40T 等。

(2) 载荷中心距：指在货叉上放置标准质量的货物、确保叉车纵向稳定时，其中心至货叉垂直段前壁间的水平距离。

(3) 最大起升高度：指叉车在平坦坚实的地面上，满载、轮胎气压正常、门架直立，货物升至最高时，货叉水平段的上表面至地面的垂直距离。

(4) 门架倾角：指无载叉车在平坦、坚实的地面上，门架相对其垂直位置向前和向后倾斜的最大角度。

(5) 最大起升速度：通常指叉车在坚实的地面上满载时，货物举升的最大速度。

（6）最大运行速度：指满载时在干燥、平坦、坚实的地面上行驶时所达到的最大速度。

（7）满载最大爬坡度：指满载时在干燥、坚实路面上，以低速档等速行驶所能爬越的最大坡度。

（8）最小转弯半径：指叉车在空载低速行驶、转向轮处于最大偏转角时，瞬间转向中心距叉车纵向中心线的距离。

（9）最小离地间隙：指车体最低点与地面的间隙。

（10）直角通道最小宽度：指可供叉车往返行驶的、成直角相交的通道的最小理论宽度。

（11）堆垛通道最小宽度：指叉车在正常作业时，通道的最小理论宽度。

（12）回转通道最小宽度：指可供叉车掉头行驶的直线通道的最小理论宽度。

（13）最大高度和宽度：是决定叉车能否进入仓库、集装箱、船车内进行作业的参数。

7.2.5 叉车属具

由于货物形状和尺寸的差异，需要配备多种叉车属具以提高叉车的通用性，扩大叉车的使用范围，保证作业安全，减少工人的劳动强度，提高叉车的作业效率，保证生产安全。叉车属具是一种安装在叉车上满足各种物料搬运和装卸作业特殊要求的辅助机构，使得叉车成为具有叉、夹、升、旋转、侧移、推拉、倾翻等多用途和高效能的物料搬运工具。例如使用纸卷夹搬运纸卷，可以大大降低、避免纸卷的破损，如果使用不带纸卷夹的叉车，纸卷的破损率为15%，对于用纸量大、纸质量高的包装企业，只需在较短时间内就可以收回属具投资，此后所避免的15%破损率可大大降低企业生产成本。

1. 叉车属具的种类

（1）货叉套：套在货叉上，用来增加承载长度的构件。

（2）串杆：插在货物中的棒状属具。

（3）吊钩：安装在货叉或串杆上用于吊货物的起重钩。

（4）起重臂：用于起重作业的臂架和吊钩。

（5）倾翻货叉：与挡货架一起倾翻的货叉。

（6）铰接倾翻货叉：挡货架不动而单独进行倾翻的货叉。

（7）摆动货叉：用于装卸筒形货物，绕货叉上部铰点可以左右摆动的货叉。

（8）侧移货叉：货叉梁能横向移动的属具。

（9）间距可调货叉：间距可用液压缸进行调整的货叉。

（10）前移货叉：货叉能相对于门架前后移动的属具。

（11）推出器：可将货物从货叉上推出的属具。

（12）夹持器：夹持货物的属具。

（13）载荷稳定器：压住货叉上的货物，以防其倒塌滑落的属具。

（14）倾翻斗：装卸散状物料用的属具。

（15）推拉器：可将货物连同滑板一起进行装卸的属具。

（16）集装箱吊具：吊装挂运集装箱用的属具。

（17）回转货叉：货叉梁及货叉可绕水平轴回转的属具。

（18）回转夹持器：可绕水平轴回转的夹持货物的属具。

（19）三向货叉：可以在叉车前方和左右两侧装卸货物的属具。

2. 常用的叉车属具

（1）货叉：是叉车最常见的属具，是叉车重要的承载构件。货叉的形状呈L形，水平段用来叉取并承载货物，水平段的上表面平直、光滑、便于承载。下表面的前端略有斜度，叉尖较薄较窄、两侧带有圆弧，便于叉取货物。货叉的垂直段与滑架连接。如果需要搬运体积大、质量轻的大件货物，须换用加长货叉或在货叉上套装加长套。中小型叉车一般采用挂钩型货叉，大型叉车一般采用铰接型货叉，以提高承载能力。货叉经常与托盘配合使用以提高叉车的作业效率。

（2）吊架：通常采用的是可变幅度吊架，通过移动吊钩来吊取货物；适用于货物在装卸时不便于叉取。

（3）夹持器：由两个夹臂夹持货物，实现无托盘作业。夹持器的夹臂有直角形和圆弧形两种：直角形夹臂的内侧为平面，适合搬运箱类和软包；圆弧形夹臂的内侧为弧面，适合于搬运筒形和卷材。

（4）集装箱吊具：对于20t以上的集装箱必须使用集装箱吊具吊装，否则，会造成集装箱的变形及损坏；可分为吊装空箱的侧吊架和吊装满箱的顶吊架。

（5）串杆：用串杆搬运空心的筒状货物。

7.2.6 叉车的选用①

1. 如何选用叉车

叉车车型和配置的选择一般要从以下三个方面考虑：作业功能、作业要求、作业环境。

（1）作业功能：分为水平搬运、堆垛/取货、装货/卸货、拣选等基本作业功能。根据企业所要达到的作业功能，可以从上面介绍的车型中初步确定叉车车型和配置。特殊的作业功能会

① http：//common. ceac. gov. cn：66/upload/fileinfos/10001201305202223371963. doc，仓储设施与设备。

影响到叉车属具的具体配置，如搬运的是纸卷、铁水等，则需要安装相应属具。

（2）作业要求：包括托盘或货物规格、提升高度、作业通道宽度、爬坡度等一般作业要求，还需要考虑作业效率（不同的车型其效率不同）、作业习惯（如习惯坐驾还是站驾）等。

（3）作业环境：如果是在冷库中或是在有防爆要求的环境中，叉车的配置也应该是冷库型或防爆型的。企业需要搬运的货物或仓库环境对作业环境有要求，在选择车型和配置时应有所考虑。

即使完成以上步骤的分析，仍然可能有几种车型同时都能满足上述要求。此时需要注意以下几个方面。

（1）不同的车型，工作效率不同，那么需要的叉车数量、司机数量也不同，会导致一系列成本发生变化。

（2）如果叉车在仓库内作业，不同车型所需的通道宽度不同，提升能力也有差异，由此会带来仓库布局的变化，如货物存储量的变化。

（3）车型及其数量的变化，会对车队管理等诸多方面产生影响。

（4）不同车型的市场保有量不同，其售后保障能力也不同。例如：低位驾驶三向堆垛叉车和高位驾驶三向堆垛叉车同属窄通道叉车系列，都可以在很窄的通道内（1.5～2.0 米）完成堆垛、取货。但是前者驾驶室不能提升，因而操作视野较差，工作效率较低。由于后者能完全覆盖前者的功能，而且性能更出众，因此在欧洲后者的市场销量比前者多出 4～5 倍，在中国则达到 6 倍以上。在市场销量很少时，低位驾驶三向堆垛叉车的售后服务的工程师数量、工程师经验、配件库存水平等服务能力就会相对较弱。

2.4 种类型的叉车及适用场合

现对 4 种类型的叉车，分析一下其特点及其适用的场合。

（1）低举升托盘叉车。该种叉车优点明显，即使用范围非常广。该种叉车又分手动液压托盘叉车和电动托盘叉车两种。

①手动液压托盘叉车。小巧灵活的体型使手动托盘叉车几乎适用于任何场合。通常用于 15m 左右的短距离频繁作业，尤其是装卸货区域。

②电动托盘叉车。当平面搬运距离在 30m 左右时，步行式的电动托盘叉车无疑是最佳选择。它的行驶速度通过手柄上的无级变速开关控制，跟随操作人员步行速度的快慢，在降低人员疲劳度的同时，保证了操作的安全性。如主要搬运路线距离在 30m 以上至 70m 左右时，可以采用带折叠式踏板的电动托盘叉车，驾驶员站立驾驶，最大速度可提高近 60%。

（2）平衡重叉车。该种叉车是使用最广泛、用量最大的一个系列。无论是三轮平衡重叉车、四轮平衡重叉车、电动平衡重叉车、柴油平衡重叉车，车身尺寸与重量都很大，需要较大的作业空间。货叉直接从前轮的前方叉取货物，对容器没有任何要求，底盘较高，使用橡胶胎或充气胎，使其具有很强的爬坡能力与地面适应能力。

(3) 前移式叉车。该种叉车自重轻，适用于在车间、仓库内工作。最具效益的操作高度为6~8m，相当于建筑物高度在10m左右，此高度也是目前最常见的卖场、配送中心、物流中心、企业中心仓库的建筑高度。

(4) 高架堆垛机（Very Narrow Aisle，VNA）。如果仓库面积较小、高度较高，因而需要很大的储存量及较高的搬运效率时，若不想在自动仓库上花费巨大的投资，那么高架堆垛机是唯一也是最佳的选择。其最主要的特点是货叉可作三向旋转，或直接从两侧叉取货物，在巷道中无须转弯，所需的巷道空间是最小的；最大提升高度超过14m，巷道宽度通常在1 600mm左右，载重量最大为1.5t，在烟草、制药、电子电器等行业使用普遍。

7.3 自动导引搬运车

根据美国物流协会定义，自动导引车（Automated Guided Vehicle，AGV）是指装备有电磁或光学导引装置，能够按照规定的导引路线行驶，具有小车运行和停车装置、安全保护装置以及具有各种移载功能的运输小车。

《中华人民共和国国家标准物流术语》（GB/T 18354—2006）将AGV定义为：AGV具有自动导引装置，能够沿设定的路径行驶，在车体上具有编程和停车选择装置、安全保护装置以及各种物品移载功能的搬运车辆。多台AGV小车在控制系统的统一指挥下，组成一个柔性化的自动搬运系统，称为自动导引车系统，简称AGVS。

按照导引原理的不同，AGV分为外导式和自导式两大类型。外导式（固定路径导引）是在运行路线上设置导向信息媒介，如导线、色带等，由于车上的导向传感器检测接收到导向信息（如频率、磁场强度、光强度等），再将此信息经实时处理后用以控制车辆沿运行线路正确的运行。自导式（自由路径导引）采用坐标定位原理，即在车上预先设定运行作业路线的坐标信息，并在车辆运行时，实时地检测出实际的车辆位置坐标，再将两者比较、判断后控制车辆导向运行。

7.3.1 AGV的基本结构①

AGV是一种自动搬运小车，由机械系统、动力系统和控制系统三大部分构成。

---

① http：//wenku. baidu. com/view/6032f8d084254b35eefd3438. htmlAGV。

图 7-5 自动导引车

1. 机械系统

包括车体、车轮、移载装置、转向装置和安全保护装置五大部分，其中车体有车架和相应的机械装置组成，是 AGV 的基础部分，也是其他总成部件的安装基础；移载装置与所载货物直接接触，是实现货物转载的装置；转向装置接受导引系统的方向信息，通过转向装置实现转向动作；安全保护装置包括对 AGV 本身的保护、对人或其他设备的保护等方面。

2. 动力系统

包括运行电动机、转向电动机、移载电动机、蓄电池和充电装置。运行电机是整个动力系统的主要部分，是动力的来源；转向电机可带动车轮实现转向；移载电机是用于转载货物的动力源；蓄电池和充电装置是系统能量的源头，现已经实现混合动力形式。AGV 常采用 24V 或 48V 直流蓄电池为动力，蓄电池供电一般应保证连续工作 8 小时以上。

3. 控制系统

包括信息传输及处理装置、驱动控制装置、转向控制装置、移载控制装置、安全控制装置等。AGV 的驱动装置由车轮、减速器、制动器、驱动电机及速度控制器等部分组成，是控制 AGV 正常运行的装置。其运行指令由计算机或人工控制器发出，将电源接通驱动电机速度控制器。其运行速度、方向制动的调节分别由计算机控制。为了安全，在断电时制动装置能靠机械实现制动。车上控制器接受控制中心的指令并执行相应的指令，同时将本身的状态（如位置、速度等）及时反馈给控制中心。通信装置实现 AGV 与地面控制站及地面监控设备之间的信息交换。信息传输与处理装置主要功能是对 GV 进行监控，监控 AGV 所处的地面状态，并与地面控制站实时进行信息传递。

其各个部件分布如图7-6所示。

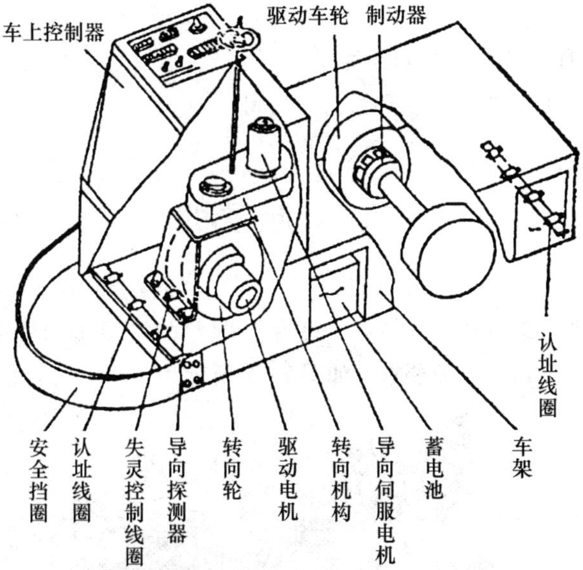

图7-6 AGV的结构组成

AGVS的控制方式一般可分为三级控制方式。①中央控制计算机：是整个系统的控制指挥中心，它与各区域内的地面控制器进行通信，地面控制器接受中央控制计算机的管理。②地面控制器：负责对区域内的业务情况进行监控管理，如监视现场设备的状况，统计AGV利用率、小车交通管制、跟踪装载、制定目标地址、实时存储小车的地址并将AGV的位置与装载物的类型、数量传输给区域主计算机。③车上控制器：解释并执行从地面控制器（站）传送来的指令，实时记录AGV的位置，并监控车上的安全装置。

7.3.2 AGV的主要技术参数①

（1）额定载重量：所能承载货物的最大重量。范围在50～20 000kg，以中小型吨位居多。

（2）自重：指AGV与电池加起来的总重量。

（3）车体尺寸：指车体的长、宽、高外形尺寸，与所承载货物的尺寸和通道宽度相适应。

（4）停位精度：指AGV小车到达目的地址处并准备自动移载时所处的实际位置与程序设定的位置之间的偏差值。此参数是确定移载方式的主要依据，不同移载方式要求不同精度。

（5）最小转弯半径：是确定车辆弯道运行所需空间的重要参数，是指AGV小车在空载低

① http：//wenku. baidu. com/view/6032f8d084254b35eefd3438. html，AGV。

速行驶，偏转程度最大时，瞬时转向中心到 AGV 小车纵向中心线的距离。

（6）运行速度：是确定车辆作业周期和搬运效率的重要参数，是指在额定载重下行驶时所能达到的最大速度。

（7）电池电压：有 24V 和 28V 两种类型。

（8）工作周期：完成一次工作循环所需的时间。

7.4 起重机

起重机是一种常见的装卸搬运机械，主要用来实现货物的垂直升降运动和水平移动，以满足货物的装卸、搬运、转载等作业要求。如图 7－7 所示。

图 7－7　起重机

7.4.1 起重机的总体结构

起重机包含以下 5 大结构。

（1）基本骨架——刚架结构。刚架结构主要用来布置和安装起重机的各工作机构及一些分散的零部件，承受各种载荷。

（2）实现升降及水平移动货物——工作机构。工作机构包括如下 4 大部分：①起升机构：是起重机最基本、最主要的机构，用来升降货物。②变幅机构：使吊具移动以改变吊钩中心线与起重机回转中心轴线之间距离的机构。③回转机构：使起重机的回转部分相对非旋转部分实现旋转运动的装置，使被起升的货物在水平面内实现搬运作业。④运行机构：也称为行走机构，使起重机本身或起重机的载重小车沿一定轨道或路面行走的机构。

（3）动力设备——驱动装置。驱动装置是驱动各工作机构动作的机构。它是起重机的重要组成部分，在很大程度上决定着起重机的工作性能和构造特征。其重量、投资和运行费用对起重机经济指标有很大的影响。

（4）控制动作——控制系统。控制系统是控制各工作机构进行相应动作的机构。通过控制系统来改变起重机的运动特性，以实现各机构的起动、调速、变向、制动及停止等动作，从而完成起重作业任务。

（5）避免事故——安全装置。在起重机上装有各种起重机安全装置，如防止超载的负荷限制器、防止起重机被大风吹走的起重机夹轨器等。设置安全装置的目的是避免引起重大的人身事故和经济损失。

7.4.2 起重机的主要技术性能参数

（1）起重量：起重机起吊重物的质量称为起重量，单位为kg或t；已规定了系列标准；额定起重量是指起重机在正常使用的工况下安全作业所容许起吊货物的最大质量。

（2）起升高度：是指起重机工作场地地面或起重机运行轨道顶面到取物装置上极限位置之间的垂直距离，单位为m。

（3）幅度和跨度：幅度（或工作幅度）是指回转类起重机旋转中心到取物装置中心线之间的水平距离，跨度是指桥式起重机大车运行轨道中心线之间的水平距离；单位均为m。

（4）起重力矩：起重机的工作幅度与相应于该幅度下的起重量的乘积称为起重力矩。

（5）工作速度：起重机的工作速度主要是指如下4种速度：①起升速度，是指取物装置或物品的上升（或下降）速度；②变幅速度，指取物装置或物品从最大幅度到最小幅度沿水平方向移动的平均速度；③旋转速度，指起重机上部旋转部分相对于下部固定部分的旋转速度；④运行速度，指起重机本身的行走速度。

（6）整车整备质量：指起重机处于工作状态无起吊货物时本身的全部质量。

7.4.3 起重机的分类

起重机按用途可分为通用起重机、建筑起重机、冶金起重机、港口起重机、铁路起重机、造船起重机、甲板起重机、仓储起重机等。

起重机按构造特征可分为桥式类型起重机和臂架类型起重机、旋转式起重机和非旋转式起重机、固定式起重机和运行式起重机等。

起重机的所有类型如图7－8所示。

下面介绍一下常用的起重机①。

1. 梁式起重机

（1）特点：在桥架上设有可沿桥架上的轨道行走的起重小车，桥架支承在建筑物两边的

---

① http：//wenku.baidu.com/view/d49b6c69aaea998fcc220e97.html，起重堆垛机械。

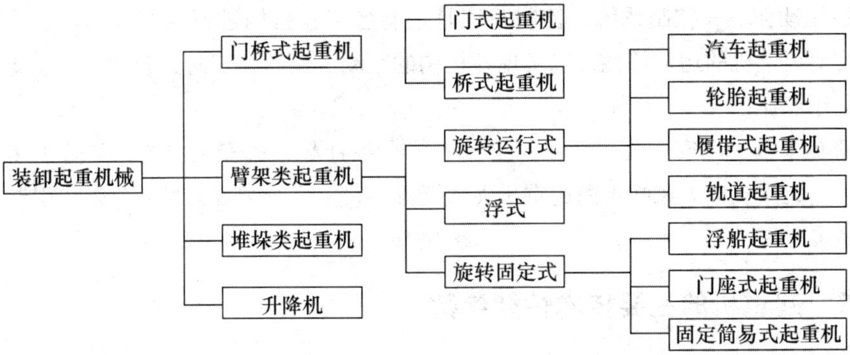

图7－8　起重机的类型

高架轨道上，并能沿轨道行走的一种桥架型移动式起重机。依靠桥架沿厂房轨道的纵向移动、起重小车的横向移动以及吊钩装置的升降运动来进行工作。主要由大车运行机构、起重小车、电控装置及桥架等组成。全部动作由电控装置来控制。如图7－9所示。

图7－9　梁式起重机

（2）适用范围：主要适用于用于仓库的装卸作业和车间的起重作业。

2. 门式起重机

（1）特点：桥架类似于门架，门架是由主梁和在地面运行的支腿组成，大车由电动机控制沿地面上的轨道运行，起重小车也由电动机控制沿门架主梁上的轨道横向运行。大车和小车都带载运行，在吊、运物品时，同时动作，运行速度一般不高，小车运行速度为40m/min以下，大车运行速度一般为60～90m/min，起升速度一般为40m/min以下。如图7－10所示。

（2）适用范围：主要适用于室外，进行单件和成组的长大笨重物品的吊运、装卸等作业。通常起重量在50t以上，跨度通常在4～35m。

图 7－10　各种门式起重机

3. 岸边集装箱装卸桥

（1）特点：①装卸效率高；②起重量较大，采用抓斗等自动夹具作为取物装置，起重量一般在 30t 以下；③工作速度较高，起升速度大于 60m/min，小车运行速度在 120～360m/min。与龙门起重机最大的区别在于其跨度大，工作速度快，工作效率高。

（2）适用范围：主要用于港口码头、车站等场合进行集装箱的装卸和搬运。如图 7－11。

图 7－11　岸边集装箱装卸桥

4. 汽车起重机

汽车起重机即在通用或专用载货汽车底盘上，装上起重工作装置及设备的起重机。如图 7－12。

图 7－12　汽车起重机

（1）特点：优点是利用了汽车底盘，具有汽车的通过性好、机动灵活、行驶速度快、可快速转移作业地点，到达目的地能快速投入工作；制造容易且较经济。缺点是汽车车身较长，转弯半径较大，只能在起重机的两侧和后方进行作业。

（2）适用范围：特别适用于流动性大、作业场所不固定的场合。

5. 轮胎起重机

轮胎起重机即将起重工作装置和设备装设在专门设计的自行轮胎底盘上的全旋转动臂式起重机。如图7－13。

图7－13　轮胎起重机

（1）特点：总体布置不受汽车底盘的限制，其轮距较宽，稳定性好；轴距小，车身短小，转弯半径小，适用于狭窄的工作场所；可前、后、左、右四面工作，在平坦的地面上可不用支腿吊重，并且可吊重慢速行驶。

（2）适用范围：适用于作业场所狭窄且相对固定的场合。

表5－1　　汽车起重机与轮胎起重机的区别

项目	汽车起重机	轮胎起重机
底盘	通用汽车底盘或专用汽车底盘	专用底盘
行驶速度	汽车原有速度，一般50km/h以上	≤30km/h
起吊性能	吊重时一般不能行走，在侧后方工作	能吊重行走，四周方向均能作业
驾驶室	除原有驾驶室外，回转平台上再设一个操纵室	只有一个驾驶室，一般设在回转平台上
支腿位置	前支腿位于前桥后	支腿一般位于前、后轮外侧

续表

项目	汽车起重机	轮胎起重机
行驶性能	转弯半径大，越野性差，机动性差，载荷符合道路运输法规要求	转弯半径小，机动性好
使用特点	能经常作较长距离的转移	工作场地相对固定，在公路上移动较少
发动机	中小型起重机用汽车原有发动机作起重的动力，大型起重机需在回转平台上再增加一台发动机	不论大中小型，只用一台发动机，设在回转平台上，或在底盘上，其功率以满足起重作业为主

6. 履带式起重机

履带式起重机是将起重工作装置和设备装设在履带式底盘上，靠行走支撑轮在自身封闭的履带上滚动运行的起重机。如图7－14所示。

（1）特点：与轮胎式起重机相比，履带对地面平均压力小，爬坡能力强，牵引性能好。

（2）适用范围：适合在松软、泥泞的恶劣地面上进行作业。

图7－14　履带式起重机

7. 门座起重机

门座起重机是装在沿地面轨道行走的门形底座上的全回转臂架起重机。如图7－15所示。

（1）特点：工作地点相对比较固定，是码头前沿的通用起重机械之一；能以较高的生产率完成船—岸、船—车、船—船之间等多种装卸作业。

（2）适用范围：适合于码头前沿工作范围较大的万吨级海轮的装卸。

图 7－15　门座起重机

8. 其他起重机

（1）固定简易式起重机：简单起重机械，一般只作升降运动或一个直线方向的运动，只需要具备一个运动机构，而且大多数是手动的，如绞车、葫芦等。如图 7－16。

图 7－16　固定简易式起重机

（2）浮式起重机：以专用浮船作为支承和运行装置，浮在水上作业，可沿水道自航或拖航的水上臂架起重机。它广泛应用于海河港口，可单独完成船—岸间或船—船间的装卸作业。浮式起重机根据其工作装置的工作特性可分为全回转浮式起重机、非全回转浮式起重机和非回转浮式起重机三种类型。如图 7－12。

图 7－17　浮式起重机

7.4.4　起重机的类型选择与主要技术参数选择[①]

起重机类型的选择要考虑如下几个要素。

（1）物料搬运的场所。应用场合不同，所需的类型就有所不同。如为仓库或车间，则主要应考虑选择桥式起重机；在露天货场、车站等，就考虑选择龙门式起重机；若是港口码头，应根据作业对象选择不同类型的专用或通用机械。

（2）货物种类。

（3）起重机作业性质等。

起重机的主要技术参数选择如下。

（1）额定起重量的确定。一般以起重机工作过程中可能遇到的最大起吊物的重量来确定，在选择该参数时留有一定的富余量。

（2）起升高度的选择。无论何地选择起升高度，都要符合国家关于起重机的起升高度标准，考虑使用过程中起重机所要越过的障碍物高度和起吊物品所需要的最大高度，考虑取物装置本身的高度和钢丝绳的悬挂长度等。室内时起升高度的选择还要受到厂房高度的限制。

（3）跨度的选择。一般根据厂房工作需要或场地进行确定。

（4）幅度的选择。主要根据作业需求和起重机工作范围来确定，并符合起重机有关幅度的标准系列。

（5）工作速度的选择。应综合考虑多方面的因素。起重机的工作效率与各个机构的工作速度有直接的关系，当起重量一定时，工作速度越高，生产率就越高；但速度太高也会给起重机带来诸多不利因素，如惯性增大，起动和制动时引起的动载荷增大，机构的驱动功率相应增大，结构强度应相应增加。

---

① http：//wenku. baidu. com/view/d49b6c69aaea998fcc220e97. html，起重堆垛机械。

案例分析

云南双鹤医药的装卸搬运成本分析[①]

云南双鹤医药有限公司是北京双鹤这艘医药航母部署在西南战区的一艘战舰，是一个以市场为核心、现代医药科技为先导、金融支持为框架的新型公司，是西南地区经营药品品种较多、较全的医药专业公司。虽然云南双鹤已形成规模化的产品生产和网络化的市场销售，但其流通过程中物流管理严重滞后，造成物流成本居高不下，不能形成价格优势。这严重阻碍了物流服务的开拓与发展，成为公司业务发展的“瓶颈”。

装卸搬运活动是衔接物流各环节活动正常进行的关键，而云南双鹤恰好忽视了这一点，由于搬运设备的现代化程度低，只有几个小型货架和手推车，大多数作业仍处于人工作业为主的原始状态，工作效率低，且易损坏物品；另外仓库设计得不合理，造成长距离的搬运；并且库内作业流程混乱，形成重复搬运，大约有70%的无效搬运，这种过多的搬运次数，损坏了商品，也浪费了时间。

案例点评：

云南双鹤医药的装卸搬运成本案例，表明装卸搬运活动是衔接物流各环节活动正常进行的关键，从云南双鹤医药的装卸搬运成本案例不难看出，装卸搬运应减少操作次数，提高装卸搬运活性指数，实现装卸作业的省力化等等。

复习思考题

1. 什么是装卸搬运设备？
2. 装卸起重设备包括哪些类型？
3. 简述装卸起重设备的选型规律。
4. 简述不同种类装卸起重设备的特点。
5. 叉车的主要用途是什么？
6. 叉车合理选用应考虑哪些影响因素？
7. 如何综合评价自动导引搬运车的性能？
8. 自动导引搬运车的主要结构是什么？

---

① http：//wenku. baidu. com/view/cd71e06b011ca300a6c39042. html，第四章。

第 8 章

普通与专用货运汽车

学习目的和要求

- 熟悉货车的类型
- 掌握货车的不同类型的不同用途
- 掌握货车的选用

汽车是用于物流领域完成道路运输任务的主要物流技术装备。载货汽车一般称作货车，又称作卡车，指主要用于运送货物的汽车，有时也指可以牵引其他车辆的汽车，属于商用车辆类别；包括自卸卡车、牵引卡车、非公路和无路地区的越野卡车和各种专为特殊需要制造的车辆（如机场摆渡车、消防车和救护车、油罐车、集装箱牵引卡车等）。绝大部分货车都以柴油引擎作为动力来源，但有部分轻型货车使用汽油、石油气或者天然气。货车通常由发动机、底盘、车身、电气设备四个部分组成。国家标准《汽车和挂车类型术语及定义》将货车归入商用车大类，并将其细分为普通货车、多用途货车、全挂牵引车、越野货车、专用作业车和专用货车。

在物流领域，货运汽车按用途和使用条件可分为两大类：①普通货运汽车，是指具有栏板式车辆、用于运载各种普通货物的汽车；②专用货运汽车，是指装置有专用设备，具备专用功能，用于承担专门运输任务的汽车。

8.1 普通货运汽车

普通货运汽车用于运载各种普通货物，是在日常生活中应用最广泛的一种货车。如图8－1所示。

图 8-1 普通货运汽车

8.1.1 普通货运汽车的分类

普通货运汽车一般分为两大类：一种是敞开式（平板式）货车；一种是封闭式（厢式）货车，在封闭的载货空间内载运货物的货车。

1. 敞开式（平板式）货车

敞开式货车又分低栏车（平板车）和高栏车。

（1）平板车。也叫低栏车，没有车厢，只有不到1米的车帮。一般的平板车都比较长，在9~16米；用于运输一些基础材料，例如日化、化工、塑料粒子等。根据板的形状，平板车又有纯平板和高平板两种；根据板的高低、宽窄又分为普通平板、超低平板、超宽平板，其中超低、超宽平板属于特种车辆。平板车的特点有：三方向车栏可以打开，方便货车的装卸作业，故常用于一些采用叉车、吊机等作业的货物；采用雨布包盖货物，以防雨淋等对货物的损坏；一般采用绳索或专门工具（例如钢卷鞍座）等固定货物。

几种低栏车（平板车）示意图如图 8-2 所示。

图 8-2 几种低栏车

（2）高栏车。是介于低栏车和箱式车之间的一种车型，有车厢，车厢四壁为彩钢，没有封闭的顶棚，顶棚是用帆布制作的，可根据内装的货品多少进行升降，故此适用于大多数产品的运输，使用比较广泛。它虽有相对低栏更加封闭的车厢，但仍需要雨布来防护。高栏车可分为半封闭高栏和全封闭高栏。如图 8－3 所示。

图 8－3　几种高栏车

2. 封闭式（厢式）货车

封闭式货车自带全封闭式车厢，在防雨及货物固定等方面都有其自身优势；适用在一些对货物风险防护要求比较高的产品，如一些纸箱包装的货物、高科技产品等；根据其用途，又分为普通厢车和海关监管车。海关监管车是一种专门用于将海关监管货物的封关车，用于将海关的监管货物从一个海关监管区运到另一个监管区，如货物从国外运到口岸，货物入境时并没有清关，需要运输到货物目的地的海关清关，就需要这种“海关监管”车。这种车需要向海关申请，在海关注册备案后，才能承运海关监管货物，装运货物后，由海关关员施关锁（有编号），将货车门锁上，到目的地，由当地海关检查关锁无误后拆关锁。

几种厢式货车示意图如图 8－4 所示。

图 8－4　普通厢车（左）和海关监管车（右）

8.1.2　普通货运汽车的选型

根据货车的各项性能参数，可进行普通货车的选型。

1. 货车的主要性能

性能是指货车在一定的使用条件下，以最高效率工作的能力①。

（1）动力性。货车的动力性好，才有可能提高平均行车速度，货车的平均行车速度越高，单位时间内完成的货运周转量越大，运输生产率就越高。衡量动力性的指标有最高车速、加速能力、爬坡能力等。

（2）燃油经济性。是指货车以最小的燃油消耗量完成单位运输工作的能力。货运企业的燃油经济性考核指标常用 L/100t · km 为单位，它表示每完成重量是 1 百吨、运送距离是 1 公里的货物周转量所用燃油的升数。

（3）行驶安全性。包括：①主动安全性。是指货车本身防止或减少公路交通事故的能力；主要与货车的制动性、操纵稳定性、驾驶的舒适性、视野和灯光等因素有关，此外，动力性中的超车加速时间短，也对行车安全有利。②被动安全性。是指货车发生车祸后，货车本身减轻人员受伤和货物受损的能力。

（4）操纵稳定性。不仅影响到货车能否如意地进行驾驶，而且也是保证货车高速行驶安全的一个主要性能；是指在驾驶员不感到过分紧张和疲劳的条件下，货车按照驾驶员给定方向行驶的能力，以及对各种企图改变其行驶方向的外界干扰的抵抗能力。

（5）舒适性。包括行驶平顺性、噪声、空气调节和居住性等内容。

（6）通过性。以足够高的平均速度通过不良道路、无路地带和克服障碍的能力。

2. 货车的质量指标

（1）整车整备质量。货车完全装备好的质量，包括：发动机、底盘、车身、全部电气设备和车辆正常行驶所需要地辅助设备的质量；加足燃料、润滑剂、冷却液的质量；随车工具、备用轮胎及备品等的质量之和。

（2）最大总质量。货车满载时的总质量，包括整车整备质量、最大装载货物质量。

（3）最大装载质量。最大总质量和整车整备质量之差。

（4）最大轴载质量。货车单轴所承载的最大总质量。

3. 货车的尺寸参数

（1）车长：垂直于车辆纵向对称平面并分别抵靠在货车前、后最外端突出部位的两垂面间的距离。

（2）车宽：平行于车辆纵向对称平面并分别抵靠车辆两侧固定突出部位（除后视镜、侧

① http：//www. docin. com/p－621278104. html，第三章。

面标志灯、方位灯、转向指示灯等）的两平面之间的距离。

（3）车高：车辆支承平面与车辆最高突出部位相抵靠的水平面之间的距离。

（4）轴距：货车直线行驶位置时，同侧相邻两轴的车轮落地中心点到车辆纵向对称平面的两条垂线间的距离。

（5）轮距：在支承平面上，同轴左右车轮两轨迹中心间的距离（轴两端为双轮时，为左右两条双轨迹的中心线间的距离）。

（6）前悬：在直线行驶位置时，货车前端刚性固定件的最前点到通过两前轮轴线的垂面间的距离。

（7）后悬：货车后端刚性固定件的最后点到通过最后车轮轴线的垂面间的距离。

（8）最小离地间隙：满载时，车辆支承平面与车辆最低点之间的距离。

（9）接近角：货车前端突出点向前轮引的切线与地面的夹角。

（10）离去角：货车后端突出点向后轮引的切线与地面的夹角。

4. 货车的性能参数

（1）最高车速：货车在平坦公路上行驶时能达到的最高速度。

（2）最大爬坡度：货车满载时的所能爬上的最大坡度（或最大坡道角）。

（3）平均燃料消耗量：货车在公路上行驶时平均的燃料消耗量（L/100km）。

8.2 专用货运汽车

专用货运汽车是用于运输某些特定货物、承担专项作业的汽车。如图8－5。

图8－5 专用货运汽车

8.2.1 在物流系统中的地位和作用

（1）由于专用，可保证货物运输质量，减少货损货差。

（2）节约包装，缩短装卸时间，提高运输效率，降低运输成本。

（3）专用货车一般配备专门设备，提高货物运输的安全性，减少环境污染。

8.2.2 专用货运汽车的类型

一般将家畜车、矿石车、水泥车、粮食车、毒品车、集装箱车以及长大货物车划为专用货车。专用货车一般只运送一种或很少几种货物，用途比较单一，同一种车辆要求装载的货物重量或外形尺寸比较统一。

（1）专用家畜车。这种家畜车主要供长途装运生猪、鸡、鸭等家禽，载重可为15吨。如图8－6。

图8－6 专用家畜车

（2）专用漏斗车。漏斗车不但装运矿石，也装运水泥、粮食等。通常将装运水泥的车辆定型为U系列，将装运粮食的车辆定型为L系列，将原K系列定型为矿石车。如图8－7。

（3）专用厢式汽车。专用厢式汽车是指具有独立的封闭结构的车厢或与驾驶室联成一体的封闭结构车厢，装备有专用设施，用于载运特定货物或承担专门作业的专用汽车，如冷藏保温车等。如图8－8。

（4）罐式汽车（Tank Cars）。罐式汽车的车体为圆筒形，装置有罐装容器，罐体上设有装卸口；且通常带有工作泵用于运输液体、气体或粉状物质，以及完成特定作业任务的专用汽车和汽车列车。为保证液体货物运送时的安全，罐式汽车还设有空气包和安全阀等设备。罐车主要用来运送液化石油气、汽油、盐酸、酒精等液态货物及散装水泥等，如油罐车等。如图8－9。

图8-7 专用漏斗车

图8-8 冷藏保温车（左）与集装箱运输车（右）

图8-9 罐式汽车

（5）自卸汽车。自卸汽车是指装有由本身发动机驱动的液压举升机构，能将车厢卸下或使车厢倾斜一定角度，货物依靠自重能自行卸下的专用汽车。如图8-10。

（6）起重举升汽车。起重举升汽车是装置有起重设备或可升降的作业台（或斗）的专用汽车。如图8-11。

（7）仓栅式汽车。仓栅式汽车是具有仓笼式、栅栏式结构的车厢，用于运输袋装颗粒食物、畜禽等货物的专用汽车，如家畜车等。如图8-12。

（8）特种结构汽车。特种结构汽车是具有桁架式结构、平板结构等各种特殊结构的专用汽车。如图8-13。

图 8 – 10　自卸汽车

图 8 – 11　起重举升汽车

图 8 – 12　仓栅式汽车

图 8 – 13　特种结构汽车

案例分析

公路运输案例

案例一：天地华宇拥有全国最大最全的公路运输网络①

天地华宇为国家首批“AAAAA”级资质的物流企业，全球领先的国际快递公司 TNT 快递在华全资子公司。天地华宇 1995 年成立于广州，总部设在上海；大地华宇拥有 15 000 多名员，3 000 余台运输车辆，逾 60 万平方米仓储面积；在全国 31 个省、市、自治区下设 56 家一级公司、1 500 个营业网点，其 1 200 条运输干线覆盖全国 500 多个城市。

天地华宇拥有全国最大、最全的公路运输网络以站到站的运输方式，在全国 600 个城市的 1 600 多个网点提供取送货服务经济实惠，为客户提供经济实用的全国性标准零担公路运输服务。天地华宇物流致力于成为一流的区域解决方案提供商的综合物流、货运及运输管理和航空服务的目标。截止到 2011 年 9 月，天地华宇已率先建成唯一覆盖全国的定日达快速递送网络，服务范围覆盖 210 个城市、520 条定日达运营线路、1 159 个服务网点，涵盖环渤海湾、长江三角洲、珠江三角洲以及中四部经济活跃地区，覆盖了中国 78% GDP 的地区。

天地华宇 TNT 在供应链管理方而拥有 30 年的丰富经验，天地华宇 TNT 物流是全球第二大的物流服务公司，为汽车、电子、快速消费品及生物制药等行业提供包括仓储、运输、配送、物流加工、物流信息管理等完整的供应链解决方案。大地华宇 TNT，与上汽合资成立的上海安吉天地物流有限公司是中国最大的汽车物流企业。

天地华宇在公路运输型企业当中属于十分先进的企业，但是我国绝大多数运输型物流企业属于中小企业，这些中小型的公路运输型企业在发展中还存在着众多问题，如观念陈旧、物流市场定位缺位、物流渠道建设不畅等。即使一些地区开始组建省级运输型物流公司，但这些企业仍属于区域性物流公司，其业务范围也只能定位于区域范围内。对于区域运输型物流企业，如果其市场定位于散客物流或者速递物流，会具有很大的局限性。因此，运输型物流企业发展现代物流的策略可以选择从企业供应链的中下游切入，即可从为商业、农业各类批发市场和制造企业开展运输和配送物流服务的角度进行市场定位。

公路运输型物流企业的发展问题是一项复杂的系统工程，无论从哪方面发展，都是一个需要考虑很多因素的长期过程。运输型物流企业发展的关键是企业一定要有现代物流观念和能

① http：//www. docin. com/p－724903422. html，公路运输与物流的关系分析及案例。

力，才能不断发现和开辟新的服务领域。运输型物流企业在向现代物流企业的发展中，要广泛地采用各种先进技术和管理方法，如计算机管理系统的推广使用，IT信息技术的应用，配送网络的大规模建立和合理布局，各种高效专用车辆和仓储、装卸、包装设备的配置等。只有这样，才能使之有效地切入企业供应链管理中，促进公路运输型物流企业向现代物流企业的转化进程。

案例二：德邦物流被看作是公路运输企业中的另类①

国内公路收费专项整治启动，更加严格的监管法规实施，再加上持续已久的油价成本困扰，以及不断上升的过路过桥费，公路运输企业头上的“大山”正变得越来越沉重。

然而，就在行业环境收紧之时，德邦物流依然把扩张作为第一要务。“在三年之内，我们完全有能力把网点扩张到2 500家，只要聚焦在国内零担物流这个细分市场就会有收获。”这是当前德邦物流面对行业重压的表态。行业数据显示，目前德邦物流的收入规模位列国内公路运输商首位，在全国30个省有1 300多家营业网点，其服务网络遍及国内550多个城市和地区。在德邦物流把总部从华南迁至上海之后，“扩张”成为业内谈及德邦物流必会提到的一个词。在当前的行业新环境下，依旧如此。德邦物流公关部表示，其“扎营计划”已经完成，现共有5个一级中转中心、8个二级中转中心以及三级、四级中转中心共计60个，运作中心总面积达到50多万平方米。在未来三年里，公司完全可以实现2 500家网点的目标。

对于行业收紧的现状，德邦物流表示，物流业国八条的颁布以及《公路安全保护条例》的出台，从长远来说对于物流行业的健康持续发展有很好的促进作用，德邦物流会从长远的角度去看待这些政策的出台，同时，也希望国家能从行业的实际情况出发，尽快出台政策确保行业的可持续发展。《公路安全保护条例》正式实施，对公路运输企业惯用的超载超限等运营方式会给予严厉打击。一时之间，物流企业人人自危。德邦物流人士称，每个公司都有不合规定的货车，德邦物流也不例外。一直以来，德邦物流被看作是公路运输企业中的另类。在大部分公司把运输车队、运输车辆挂靠或者外包给社会车辆的当下，德邦物流选择了完全自建车队的方式，其车队规模目前有1 800多辆。

相比其他企业，这样的模式必然也会占用更多资金。德邦物流表示，公司现在的财务状况良好，每年以60%的速度增长。2010年，其收入超过26亿元。据了解，德邦物流的扩张主要依靠自有资金和银行贷款。对于坊间盛传的上市计划，德邦物流并未正面回答。不过，目前的公司架构正在向上市公司看齐。

案例点评：

为了提高公路运输效率和降低运输成本，公路运输的组织形式和方法不断有新的发展，已

① http：//www. haoyun56. com/news/1900. html，德邦物流被看作是公路运输企业中的另类。

广泛开展汽车集装箱运输、拖挂运输、集中运输等。拖挂运输是以汽车列车取代普通载货汽车运输货物，它可以增大车辆的载重量。汽车列车是由牵引车或汽车与挂车组成，两者间能摘能挂，既可按需要灵活调配车辆，又可实行甩挂运输。甩挂运输是在一点装货和一点卸货，或一点装货和多点卸货，或多点装货和一点卸货的固定线路上，配备数量多于汽车或牵引车的挂车，以便到达装卸货点时，甩下挂车装卸货，挂走已装卸货的挂车，进行穿梭式的往复运输。集中运输是由一个汽车运输单位把货物从一个发货点（车站、码头、仓库等）运往许多收货点，或从许多货物点运往一个收货点，这样收、发货单位不必派人取送货物，节省了人力；还可以合理调度车辆，减少车辆空驶。

复习思考题

1. 专用汽车的定义是什么？
2. 汽车的动力性的评价指标有哪些？并解释说明，汽车动力性与物流效率的关系。
3. 货车的选用需要考虑哪些因素？
4. 牵引车的作用是什么？牵引车有哪些主要类型？

第 9 章

水路货运船舶及铁路货车

学习目的和要求

- 掌握货运船舶的基础知识
- 熟悉铁路机车的类型
- 掌握铁路车辆的不同用途

水路货运和铁路货运是物流领域两种重要的运输方式。

近年来现代物流在我国得到了迅速的发展，作为我国运输业的“铁老大”的铁路货运占据着重要的地位。铁路运输作为国民经济的重要组成部分，是我国经济社会发展的大动脉。它以其迅速、便利、经济、环保、安全等特点，具有运量大、运输成本低、连续性强的优势，适合于长距离、大宗可在途时间相对较长的货物运输。进入 21 世纪以来，在铁路基础设施和运输能力方面得到了迅速的发展。中国地域辽阔，西部深入到亚欧大陆内部，有许多陆上临国；南北相距 5000 多千米，跨纬度约 50°，资源分布与地区经济发展不平衡，这意味着铁路在社会经济发展中是不可或缺的，而且铁路在运输市场中应该居于主导地位。铁路适于在陆地运送中、长距离、大运量、时间性强、可靠性要求高的一般货物和特种货物。

同时，中国又是一个有着很长海岸线的沿海国家，我国东临世界最大海洋——太平洋，拥有渤海、黄海、东海和南海四大临海。在公路、铁路、水路、航空、管道等五大运输方式中，水路运输能力最大。远洋运输在对外经济贸易中占重要地位，我国 90% 以上的外贸货物采用远洋运输。水路运输适宜于运距长、运量大、时间性不太强的各种大宗物资运输。随着世界经济一体化的加速和我国现代物流业的飞速发展，水路运输将在我国有着广阔的发展前景。

9.1 货运船舶

水路运输是以船舶为主要运输工具，以港口或港站为运输基地，以水域包括海洋、河流和湖泊为运输活动范围的一种运输方式。水运至今仍是世界许多国家最重要的运输方式之一。船舶（boats and ships）是各种船只的总称，指能航行或停泊于水域进行运输或作业的交通工具，船舶按不同的使用要求而具有不同的技术性能、装备和结构型式。船舶同其他运输方式相比，优点是运载量大，营运成本低。随着世界经济的发展，现代运输船舶已形成种类繁多、技术复杂和高度专业化的庞大船队。货运船舶示例图如图 9－1。

图 9－1　货运船舶

货运船舶总的来说，可进行如图 9－2 所示分类。

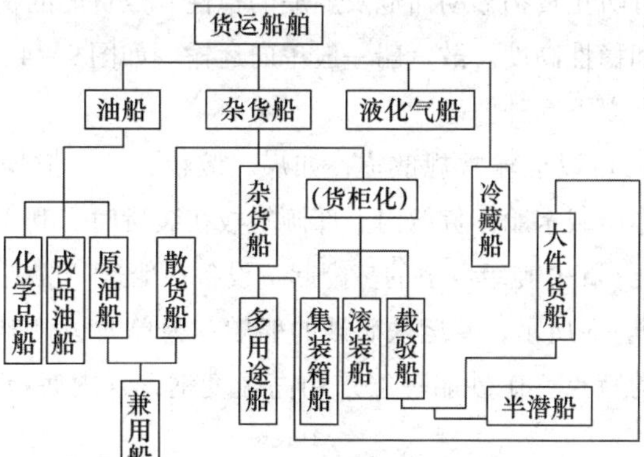

图 9－2　货运船舶分类

9.1.1 货运船舶的种类和特点①

1. 杂货船（General cargo ship）

杂货船是最早出现的一种货船，即普通货船，主要用于装载一般干货，如成包、成捆、成桶的杂货。杂货船通常是多层（2~3层）甲板结构，舱口尺寸较大以便于装卸，并配有吊杆或起重机。在抗沉性方面，杂货船一般设计成“一舱不沉制”。如图9-3。

图9-3 杂货船

杂货船特点：①舱口舱内空间大，结构上货舱内设有下层甲板，既防底部货物压损又便于理货；②自带起货设备，对码头适应能力强；③货物批量小，装卸效率不高；④船舶吨位一般在2万吨以内，船速一般在15kn左右。杂货船一般吨位小，机动灵活。

2. 散货船（Bulk carrier）

散货船是指专门用来运输不加包扎的大宗散装货物如散粮、煤炭、矿砂等的船舶，多为单层或双层船壳结构。其特点是舱口田坂高大，货舱横剖面呈棱形，这样既可装满货舱，减少平舱工作，方便卸货，又可防止货物移动而危及船舶的稳性。散货船的货舱四角的三角形舱柜为压载舱，用于调节吃水和稳性高度。散货船一般单向运输。如图9-4。

散货船的类型通常有以下6种。

（1）通用型散货船。可以运输常规散货，如煤、散粮、盐、散糖、散装化肥等。其特点有：货舱上、下三角柜作压载水舱；货舱内上部倾斜板在装货时有利于平舱作业，下部倾斜板在卸货时有利于收舱作业；5万吨级以下的多配起货设备；船速一般在15kn以下。

（2）矿砂船。如图9-5所示，专运铁矿砂的船舶；为单向运输船；均为尾机型船，航速较低。为适应所载货物的特点，矿砂船一般采用高强度钢，且内底板等构件均采取加厚的措

① http://wenku.baidu.com/view/33cbc34bf7ec4afe04a1df12.html? re=view，船舶结构课件；http://wenku.baidu.com/view/4f3cb880bceb19e8b8f6baf4.html? re=view，船舶常识与船体结构。

图9-4　散货船

施。其特点有：舱容小；船舶吨位大，双层底高度大，目的是提高船舶重心，减轻船舶横摇；通常利用岸上的传送带装卸，甲板上不设置起货设备；航速一般在15kn以下。如图9-5。

图9-5　矿砂船

（3）自卸式散货船。如图9-6所示，通过货舱底部的漏斗和传送带等将货物卸出。其特点有：卸船时采用自备的传送带和提升机，装船时采用码头传送带；可直接卸至接受船只上，避免在码头上的二次装卸；舱容被自备的卸货设备占据一部分；增加了卸货设备的投资与维护费用。如图9-6。

图9-6　自卸式散货船

（4）碎木运输船（木屑船，Wood chip carrier）：运输碎木屑的专用船舶，属于特殊类型散货船。其特点有：干舷高，舱容大，甲板上浪少，逆风航行阻力较大；船上配备抓斗、漏斗和传送带，用于卸货；具备通用型散货船的一些特征。如图9－7。

图9－7　碎木运输船

（5）石灰石运输船：也属于特殊类型散货船，专门用来运输石灰石。如图9－8。

图9－8　石灰石运输船

（6）散糖专用运输船：也属于特殊类型散货船，专门用来运输散糖。如图9－9。

图9－9　散糖专用运输船

3. 集装箱船（Container ship）

集装箱船是指以运输集装箱货物为主的一种船舶，又称货柜船或货箱船。

集装箱船的特点主要有以下几点。

（1）货舱多为单层甲板，货舱开口宽大。

（2）为保证船体强度和提高抗扭强度，船体设计为双层底和双层壳舷侧结构，并在双层壳舷侧的顶部设置抗扭箱结构，建造成本高。

（3）装卸效率高，货损货差少。

（4）航速较高，一般都在20kn以上，22～24kn居多。

（5）节约装卸劳动力，减少运输费用。

集装箱船的类型主要有如下4种。

（1）全集装箱船：整个船舱和甲板上均装载集装箱，常航行于集装箱大港之间，货源充足。

（2）半集装箱船：通常在某几个货舱内装载集装箱，其他货舱装普通货物；或者在货舱内装载普通货物，在甲板上装载集装箱。

（3）可变换集装箱船：可载集装箱的多用途船。

（4）无舱盖快速集装箱船：后部几个货舱没有舱盖，前部1～2个货舱有舱盖；装卸效率比常规集装箱船提高约30%。

船载集装箱类型常用的规格有两种：长箱，外形尺寸：40′×8′×8.6′；短箱，外形尺寸：20′×8′×8.6′。其中，短箱又称为标准箱（TEU）。通常用船舶所能装载的TEU数作为集装箱船规模大小的度量方法。此外，还有其他非标准尺寸的集装箱。

无舱盖快速集装箱船示例如图9-10。

图9-10　无舱盖快速集装箱船

4. 滚装船（Roro ship）

滚装船是将传统的船舶垂直上下装卸作业改成水平方向的滚动作业，有人又将其称作"带轮"作业的一种运输船舶。它是将集装箱固放在底盘或车辆上作为一个货物单元进行装卸的，也可承运汽车；船尾有一跳板可放在码头上，由拖车通过跳板把货箱拖至船内或由船内拖出；舱内设有活动斜坡道或升降机，货箱通过它作上下层间的移动。这种船抗沉性较差，舱容利用率较低，造价也较高；但装卸效率高，对码头要求不高。滚装船主要适用于短途运输。

滚装船特点：①上层建筑高大；②上甲板平坦、无舷弧、无梁拱、无起货设备；③货舱内设有多层甲板；④船速较快，一般在20kn左右。如图9－11。

图9－11　滚装船

5. 木材船（Lumber/Log carrier）

木材船是指专门运输各种木材的船舶；其货舱要求长而大，舱口大，舱内无支柱等障碍物；甲板强度要求高，舷墙也较高，在甲板的两舷舷侧设有立柱或立柱底脚，起货机安装于桅楼平台上。现在的一些多用途船，也可用于运输木材。如图9－12。

图9－12　木材船

木材船特点：①为利于木材积载，货舱内无支柱等障碍物；②甲板起重机平台位置较高；③甲板两舷侧处设有可移动立柱，装木材时竖立起来起拦护作用，不装木材时拆卸放倒；④甲板装载木材必须用索具绑扎固定；⑤具备杂货船的一些特征。

6. 载驳船（Barge carrier）

载驳船是运输载货的驳船的一种专用船舶，又称为子母船，大船为母船，驳船为子船。通常先将货物装在驳船内，再将驳船装到大船里一起运输。一艘载驳船连同货物大约数百吨重。如图9－13。

图9－13　载驳船

载驳船特点：①装卸效率很高，特别适合河—海联运，又称“门对门”运输；②管理上也存在一定困难；③一般不作远洋航行。

7. 冷藏船（Refrigerated cargo ship）

冷藏船指专门运输鱼、肉、蛋、水果等需要冷冻（冷藏）保鲜之货物的一种船舶。如图9－14。

图9－14　冷藏船

冷藏船特点：①船速较快而吨位较小；②货舱分隔较多，甲板层数亦多，以利隔热及货物积载；③货舱舱盖及船体部位均有良好的隔热保温设施；④设有专门的制冷机供应货舱。

8. 多用途船（Multi-purpose cargo ship）

多用途船指能满足多种类型货物运输要求的一种干货船，通常设计为2～3种货物，是由杂货船为适应航运市场需要而演变出来的船型；集装箱—散货多用途船、木材—散货多用途船、重吊船都属于此类船。其中重吊船既是一种多用途船，又是一种特殊的杂货船，其特点是为了吊装重大件货物，而在甲板上配备了起重负荷非常大的起重机。

图 9－15　多用途船

9. 半潜船（Semi-submersible heavy lift ship）

如图 9－16。半潜船是运输特大件货物的一种船型，主要有两种类型：船坞型和平甲板型。

图 9－16　半潜船

（1）船坞型（Dock type）：整个船舶就像一个浮船坞，内设许多压载水舱。装货时，先打入压载水，使船舶下沉至合适程度，然后重大件货物从船尾的坞门进入货舱。装满后，排出压载水，船舶上浮至正常状态，开航。卸货反之。

（2）平甲板型（Flat deck type）：特大件货物积载在平坦、宽敞的甲板上。货物从码头通过滑道直接滑到甲板上；或者货物漂浮在水面上，船舶下潜，移动到货物下方，再上浮，将货物顶起在甲板上。

半潜船特点：①可载单件货物，重量大；②货物装卸、运输难度大，技术要求高；③船舶自动化程度高，操纵性能优异；④要求船员高素质，必须接受专门训练。

10. 运畜船（Livestock carrier）

运畜船指运输牛、羊等牲畜的专用船舶。如图 9－17。

运畜船特点：①甲板层数多，布置了牲畜围栏；②设有数个淡水舱和草料间供牲畜饮食；③有良好的通风换气系统；④可配备兽医。

图9-17 运畜船

11. 油船（Oil taner）

如图9-18。油船是运输石油及液态石油产品的专用船舶。

油船特点：①为降低货油泄漏的危险采用双层船壳结构；②靠油泵和管系装卸货油，由阀门控制，船中两舷侧有总阀口与岸上管系接头；③货舱内设有纵向舱壁，减小自由液面对船舶稳性的不利影响；④防火防爆要求高。

图9-18 油船

12. 化学品船（Chemical tanker）

化学品船是运输散装液体化学品的专用船舶。如图9-19。液体化学品多数为有毒、易燃、腐蚀性强的液体货物，品种繁多。船舶多设计成具有许多较小的水密货舱，舱壁多用耐腐蚀的不锈钢制成。为防止船底触破化学液体外溢而发生污染，设置双层底。有毒物品装于中间一列货舱内，不可装在两舷舷侧的舱内，由蒸汽带动的泵来装卸液货。

图9-19　化学品船

13. 液化石油气船（LPG tanker）

液化石油气船是运输液化石油气（Liquefied petroleum gas，LPG），从液化站码头运往接受码头的专用船舶。如图9-20。在船舶运输过程中液化石油气有三种储存方式：一是全压式液化，二是全冷式液化，三是半冷半压式液化；相应的有全压式、全冷式和半冷半压式三种船舶货舱结构。

图9-20　半冷半压式液化石油气船（左）、全冷式液化石油气船（中）和全压式液化石油气船（右）

14. 液化天然气船（LNG tanker）

液化天然气船是运输液化天然气（Liquefied natural gas，LNG），从液化站码头运往接受站码头的专用船舶。如图9-21。液化天然气主要是甲烷，在常压下极低温（-165℃）冷冻才能使其液化，以便于运输。液舱要求有严格的隔热结构，要求能保证液舱恒定低温。常见的液舱形状有球形和矩形两种。LNG船的储罐是独立于船体的特殊构造。在该船舶的设计中，考虑的主要因素是能适应低温介质的材料，对易挥发或易燃物的处理。船舶尺寸通常受到港口码头和接收站条件的限制。

15. 其他船舶

（1）工程船：指从事港口、航道、海洋、水利工程并可承担一定载货任务的船舶，如挖泥船、起重船等。

（2）工作船：指为航行船舶进行服务性或专业性工作并承载相应专用设备的专用船舶，

图9-21 液化天然气船

如拖船（tug boat）、供应船（supply boat）等。

9.1.2 船舶结构①

船舶能在恶劣天气条件下承受各种外力对船体的冲击和作用，实现安全营运，船舶结构对此有很大作用。

1. 船体结构

船舶由主船体（main hull）、上层建筑（super structure）和许多其他各种设备（equipment）所组成。主船体是指上甲板（upperdeck）以下包括船底（bottom）、舷侧、甲板（deck）、舱壁和首尾等结构所组成的水密（watertight）空心结构，这些结构全部由板材和骨架组成，即由钢板、各种型钢、铸件和锻件等组成。

2. 船底结构（bottom construction）

（1）双层底结构（double bottom construction），是指由船底板、内底板、内底边板、舭列板及其骨架组成的底部空间。

（2）单层底结构（single bottom construction），主要用于小型船舶、老式油船及内河船舶。它结构简单，施工方便，但抗沉性和防泄漏能力差；主要构件有中内龙骨、旁内龙骨、船底纵骨和肋板等。

3. 舷侧结构（sideshell construction）

舷侧结构是指连接船底和甲板的侧壁部分，它要承受水压力、波浪冲击力、碰撞力、冰块的冲击和挤压力、甲板负荷、舱内负荷、总纵弯曲应力和剪切应力等的作用，是保证船体的纵向强度、横向强度、保持船体几何形状和侧壁水密的主要结构。

---

① http：//wenku. baidu. com/view/4f3cb880bceb19e8b8f6baf4. html？ re = view，船舶常识与船体结构。

4. 甲板结构（deck construction）

甲板结构须承受总纵弯曲应力、货物的负载和波浪的冲击力等外力的作用，是保证船体总纵强度、横向强度、保持船体几何形状及保证船体上部水密的重要结构。甲板上设置了各种不同的开口，在开口处对结构进行加强，从而使甲板结构显得比较复杂。

5. 舱壁结构

主船体在设计和建造时按要求设置了若干的横向和纵向舱壁，其作用有如下几个方面。

（1）将船体内部分隔成若干个舱室，以便安装各种机械设备及装载货物、燃油、淡水、备品和压载水等；

（2）横舱壁对保证船体的横向强度和刚性起很大作用，是船底、舷侧和甲板等结构的支座，可使船体各部位构件之间的作用力相互传递，其中水密横舱壁是保证船舶抗沉性能的重要结构。

（3）纵舱壁可减少自由液面对船舶稳定性的影响，较长长度可增强船舶的总纵强度。

（4）某些舱壁采用防火结构，防止火灾在一定时间内蔓延。

6. 首尾结构

船首结构要受波浪、冰块的冲击和水阻力的作用，能防碰撞，有足够的强度，船壳外板在此会拢，其外形应尽可能减少水阻力。

船尾结构通常是指尾尖舱舱壁以后的区域。该区域承受水压力、车叶转动时的振动力和水动力、舵的水动力及车叶与舵叶的荷重等作用，必须对组成船尾结构的各部分进行加强。

9.1.3 船舶的主要标志

船舶船体根据需要，在其外壳板上勘划着各种标志（mark），主要标志简述如下。

1. 球鼻艏和首侧推器标志

为了减少兴波阻力，设球鼻艏。为了提醒过往船只，勘绘球鼻艏标志。用以表明在其设计水线以下前端有球鼻型突出体，并勘划于船首左右两舷重载水线以上的首部处。对首部装设有首侧推装置的船舶，均需用首侧推标志来标明，该标志勘划于船首左右两舷重载水线以上的首部处，位于球鼻艏标志的后面。

2. 吃水标志（draft mark）

在船舶首、中、尾左右两舷船壳板的六处，均勘划有吃水标志，通常称为六面水尺，用以度量船舶的实际吃水。当水面与数字的下端相切时，该数字即此时的吃水。

3. 甲板线（deckline）

为一长 300mm、宽 25mm 的水平线，勘划于船中两舷，其上边缘位于干舷甲板边缘上表面向外延伸与船体外表面的交线上。干舷指甲板线上缘距水面的垂直高度，反映了船舶储备浮力大小。

4. 载重线标志

为保证船舶具有足够的储备浮力和航行安全，根据船舶的尺度和结构强度，为每艘船勘定了船舶在不同航行区带、区域和季节期应具备的最小干舷，限制船舶的装载量，在船中的两舷外侧勘划载重线标志。

5. 吃水指示系统

吃水指示系统用以测量船舶首、中、尾的吃水和纵、横倾斜度，可随时从指示面板上集中读取相应数据。吃水遥测系统目前主要有三种类型：浮子式遥测系统、超声波探测式遥测系统、吹气式遥测系统。

9.1.4 船舶甲板设备①

1. 锚设备

锚设备用以船舶锚泊、船舶靠离码头时的辅助操纵，狭水道航行时的刹减船速，搁浅后辅助脱浅等，是甲板设备中的一个重要设备；由锚、锚链、锚链筒、起锚装置以及附属设备组成。

（1）锚（anchor）：是锚设备中产生抓驻力的主要部分之一，按结构分有杆锚、无杆锚，按用途分为普通船用锚、大抓力锚、特种锚等。

（2）锚链：主要用来连接锚和船体，传递锚产生的抓驻力。

（3）锚链筒：是锚链进出以及收藏的孔道，其直径约为链径的 10 倍左右。锚链筒由甲板链孔、舷边链孔和筒体三部分组成。筒体内设有冲水装置，用于在起锚时冲洗锚和锚链。

（4）制链器：设置在锚机和锚链筒之间，用于固定锚链，防止锚链滑出。

（5）锚机：是抛锚、起锚的机械装置，其上的滚筒可作绞缆用。

（6）锚链管：是锚链进出锚链舱的孔道。

（7）锚链舱：是存放锚链的舱室；一般设在防撞舱壁之前，锚机下面，首尖舱的上面或后面；其形状为圆形或方形。

---

① http：//wenku. baidu. com/view/4f3cb880bceb19e8b8f6baf4. html？re = view，船舶常识与船体结构。

（8）弃链器：是在紧急情况下使锚链末端迅速与船体脱开的装置，常见的有横闩式弃链器和螺旋式弃链器等。

2. 系泊设备

（1）系船缆

将船舶系固于码头、浮筒、他船或用于拖带的绳索统称为船舶缆绳或系船缆。它是系泊设备的主要组成部分，主要有化纤缆绳和钢丝缆绳二种。缆绳应具有强度大、耐腐蚀、耐摩擦、密度小、弹性适中、质地柔软、使用方便等特点。各种缆绳的粗细一般以直径和周径为衡量，其每捆的长度一般为220m或500m。

系船缆主要分为化纤缆绳、钢丝缆绳和复合缆三类。

①化纤缆绳。化纤缆绳是目前船上最常用的系船缆，有尼龙绳、涤纶绳、丙纶绳和乙纶绳、维尼龙绳等几种。

a. 尼龙绳：也称锦纶绳，是化纤绳中强度最大的一种。特点是耐磨，对酸碱和油类等有一定的抵抗能力，但伸长率较大，弹性大，有一定吸水性，耐气候能力较差，曝晒过久强度会下降。

b. 涤纶绳：强度仅次于尼龙绳，是化纤绳中最耐高温和耐气候的绳索，适用于高负荷连续摩擦，抗酸、碱和油类能力强，吸水率仅为0.4%，但价格最高。

c. 丙纶绳和乙纶绳：这两种缆绳的特性较为相似，即密度较小，能浮于水面，吸水性不大，低温时仍具有足够强度，并且柔软便于操作。乙纶绳对化学物品抗蚀性最强，而丙纶绳能耐磨。丙纶绳是目前船上配备的较多的一种缆绳。但乙纶绳和丙纶绳都不耐热。

d. 维尼龙绳：其强度在化纤绳中最小，外表很像棉纱绳，弹性差，吸水性最大，耐油类和盐类物质，耐气候，价格比较便宜。

②钢丝缆绳。钢丝缆绳强度大、重量轻、使用寿命长。目前船用钢丝缆有如下三种。

a. 硬钢丝绳（stiff wirerope）：内无油麻芯，是一种最硬的钢丝绳，虽不便于操作，但它强度最大。在船上除了用于大桅和烟囱等支索外，还用于与绞车配合的拖索和系船索。

b. 半硬钢丝绳（semi-flexible wirerope）：中间有一股油麻芯。强度较大，比硬钢丝柔软，操作使用比较方便，船上一般用作拖缆、保险缆和系船缆，也可用作吊货索。

c. 软钢丝绳（flexible wirerope）：制造方法与半硬钢丝绳基本相同，但在每一股钢丝股内还有一股油麻芯。这种钢丝绳最为柔软，便于操作使用，其强度在钢丝绳中为最小，一般用于系船缆、吊货索和吊艇索等。

钢丝绳中油麻芯的作用较大，它可以减少钢丝绳内部摩擦，即在钢丝绳受力拉紧时，油麻芯可起衬垫作用；可以增加钢丝绳的柔软度，便于操作使用；因油麻芯含油，可防止钢丝绳内部锈蚀；另外还可起到润滑的作用。

③复合缆。除钢丝缆绳和化纤缆绳以外，有一种用金属与纤维复合而成的缆绳，简称复合缆。这种复合绳每股均有金属丝核心，外覆纤维护套，有3、4或6股，可用于系船缆或拖缆。

(2) 其他系泊设备

除系船缆外，系泊设备还由挽缆装置、导缆装置、系泊机械和缆车及附属用具等组成。

①挽缆装置。在首尾甲板和船中部甲板等部位设有挽缆用的缆桩，在靠泊和拖带作业时固定缆绳的一端。缆桩的受力很大，基座必须十分牢固。缆桩有铸造的，也有用钢板围焊而成的。

②导缆装置。为了使缆绳按一定方向，从舷内通向舷外引至码头或其他系缆地点，尽量减少缆绳与舷边的磨损，避免因急剧弯折而增大所受应力，在船首尾及两舷都设有导缆装置。包括：导缆孔（chock）、导向滚柱（fairlead roller）、导缆钳（fairleader）、导向滚轮（pedestal fairlead）、转动导缆器（mliversal fairlead）。

③绞缆机。也称系缆绞车（mooting winch），主要用于收绞缆绳。

④缆车及附属用具。

a. 缆车：卷存缆绳的装置称为系缆卷车，简称缆车。

b. 制缆索：主要用于船舶系泊时临时在系船缆上打结，以承受缆绳拉力，以便将缆绳在卷筛上取下挽在缆桩上，或将其在系缆桩上取下，挽在卷筒上继续收绞；有两种：制索链用于钢丝缆，而制索绳则用于纤维缆。

c. 撇缆绳：将缆绳引送至码头的牵引绳；其长度约40m，直径约6mm，绳的前端有一定重量的撇缆头，以便抛掷。

d. 碰垫：俗称靠把，其外部用绳编织，内填软木或棕丝等软性物质的球状体，用于船舶靠离码头或靠离其他船只时缓冲船体与码头等物体的撞击和摩擦，以保护船舷。

e. 防鼠板：一般由薄钢板或塑料板制成。在每根系缆绳上放妥防鼠板，以防止鼠类动物沿缆绳爬进或爬出船舶。

f. 撇缆器：用火药或高压气体等作为推力，将撇缆绳抛出有效距离以上的装置。

9.2 铁路货车

机车是牵引或推送铁路车辆运行，本身不装载载荷的自推进车辆，俗称火车头。铁路机车车辆是一个集合名词，称呼所有在铁路运输上的车辆，包含有动力及无动力两种，如铁路机车、铁路车辆、客车。铁路机车车辆在某些情况下代表非动力车辆，尤其是拖车。

货物运输是铁路运输的重要组成部分，把铁路上用于载运货物的车辆统称为铁路货车。铁路货车示例如图 9 - 22。

图 9 - 22　铁路货车示例

9.2.1　铁路机车的使用优点

把动力集中在机车有以下的优点。

(1) 维修容易：维修一部机车比多部动车容易。

(2) 安全：把动力系统放在远离乘客的机车较安全。

(3) 替换动力方便：倘若机车故障，或是要进入不同电力区间，可以简单替换，无须把整列动车组更换。

(4) 效率：当动车组没有工作时会成为浪费动力的装置，机车则可以较容易调整分派。

(5) 装备更新灵活：机车及客车、货车车厢折旧快慢不一，可以分别更新而互不影响。

(6) 减少客车车厢的噪音：动力会出现噪音，尤其是内燃机动力的机车。动力集中化可减少客车车厢的噪音，提高舒适度。

9.2.2　铁路货车的分类

铁路车辆是运送旅客和货物的工具，它本身没有动力装置，需要把车辆连挂在一起由机车牵引，才能在线路上运行。铁路车辆可分为客车和货车两大类。铁路货车的种类很多。

1. 按照用途和车型分类

按照用途和车型，铁路货车可分为通用货车和专用货车两大类。各种铁路货车的车种、用途与特点大致如表 9 - 1①。

① http：//jpkc1. zjvtit. edu. cn/ysgl/UploadFiles/4. pdf，第四章。

表9-1　各种铁路货车的车种、用途与特点

车辆类型		基本型号	用途及特点
通用货车	棚车	P	棚车车体由端墙、侧墙、棚顶、地板、门窗等部分组成。主要装运怕日晒、雨淋、雪侵的货物（如粮食、日用品、贵重仪器设备等）。部分棚车还可运送人员和马匹
	敞车	C	敞车仅有端、侧墙和地板。主要装运煤炭、矿石、木材、钢材等，也可装运重量不大的机械设备，苫盖篷布可装运怕雨淋的货物
	平车	N	大部分平车只有一平底板。供装运特殊长大重型货物，因而也称作长大货物车
	冷藏车	B	车体装有隔热材料。车内设有冷却、加温等装置，具有制冷、保温和加温三种性能。用于运送新鲜蔬菜、水果、鱼、肉等易腐的货物
	罐车	G	其车体为圆筒形，罐体上设有装卸口。罐车主要用于运送液化石油气、汽油、硫酸、酒精等液态货物或水泥等
专用货车	专用敞车	C	供具有翻车机的企业使用，主要用于装运块粒状货物且采用机械化方式装卸
	专用平车	X，SQ	运送小汽车（型号为SQ）与集装箱（型号为X）的平车。运送小汽车的平车车体一般分为2~3层，并设有跳板，以便汽车自行上下
	漏斗车	K	用于装运块粒状散装货物，主要运送煤炭、矿石、粮食等
	水泥车	U	用来运送散装水泥的专用车
	家畜车	J	用于运送活家禽、家畜等的专用车。车内有给水、饲料的储运装置，还有押运人乘坐的设施

部分货车图片示例如图9-23到9-27所示。

图9-23　家畜车

图 9－24　冷藏车（Cold Storage Cars）

图 9－25　棚车（Covered Cars）

图 9－26　敞车（Open Cars）

图 9－27　平车（Flat Cars）

2. 按载重量分类

按载重量分类，我国的货车可分为 20 吨以下、25～40 吨、50 吨、60 吨、65 吨、75 吨、90 吨等各种不同的车辆。目前以制造 60 吨车为主。

3. 按轴数分类

按辆数分类，货车可分为四轴车、六轴车和多轴车等。我国铁路以四轴车为主。

案例分析

案例一：全力打造现代水运物流产业链[①]

近年来，华航集团货运总公司遵照集团提出的“巩固江运、发展海运、全力打造现代水运物流产业链”的发展战略和“跻身大市场、建立大物流、服务大客户、实施大营销”的营销战略，充分利用华航品牌，整合市场、网络、人才、船舶、资金等多方面的资源，全力打造水运物流产业链，大力发展第三方物流、第四方物流，企业得到较大的进步和快速的发展，初步实现了从经营船到经营船和经营市场的转变。

（1）明确市场定位，确立商业模式。在大量市场调研基础上，公司反复分析华航品牌优势、行业政策环境、航运市场发展走势、客户企业发展方向、同行竞争者现状与发展战略、走势和节奏以及公司的优势和劣势等多方面因素，将市场定位确定在冶金、化工、粮油、电力、制造等行业大企业干散货运输市场上；将商业模式确定为经营船和经营市场。

（2）调整经营思路，确立营销战略。按照现代第三方、第四方物流企业的要求，不断地创新思维，确立了“以客户为中心、为客户创造价值”的经营理念；“以市场为导向、以货源基地为平台、以营销网络为支撑、以船舶管理为保障、以提供运输物流解决方案为手段”的经营方针；“跻身大市场、建立大物流、服务大客户、实施大营销”的营销战略。将公司与传统的船东、船代、货代区别开来，不断地“截取客户功能”，不断地创造客户新需求，搭建一个水运物流产业链，努力充当起整合运营商的角色。

（3）健全营销网络，增强服务功能。模式取胜，网络为王，决胜终端。公司先后在长江沿线、南北沿海重要港口和客户单位设立了26个办事处，要求各办事处“落地生根、开花结果、开枝散叶”，不断地将经营触角从长江干线、国内沿海向华北华南、西南内陆、中原腹地延伸，构建出“T”型网络。通过驻外办事处与总部各业务处室、各办事处与各办事处之间的互动，形成互为前台与后台支持；通过对经营生产各环节流程模块化、程序化的管理，构成一个结构缜密、功能齐全、信息畅通、运转高效的营运主体和营销网络体系，搭建了一条水运物流产业链，建立了一支强有力的营销团队，组建了长江沿线、国内沿海航运企业少有的营销网络；并通过对客户实行“贴身服务”“零距离响应”，将企业的经营思想、运营能力和服务水平准确地传递给客户。

---

① http：//www. examw. com/wuliu/anli/105075/，物流案例分析。

（4）打通融资渠道，缓解资金压力。为了解决关乎企业和行业生存发展的资金问题，公司进行了多年的努力，也为湖北武汉航运业的发展作出了积极的贡献。2003年以来，公司不惜人力和财力抽调人员与银行领导到安徽、江苏、浙江、山东等对船舶抵押贷款开展得好的地方，进行考察和调研。同时，公司还积极寻求金融机构对发展水运物流业的支持，率先与浦发银行武汉分行开展银企合作，大胆尝试船舶抵押贷款的方式方法。2006年4月，公司成为在武汉地区第一家取得浦发银行船舶抵押贷款的水运企业。农行、汉口银行、建行等金融单位也加大了对公司的流动资金贷款力度。

（5）整合社会资源，输出华航品牌。随着公司市场拓展力度的不断加大和货源组织工作的不断加强，货运量大幅增加，华航集团在长江流域及国内沿海地区的知名度和美誉度越来越高，集团自有的船舶运力规模远远已经不能满足江海货物运输物流业务的需要。为此，公司通过采取入籍加盟委托管理、联合经营、租赁、购买等多种方式，输出华航品牌、整合社会船舶运力资源和壮大华航船舶运力规模。目前，公司可直接掌控的江海船舶运力达到50万吨以上，成为企业不断壮大和发展的核心竞争力，为完成江海货物水运物流运输提供了大量运力保障。

（6）培育企业文化，加快人才培养。公司党总支及工会按照华航集团党委和工会的要求，针对点多线长、流动分散等企业特点，加强党建和工会工作，加强了企业文化建设，先后开展“双比双争”“双创竞赛”“四城同创”“文明单位创建”等活动，大力弘扬“江海同舟、勇争一流”的企业精神，营造了富有华航特色的企业文化。尤其是公司十分重视企业自有人才的培养，每年都投入大量的资金，对不同层次员工进行教育培训，如内训外培、岗位轮换、导师带徒等。通过培训，员工整体素质得到提高，不少员工特别是青年员工走上了重要的营销领导岗位；通过培训，团队成为了一个有共同理论、有共同文化、有共同理想、有共同信念的运营管理团队，成为一个意志坚强、百折不挠、坚韧不拔、敢于“亮剑”的运营管理团队。

经过几年不懈的努力，公司初步构筑起一条以华航集团为主链、以水运为核心的现代水运物流产业链，公司运营能力大大增强。“大营销战略”和“大客户战略”，使华航与客户的关系实现了“三个转变”，即：“从短期合同服务”变为“长期合同服务”，“从完成客户指令”变为“实行协同运作”，“从提供物流服务”变为“进行物流合作”，确保市场份额稳中有升，经济效益稳步提高。2006年，完成货运量245万吨，2007年完成货运量360万吨，2008年完成货运量683万吨，企业资产从无到有，利润逐年提高。

案例点评：

水运至今仍是世界许多国家最重要的运输方式之一。以船舶为主要运输工具、以港口或港站为运输基地、以水域（海洋、河、湖）为运输活动范围。华航集团货运总公司创新开拓市场新理念，最终构筑起一条以华航集团为主链、以水运为核心的现代水运物流产业链，公司运营能力大大增强。

案例二：铁路物流的发展历史[①]

我国加入WTO后，国外运输企业陆续进入中国运输市场，将给我国的物流企业、运输企业尤其是铁路企业带来发展机遇，同时带来的也将是巨大的竞争压力。铁路运输企业的发展是与国家对铁路管理的逐步开放态度紧密相连的，发展的时间也是近10年，尤其是自2000年后，铁路运输企业更是发展迅猛。铁路运输拥有其他运输方式（公路、航空、管道运输）难以企及的优势，如：铁路运输很少受天气因素的影响；相对来说铁路运输比较安全；对于中、长距离的货物运输运费低廉；单次运输批量非常大；运输速度相对较快；对于国家来说属于一种绿色节能的运输方式。正是由于这样的优势在国家尚未真正开放货运市场的初期即被一些物流行业的有识之士捕捉到了，因此一场针对铁路运输市场进行开发的早期物流活动就这样开展起来了。

研究铁路运输企业，首先就要清楚这些运输企业的发展道路。

(1) 替铁路行包车间做配送。铁路运输企业的早期创业者大多与铁路系统有一定的关系，通过这种关系，他们首先采取了为铁路行包车间做送货。铁路行包车间在最初的发展之时，也只是简单的做“点到点”的运输服务，根本谈不上任何延伸的服务，因此当最初的铁路运输创业者们提出这样的要求后，立即得到了强烈的反馈回应。因此做行包车间的配送事宜成为铁路运输企业进入铁路运输系统的第一步。

(2) 垄断到达货物市场。通过初期的铁路货物配送，这些创业者已经不满足简单的货物配送事务，他们对这种配送货量时有时无，并且并不能总是将货物垄断在自己的手中感到不满，因此他们逐渐通过行政手段与铁路行包车间达成代理协议，将货物垄断在几个大的运输公司手中。比如在北京西站，将货物分成干、湿货物，干、湿货物分别各由一家货运企业垄断。通过这种方式，铁路货运企业迅速将货物垄断在手中，从而保证了他们货物的正常流量。

(3) 整合站点零散货代。在早期的铁路站点周边，经常有一些这样的人士，他们主要是为客人提供相应的咨询服务、带领客人早点将货物进行发送。这些零散货代人士对于铁路相关知识相当了解，并且熟悉各种行包车间人士关系，因此他们立即得到了早期铁路运输企业创业者的认可，有大批的相关人士被召进企业。

(4) 迅速切入发运市场。通过一段时间的发展，虽然创业者已经进入铁路运输市场，但是做货物到达的利润也是越来越薄，而由于铁路资源的稀缺性，发货市场一直是供不应求，因

---

① http：//wenku. baidu. com/view/422b7c23a5e9856a5612601d. html，铁路物流案例分析。

此这些创业者已不满足到达配送了，所以进入发运市场成为他们真正迈进运输市场的第一步。

(5) 蓬勃发展的运输阶段。一旦进入铁路运输市场，这些运输企业的创业者立即发挥了他们的灵活性，以及对这个市场的充分适应性，同时利用与铁路行包车间的排他性关系获得了大幅度的发展。这个阶段可以说是铁路运输企业的第一个黄金近段，他们真正的第一桶金就是在这个阶段挖掘的。

(6) 运营合作网络建设全面铺开。客户要求运输企业能够送货上门，因此建设全国性的运营网络已经势在必行，然而由于铁路运输企业前期的货物量并不足以支撑其自建分公司、营业部的相应费用，因此，这些运输企业开始在全国与当地的运输公司合作共同提供服务。所以联合其他运输公司建设网络的大潮迅速在全国铺开。在这个阶段，比如北京中铁快运有限公司联合网络的建设就非常有代表性。

(7) 铁路车皮承包的开端。随着国家对铁路的逐步放开以及铁路运输也逐渐走向市场化，早期的铁路运输企业的优势逐渐消失，因此利润越来越少；而且由于早期市场的迅速扩大，其中一些大型的运输企业手中已经拥有了足够的货源，因此他们已经可以向铁道部提出一定的要求。其中引起铁路运输市场巨大变化的当属铁路车皮的承包，尤其是行包专列（整列车皮全是货车）的开通，更是被认为铁路系统迈向市场化的标志。当初富奎是第一个铁路系统的吃螃蟹的运输企业，被大篇幅报道；随后远成、中铁、大顺发等企业陆续进入了这一行列，并且不断做大做强。

(8) 运营网络自建的展开。由于客户服务要求的不断提高，比如送达时效、送达服务态度、到付款、应收货款、签单原件返回等要求的陆续提出，早前的合作公司的控制性又是相对较弱，所以这个时期内，大多数运输企业逐渐结束了与合作伙伴的合作，自建网络已经成为铁路运输企业的重要事情。这些运输企业基本上在2001年左右将网络建成了相当的规模，同时在这个时期，国内大型铁路运输企业的格局也是基本排定座次，其中以远成集团、北京中铁快运有限公司、大顺发运输有限公司的规模较大，早期的老大哥富奎由于保守，逐渐落后于市场的发展需求。

(9) 顺应物流市场的发展，大力向现代物流企业演变。由于物流概念的兴起，铁路运输企业具有先天的优势，因此也是深入学习物流的相关知识，并且顺应物流市场的发展，大力筹建信息网络、人才网络，为后期的发展奠定了一定的基础。其中，最明显的事情莫过于运输公司纷纷更名，比如，北京中铁快运有限公司成立了“中铁物流有限公司”，京铁快送有限公司更名为“京铁物流有限公司”等等。宝供作为一家最早以铁路起家的托运站至此向物流市场转变完成得更为彻底，已经完全摆脱了铁路运输企业的影子，已经正式推出“宝供物流（集团）有限公司”。更名的另一方面是业务拓展，从原来完全依靠铁路向公路运输、航空运输转变，逐渐成为一个以铁路为主，以公路、航空为辅的发展格局，甚至像宅急送完全转变成为一个快递公司。

(10) 跟随时代的脉搏不断提高服务。随着铁道部对于列车时间的准时、快速的不断要求以及大提速的不断实施，铁路运输企业的服务水平也不断随之而提高。

(11) 参与到铁路运输的改革大潮中去。国家允许私有资本进入铁路，并且要求铁路改变现有的运输模式，提出铁路货运市场跨越式发展。铁道部推出的行邮专列、特货专列、集装箱专列就是一个典型的例子。不要说远成、北京中铁这样的老牌铁路运输企业积极参与，即使是宝供这样的现代物流企业积极投入到行邮专列的开发过程中，而华运通更是积极投入到站场、基地的建设。

从以上的铁路运输企业发展历程来看，他们的发展之路还远远没有走完，他们将伴随着中国铁路的改革一起向前。应该看到，在民营物流企业当中，有很大一部分群体当初都可以划到这一行列中，他们有着这样那样的优势和劣势，其特点都是相当鲜明的，但是仍然存在着很多弊端。

首先，始终没有摆脱依附铁路主业的影响，缺乏长远规划，界限不清晰，行为不规范。比如远成，这是一个纯粹的铁路企业，其特点非常鲜明，拥有垄断性资源，导致客户怨声载道，但是客户没有任何办法。

其次，代理方式比较简单。绝大部分铁路运输企业仍然围着运输转，代理的思路比较窄，很难拓展生存空间和市场份额。然而这其中就有两个特例，一个是宝供，一个是宅急送，应该说他们的转型还是比较成功的。

再次，规模较小，不能为货主提供迅速快捷、高效优势的“门到门”服务。而现有中小规模的运输企业只是在有限的市场上开展经营活动，缺乏与国内外企业融会贯通，难以形成规模优势。虽然说国内不乏大型铁路运输企业，但是整体上这个行业内的运输企业还是偏小，并且市场极其混乱。

我国加入 WTO 以后，运输企业面临很大的挑战。就中国现有的铁路运输企业来看，无论是其资金的雄厚性、管理的先进性、网络的完备性、服务的超前性等各个方面，都与外国企业存在着很大的差距。因此铁路运输企业如果不根据现代物流的发展、现代企业的建设来发展壮大自己，将会给未来的铁路运输市场发展带来巨大的困难。这并不是说中国铁路运输企业没有出路，如果通过如下改革，也将会完成一次铁路运输史上的巨变。

首先，实施行业内的横向联合，扩大整体的实力，从而能够形成规模经济。这样无疑会在各种资源配置效率上得到相应的提高，从而为国内铁路运输企业迎接新的挑战提供抗战的可能性。

其次，扩大运输业态的选择，不能仅仅围绕着铁路运输而运作，要不断开拓和发展汽运市场、航空市场，从而彻底改变只靠一条腿走路的旧有模式，为铁路运输企业向物流企业发展提供探索的路子，从而为中国的运输企业向物流企业转型提供有益的探索。这样从上至下、从左到右实行全方位的整合，将会扩大企业自身的规模，迅速形成规模经济，从而实现短期内的强力扩张。

再次，需要加强软件建设，比如信息网络的建设、信息技术的突破，人员的使用和选拔问题。如何大力培养物流经营人才和管理、操作人才，成为铁路运输企业不得不面临的紧迫难题。只有通过各种渠道引进物流人才，使他们真正能够得到人尽其材、人尽其用，才能为铁路运输事业带来更大的发展。

案例点评：

铁路运输是一种最有效的已知陆上交通方式。如果配置得当，铁路运输可以比路面运输运载同一重量客货物时节省五至七成能量。而且，铁轨能平均分散火车的重量，令火车的载重力大大提高。由于铁路运输拥有其他运输方式（公路、航空、管道运输）难以企及的优势，国外运输企业陆续进入中国运输市场，给我国的物流企业、运输企业尤其是铁路企业带来发展机遇，同时带来了巨大的竞争压力。

复习思考题

一、名词解释

1. 船舶的重量性能
2. 铁路车辆

二、简答题

1. 铁路交通运输的特点是什么？
2. 简述汽车的基本结构和各部分的作用。
3. 货运船舶有哪些主要类型？各有什么特点？

第 10 章

流通加工与包装机械设备

学习目的和要求

- 了解流通加工的特点
- 掌握如何运用流通加工中常用到的几种设备

包装和流通加工是物流的两种基本职能。

要能使商品实体在物流中通过运输、储存环节顺利地到达消费者手中，必须保证商品的使用价值完好无损。因此，商品包装十分必要。在生产和流通过程中，包装处于生产过程的末尾和物流过程的开头，即既是生产的终点，又是物流过程的始点。包装是物流活动的基础，贯穿于整个物流过程。

在流通过程或生产过程中，为了向用户提供更有效的商品，或者为了弥补加工不足，或者为了合理利用资源，更有效地衔接产需，往往需要在物流过程中进行一些辅助的加工活动，这些加工活动，称之为流通加工。

包装的基本功能是保护和维持产品质量；流通加工的最基本功能是克服生产和消费之间的分离，更有效地满足消费需求，它提高原材料利用率和提高加工效率及设备利用率，将生产厂商直接运来的简单规格产品按用户的要求进行下料，以方便用户。

包装和流通加工都通过各自相应的机械设备实现。

10.1 流通加工概述

10.1.1 流通加工的概念

《中华人民共和国国家标准物流术语》（GB/T 18354—2006）将流通加工（Distribution

Processing）定义为：物品在从生产地到使用地的过程中，根据需要施加包装、分割、计量、分拣、刷标志、拴标签、组装等作业的总称。可理解为商品在从生产者向消费者流通过程中，为了增加附加价值，满足客户需求，促进销售而进行简单的组装、剪切、套裁、贴标签、刷标志、分类、检量、弯管、打孔等加工作业。如图 10 - 1。随着经济增长，国民收入增多，消费者的需求出现多样化，促使在流通领域开展流通加工。目前，世界许多国家和地区的物流中心或仓库经营中都大量存在流通加工业务，在日本、美国等物流发达国家更为普遍。

分割　计量　包装

分拣　刷标志、贴标签　组装

图 10 - 1　流通加工的各种作业方式

1. 流通加工的作用

流通加工是流通中的一种特殊形式。流通加工功能是在物品从生产领域向消费领域流动的过程中，为了促进产品销售、维护产品质量和实现物流效率化，对物品进行加工处理，使物品发生物理或化学性变化的功能。这种在流通过程中对商品进一步的辅助性加工，可以弥补企业、物资部门、商业部门生产过程中加工程度的不足，更有效地满足用户的需求，更好地衔接生产和需求环节，使流通过程更加合理化。流通加工是物流活动中的一项重要增值服务，也是现代物流发展的一个重要趋势。

按照流通加工是带来商品价值的提高或是商品售后服务质量的提高的说法，可将流通加工作业分解为两个部分：生产性质的作业和销售服务性质的作业。流通加工中生产性质的作业有分割焊接、组改装、剪裁、研磨、打孔、折弯、拉拔等；销售服务性质的作业有包装、灌装等。

2. 流通加工的特点

与生产加工相比较，流通加工具有以下特点①。

（1）加工对象：流通加工的对象是进入流通过程的商品，具有商品的属性，以此来区别多环节加工中的一环；而生产加工的对象不是最终产品，而是原材料、零配件或半成品。

（2）加工程度：流通加工大多是简单加工，而不是复杂加工，一般来讲，如果必须进行复杂加工才能形成人们所需的商品，那么，这种复杂加工应该专设生产加工过程；生产过程理应完成大部分加工活动，流通加工则是对生产加工的一种辅助及补充。

（3）价值观点：生产加工的目的在于创造价值及使用价值；流通加工的目的则在于完善其使用价值，并在不做大的改变的情况下提高价值。

（4）加工责任人：流通加工的组织者是从事流通工作的人员，能密切结合流通的需要进行加工活动。流通加工由商业或物资流通企业完成；而生产加工则由生产企业完成。

（5）加工目的：流通加工有时候是以自身流通为目的，纯粹是为流通创造条件；生产加工直接为消费为目的。

10.1.2 流通加工的内容

（1）食品：流通加工最多的是食品行业，如鱼和肉类的冷冻、蛋品加工、生鲜食品的原包装、大米的自动包装、上市牛奶的灭菌等。

（2）消费资料：以服务客户、促进销售为目，如衣料品的标识和印记商标、家具的组装、地毯剪接等。

（3）生产资料：具有代表性的生产资料加工是钢铁的加工，如钢板的切割，使用矫直机将薄板卷材展平等。

10.1.3 流通加工的合理化

实现流通加工的最优配置，对是否设置流通加工环节、在什么地方设置、选择什么类型的加工、采用什么样的技术装备等问题做出正确抉择，这就是流通加工的合理化。流通加工的合理化主要有以下几个途径②。

（1）加工和配送结合：将流通加工设置在配送点中；按配送的需要进行加工，加工又是配送作业流程中分货、拣货、配货的重要一环；可使配送服务水平大大提高。

---

① http：//baike. baidu. com/view/113086. htm？ fr = aladdin，流通加工。

② http：//www. chinatat. com/new/174_ 202/2009_ 12_ 17_ xu268939482717121900221560. shtml，实现流通加工合理化的途径。

（2）加工和配套结合："配套"是指对使用上有联系的用品集合成套地供应给用户使用。配套的主体来自各个生产企业，如方便食品中的方便面，是由某一生产企业生产，而配套的盘菜、汤料等由另外的企业完成。这样，在物流企业进行适当的流通加工以促成配套，大大提高了流通作为供需桥梁与纽带的能力。

（3）加工和合理运输结合：利用流通加工，直接按干线或支线运输合理的要求进行适当加工，提高运输及转载水平，有效衔接干线运输和支线运输，促进两种运输形式的合理化。

（4）加工和合理商流结合：通过简单地改变包装加工形成方便的购买量，通过组装加工解除用户使用前进行组装、调试的难处，都能有效促进商流，促进销售。

（5）加工和节约结合：节约能源、节约设备、节约人力、减少耗费是设置流通加工并考虑其合理化的较普遍形式。

流通加工是否合理化的最终判断，是看其是否能实现社会和企业本身的两个效益，而且是否取得了最优的社会和经济效益。

10.2 混凝土搅拌机

10.2.1 混凝土搅拌机的工作原理

搅拌可以使两种或多种不同的物质在彼此之中互相分散，从而达到均匀混合。如图10－2。搅拌机的工作原理，可按自落式和强制式两大类进行说明①。

1. 自落式搅拌机

自落式搅拌机是搅拌物料由固定在搅拌筒内的叶片带至高处，靠自重下落进行搅拌的搅拌机。它的拌筒内壁沿圆周设置有若干搅拌叶片，工作时，拌筒绕其轴线（水平或倾斜）回转，靠叶片对物料进行分割、提升，物料又在重力作用下洒落、冲击，从而使各部分物料的相互位置不断地重新分布，以此进行搅拌。自落式搅拌机结构简单，工作可靠，易损件少，维修方便，功率消耗小；但搅拌力度不够强烈，生产率较低。它主要用于搅拌较大粒径、重骨料、塑性混凝土等。

2. 强制式搅拌机

强制式搅拌机是搅拌物料由旋转的搅拌叶片强制搅拌的搅拌机。其工作装置主要由垂直设置

① http：//wenku. baidu. com/view/e666e65101f69e3143329484. html6，混凝土机械。

在拌筒内的转轴及轴上安装的若干搅拌叶片组成。工作时，转轴带动叶片转动，叶片对物料进行强制的剪切、推压、翻滚和抛出等作用，使物料在剧烈的相对运动中得到均匀的搅拌。强制式搅拌机搅拌强烈、均匀，生产率高；但结构较复杂，叶片磨损大，功耗大，修护费用高，并对骨料的粒径有严格限制。这种搅拌机特别适于搅拌干硬性、低流动性混凝土和轻骨料混凝土。

搅拌机主要由以下结构组成：传动装置、上料机构、配水系统、搅拌机构、卸料机构等。其中，搅拌机构是搅拌机的主要工作机构，它由搅拌筒、搅拌轴、搅拌叶片等组成。

图10－2　各种混凝土搅拌机

10.2.2　混凝土搅拌机的型号说明与种类

1. 搅拌机型号说明

（1）自落式JZM－350。J——搅拌机；Z——锥形反转出料（F：锥形倾翻出料）；M——拌筒以摩擦轮传动（C：拌筒以齿圈传动；R：内燃机驱动；Y－液压上料）；350——出料容量为350L。

（2）强制式JDY－500C。J——搅拌机；D——单卧轴式（S：双卧轴式；W：涡浆式；X：行星转盘式）；Y——液压上料；500——出料容量为500L。

2. 混凝土搅拌机的种类

（1）JZ型锥形反转出料搅拌机。JZ型搅拌机的拌筒为双锥形，拌筒正转时作自落式搅拌，反转时出料，故此得名。该种搅拌机搅拌力度强烈，能耗小，运转可靠，维修方便，且结构简单；但其出料叶片影响了拌筒容积的利用，且反转出料时出现带载起动的工况，故不易制成大容量的搅拌机。该机适于搅拌粒径不超过80mm的重骨料、塑性和低流动性混凝土。如图10－3。

（2）JW型涡浆搅拌机。如图10－4。JW型搅拌机由传动系统、进出料装置、搅拌装置、操纵机构、配水系统及底盘等组成。JW型搅拌机属立轴式强制搅拌机。工作时，叶片对物料进行剪切、挤压、翻转和抛出等作用，使物料形成交叉料流，受到强烈的搅拌。该机搅拌时间短、搅拌质量高，操纵灵活，卸料彻底；但能耗大，搅拌装置的磨损也大，内筒壁的设置虽减少了搅拌的低效区，但也减少了拌筒的有效容积。该机适合搅拌细骨料、轻骨料、干硬性混凝

图 10－3　JZC－250 型搅拌机

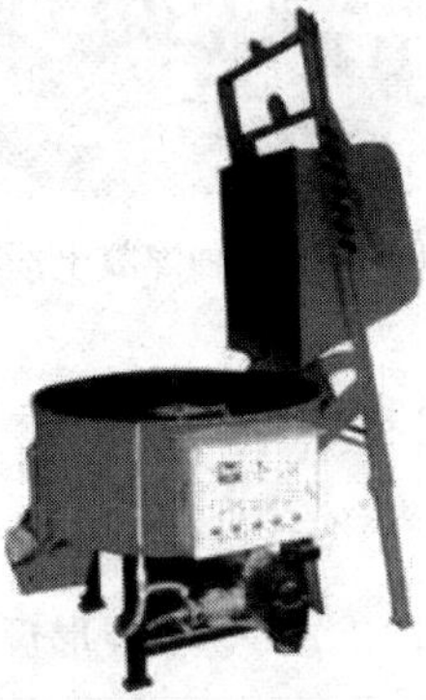

图 10－4　JW－500 型搅拌机

土，亦可用作砂浆的拌和。

(3) 混凝土搅拌站（楼）。英文名：Concrete mixing plant（tower），用于生产混凝土的成套设备，由供料、贮料、配料、搅拌、出料、控制等系统及结构部件组成。混凝土搅拌站（楼）型号由混凝土搅拌站（楼）的组代号、装机台数、搅拌机形式代号、主参数和变型或更新代号等组成。如图 10－5。

图 10－5　混凝土搅拌站

（4）混凝土输送机械。将搅拌好的混凝土输送到浇灌点，所使用的机械设备有手推车、翻斗车、起重机、混凝土搅拌输送车、混凝土输送泵等，多采用手推车、翻斗车，起重机等配合作业来完成混凝土的水平、垂直输送。在集中搅拌或使用商品混凝土的情况下，从生产厂到施工现场的混凝土输送，运距较长、运量较大，宜采用混凝土搅拌输送车；在施工现场宜采用混凝土输送泵等。如图10－6。

图10－6　拖式混凝土输送泵（左）、混凝土搅拌输送车（中）和IPF85B－2型混凝土泵车（右）

混凝土泵车是一种汽车臂架式混凝土泵，它不但移动方便，到达施工点后无须大量的准备工作即可进行作业，而且能将混凝土直接输送至浇灌点，大大提高了布料和浇灌作业效率。图为IPF85B－2型混凝土泵车的布料装置，它主要由动力系统、混凝土泵送系统、布料装置、润滑系统、清洗系统、控制系统、底盘等部分组成。

10.2.3　混凝土搅拌机的使用注意事项①

（1）混凝土搅拌机的安装要求：混凝土搅拌机应选择地面平整、坚硬的地方就位。支腿要调整到水平位置，支承搅拌机全重，不能使轮胎受力。机架用枕木垫起支牢，并应找平。安装时，自落式混凝土搅拌机一般要使进料口一侧稍抬高30mm～50mm，以适应上料时所产生的偏重。为防止搅拌机遭受雨淋，应搭设机棚。

（2）搅拌机使用前，必须按“十字”法（调整、紧固、润滑、清洁、防腐）要求检查离合器、制动器是否灵敏可靠、钢丝绳有否损坏、传动带松紧度是否合适等。

（3）安全操作：搅拌机在使用中，要严防砂、石等物料落入机械运转部分；料斗起升后，严禁有人在料斗下通过或停留，以免制动机构失灵时发生事故。如果必须在斗下检修或进行清理时，应先停机，后将上料斗固定方可进行。操作者在作业中必须坚守岗位，随时注意机械运转情况，如发现不正常的音响或其他问题时，要立即停车、切断电源进行检修。

（4）作业完毕注意事项：每天工作完毕后，必须将搅拌筒内、外积灰粘渣清除干净，料筒内不得有积水，以免料筒内壁及叶片生锈或被凝结；清洗后的污水，应引入积水坑内或由排水沟排出，不准在机旁任其自流。

① http：//wenku. baidu. com/view/e666e65101f69e3143329484. html6，混凝土机械。

10.3 剪板机

剪板机（英文名称：plate shears；guillotine shear）是在各种板材的流通加工中应用比较广泛的一种剪切设备，可用于板料或卷料的剪裁。它是用一个刀片相对另一刀片作往复直线运动剪切板材的机器，是借于运动的上刀片和固定的下刀片，采用合理的刀片间隙，对各种厚度的金属板材施加剪切力，使板材按所需要的尺寸断裂分离。剪板机属于锻压机械中的一种，主要作用就是金属加工行业。机械剪板机采用离合器结构和开式齿轮传动，用脚踏开关或手动开关操作，噪音小、操作、维护方便。剪板机采用全钢焊接结构，结构简单，操作简便，造型美观，能耗低，产品广泛适用于航空、轻工、冶金、化工、建筑、船舶、汽车、电力、电器、装潢等行业，可为其提供所需的专用机械和成套设备。如图 10 - 7 所示。

图 10 - 7　各种剪板机

10.3.1 剪板机的工作原理、结构及性能特点

剪板机常用来剪裁直线边缘的板料毛坯。剪切工艺应能保证被剪板料剪切表面的直线性和平行度要求，并尽量减少板材扭曲，以获得高质量的工件。剪板机的上刀片固定在刀架上，下刀片固定在工作台上。工作台上安装有托料球，以便于板料在上面滑动时不被划伤。后挡料装置用于板料定位，位置由调位销进行调节。压料缸用于压紧板料，以防止板料在剪切时翻转移

动。护栏是安全装置，以防止发生工伤事故。回程一般靠氮气，速度快，冲击小。

剪板机结构介绍如下。

（1）机体部分：均为铸铁件，有两墙板和工作台用螺钉连接成一整体。

（2）后挡料部分：松开锁紧手柄，即可移动后挡料装置向前向后，从而能控制被剪切板料的长度。

（3）压料部分：剪板机压料装置是把被剪切板料紧固地压紧在工作台上，以免在剪切时产生移动和跳动。压板是套装在二螺钉上，在螺钉上装有螺母，由于弹簧的作用使压板紧紧地压向工作台，当上刀架向上运行时，在两个双头螺钉带动下使压板也向上运动，从而可进料进行再次剪切。在上刀架向下运行时，压板在剪切前首先压住板料，以利剪切。

（4）制动部分：随时启停机器。

（5）电器部分：发出指令进行控制。

剪板机机床的性能特点如下。

（1）采用全钢焊接结构，有足够的强度与刚性。

（2）液压传动系统，操作安全可靠，外形美观。

（3）设有快速灵活的间隙调节机构，剪切精度高。

（4）设有灯光对线装置，便于画线剪切。

（5）后档料尺寸及剪切次数有数字显示装置。

（6）机床左右及后面设有安全防护栅装置、电器柜设有开门断电及前后设有紧急开关装置，带有防护罩脚踏开关，以保证工作时操作安全。

10.3.2 剪板机的主要分类

剪板机属于直线剪切机类，主要用于剪裁各种尺寸金属板材的直线边缘，应用广泛。剪板机种类较多，按其工艺用途和结构类型可以分为平刃剪板机、斜刃剪板机、多用途剪板机和专用剪板机四类。

1. 平刃剪板机

平刃剪板机剪切质量好，扭曲变形小，但剪切力大，耗能大。平刃剪板机机械传动的较多。该剪板机上下两刀刃彼此平行，常用于轧钢厂热剪切初轧方坯和板坯；按其剪切方式又可分为上切式和下切式。

2. 斜刃剪板机

如图 10－8。斜刃剪板机的上下两刀片成一个的角度，一般上刀片是倾斜的，其倾斜角一般为 1°～6°。斜刃剪板机剪切力比平刃剪板机小，故电机功率及整机重量等大大减小，实际应用最多，剪板机厂家多生产此类剪板机。该类剪板机按刀架运动形式分闸式剪板机和摆式剪板机；按主传动系统不同分为液压传动和机械传动两类。

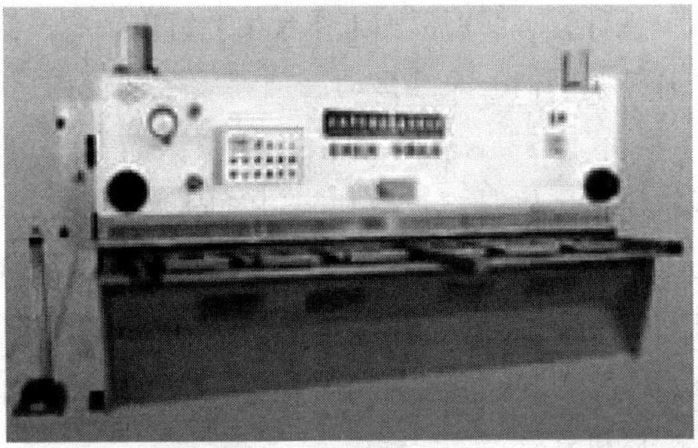

图 10－8　斜刃剪板机

3. 多用途剪板机

多用途剪板机又分为板料折弯剪切机和联合冲剪机两类。

板料折弯剪切机在同一台机械上可完成剪切和折弯两种工艺。联合冲剪机既可完成板材的剪切，又可对型材进行剪切，多用于下料工序。

各型号多用途剪板机的使用范围见下表 10－2。

表 10－2　各型号剪板机的使用范围

型号	可剪板厚（mm）	可剪板宽（mm）	行程次数（min）	后挡料范围（mm）	剪切角（°）	喉口深度（mm）	主电机功率（kw）	外形尺寸 mm（L×W×H）
4×2500	4	2 500	25～45	600	0.5～1.5	100	5.5	3 000×2 000×1 850
6×2500	6	2 500	20～45	600	0.5～1.5	125	7.5	3 030×2 075×1 920
6×3200	6	3 200	16～45	600	0.5～1.5	125	7.5	3 730×2 075×1 970
6×4000	6	4 000	14～45	600	0.5～1.5	125	7.5	4 530×2 075×2 080
6×5000	6	5 000	11～40	800	0.5～1.5	125	7.5	5 530×2 075×2 210
6×6000	6	6 000	9～36	800	0.5～1.5	125	11	6 530×2 075×2 520
7×7000	7	7 000	7～28	800	0.5～1.5	125	11	7 530×2 075×2 830
8×2500	8	2 500	20～45	600	0.5～1.5	125	11	3 040×2 075×1 920
8×3200	8	3 200	16～45	600	0.5～1.5	125	11	3 740×2 075×1 920
12×2500	12	2 500	12～35	800	0.5～2	125	15	3 110×2 575×2 210
12×3200	12	3 200	7～35	800	0.5～2	125	15	3 810×2 575×2 420

续表

型号	可剪板厚（mm）	可剪板宽（mm）	行程次数（min）	后挡料范围（mm）	剪切角（°）	喉口深度（mm）	主电机功率（kw）	外形尺寸 mm（L×W×H）
12×4000	12	4 000	8～35	800	0.5～2	125	15	4 610×2 575×2 530
16×2500	16	2 500	16～40	800	0.5～2.5	125	22	3 130×2 655×2 200
16×4000	16	4 000	12～40	800	0.5～2.5	125	22	4 630×2 655×2 570
20×2500	20	2 500	16～40	800	0.5～2.5	125	30	3 160×2 855×2 300
20×4000	20	4 000	12～40	800	0.5～2.5	125	30	4 660×2 855×2 720
25×2500	25	2 500	8～15	800	0.5～3.5	120	37	3 330×2 000×2 650
25×3200	25	3 200	8～15	800	0.5～3.5	120	37	3 970×2 100×2 865
25×4000	25	4 000	6～12	1000	0.5～3.5	120	37	4 780×2 500×3 150
32×2500	32	2 500	6～12	1000	0.5～3.5	120	45	4 100×2 300×3 200
32×3200	32	3 200	8～12	1000	0.5～3.5	120	55	1 900×2 650×3 450
40×2500	40	2 500	4～10	1000	0.5～3.5	120	75	4 100×2 550×3 500
40×3200	40	3 200	4～10	1000	0.5～3.5	120	75	4 900×2 900×3 750

4. 专用剪板机

专用剪板机多配合其他设备使用，完成特殊用途。如图 10－9 所示。

图 10－9　专用剪板机

板材开平线剪板机：用于板材开卷校平线上，为配合生产线速度快剪切要求而设计的高速剪板机，厚板线上多为液压高速剪板机，薄板线上多配气动剪板机；高速线上配有飞剪机，连续生产，效率高。

钢结构生产线剪板机：多用于角钢、H 型钢自动生产线完成剪断工序。

冷弯成型线剪板机：例如汽车纵梁冷弯线、车厢侧挡板生产线、彩钢板成型线等生产线上配置的专用剪板机等。

一般剪板机可分为脚踏式（人力）、机械剪板机式、液压摆式剪板机、精密剪板机液压闸式。

10.4 木工锯机

木材的加工利用过程如图 10－10 所示。

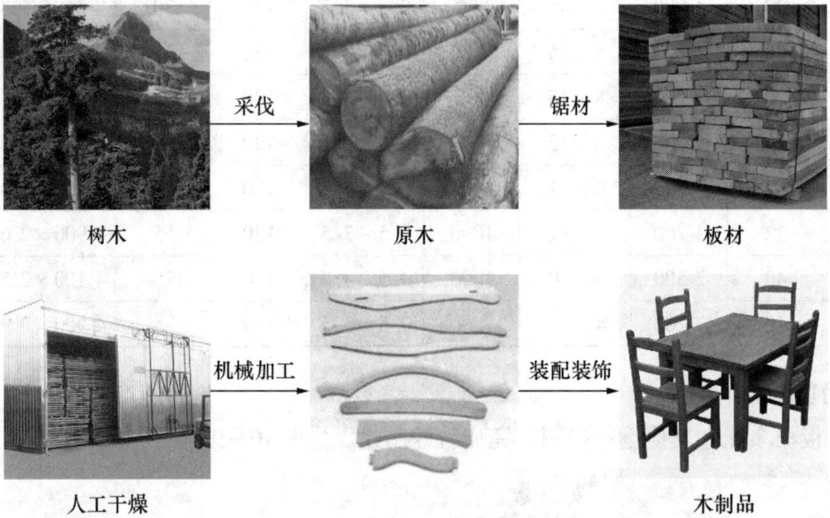

图 10－10 木材的加工利用过程

用锯来锯切原木或成材的木工机床，分为木工带锯机、木工圆锯机和木工框锯机等。如图 10－11。

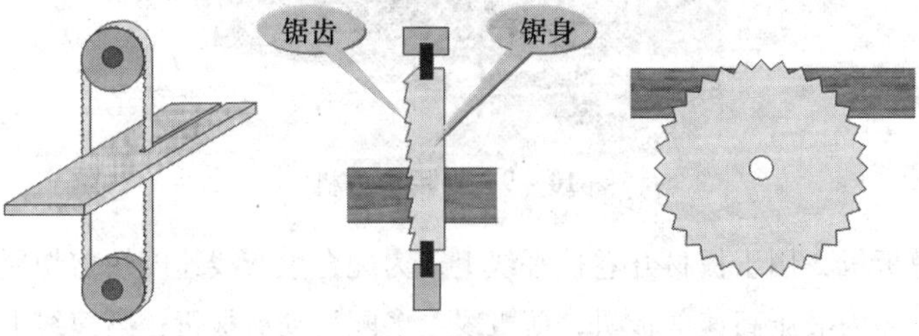

图 10－11 带锯（左）、框锯（中）和圆锯（右）

GB12448－90《木工机床型号编制方法》锯机类中（MJ）专设一组（6）作为锯板机。

带移动工作台的锯板机　　MJ61

锯片往复运动的锯板机	MJ62
立式锯板机	MJ63

10.4.1 带锯机[①]

1. 定义及特点

带锯机是以环状无端开齿的带锯条张紧于回转的两个锯轮上，使其沿一个方向连续运动而实现锯割木材的机床。主要应用在制材领域。

带锯机的特点：①可以锯切特大径级原木和采用特殊下锯法锯切珍贵树种木材。②带锯机所使用的薄锯条，锯口宽度最小，仅为圆锯机的1/2～1/3，节约木材。③带锯机可以实现看材下锯，出材率高于圆锯机和框锯机。④带锯机的进料速度较快，一般为40～50m/min，美国、加拿大已经达到160～180m/min（锯条宽度380mm，厚度3.5mm），生产率高，得到广泛应用。⑤锯条的自由长度大，带锯条薄，温升高，容易产生振动和跑锯，影响锯切精度，锯材质量不如框锯。⑥操作技术要求高。由于带锯机的结构复杂，加工精度高，锯条维修技术要求高，要求操作工人应具有一定的技术水平。

2. 带锯机的分类

带锯机的分类方式较多，如按使用形式、按工艺要求、按安装形式等分类方式。如图10－12。

（1）按使用形式，可以分成立式和卧式两大类。

①立式带锯机：一个锯轮在另一个锯轮的上方，通过两锯轮中心线的连线呈直立，这种带锯机应用最广。根据工艺要求，立式带锯机可以分成左向和右向，沿进料方向观看，锯轮做逆时针旋转的为左向，锯轮做顺时针旋转的为右向。左向带锯机在型号上要加以表示。

②卧式带锯机：锯轮置于垂直平面内，通过锯轮中心的连线呈水平，通常用于锯割珍贵树种的木材或厚板皮。

（2）按工艺要求，可以分成原木带锯机、再剖带锯机和细木工带锯机三类。

①原木带锯机：主要是利用跑车进给，将原木锯割成防材或板材；常见的结构形式为立式、卧式和多联带锯机。

②再剖带锯机：主要是利用手工或机械进料，将毛方材、板皮及厚板材再剖成方材、板材；包括剖分毛方材、板皮和厚板材的立式、卧式和多联带锯机。

③细木工带锯机：主要是手工进料，将细木工车间的小料纵切、横截或进行曲线加工；多数为立式。

---

① http：//wenku. baidu. com/view/68dfaf35b4daa58da1114a12. html，锯机；http：//wenku. baidu. com/view/d245f3785a8102d276a22f6b. html，锯机。

跑车带锯机

板材带锯机

锯机外形结构（卧式带锯机）

锯机外形结构（双联带锯机）

图 10－12　各种带锯机

（3）按安装形式，可分为固定式和移动式两类。

①固定式带锯机安装在牢固的钢筋混凝土的基础上，适用于固定制材。

②移动式带锯机安装于可以运行的机架上，由牵引机械牵引，并可以作为带锯机的动力源进行流动制材，适用于采伐区或工地的简易加工。

3. 带锯机的组成

带锯机主要由以下几部分组成。

（1）机体。用于支承和安装上下锯轮、锯条张紧装置、锯条导向装置等其他零部件，使其保持在确定的空间位置；同时承受切削力和运动部件产生的惯性力。它由锯身和锯座组成，由铸钢或铸铁制成，具有相当的重量和足够的稳定性，有足够的刚度，且坚固抗震。锯身上部的立柱上有垂直导轨，以便上锯轮托架的升降；在锯座的下面装有下锯轮的轴承座及制动装置。

（2）锯轮。是一对挂装带锯条的轮子，分为从动轮（上锯轮）和主动轮（下锯轮）。锯轮是带锯机最主要的部件之一，起着张紧、驱动、制动带锯条的作用，其性能的好坏直接影响锯割木材的精度。锯轮按结构可以分辐条式与辐板式两种。上锯轮有辐条式与辐板式两种；下锯轮一般都采用辐板式。

（3）锯条。在切削原木的过程中，因受摩擦，会发热伸长，或因原木径级变化，材种软硬不均，或各种大小节子等引起切削阻力的增减，以及难以避免的部分锯屑粘于轮缘等情况，均会使张紧力随时变化而失去均衡，可能引起锯条窜动造成材面弯曲，甚至使锯条断裂等。因此，为保证锯条在锯解时经常保持适当的张紧度和稳定性，带锯机必须装置有自动调整张紧力机构及锯条导向装置。

（4）锯条导向装置——锯卡。锯条的导向装置简称锯卡装置，俗称锯卡。它是一种防止锯条偏移、横向振动和限制锯条自由长度，保持锯路平直的装置。在锯割的过程中，由于锯条工作边的长度大大超过锯路高度，因此在高速回转时，容易引起剧烈摆动；摆动的锯条在锯割木材时不仅效率低、质量差，而且容易跑锯。所以一般在锯口两端装有锯卡装置，用来缩短锯条工作边的自由长度，增加其刚性，控制并减小锯条偏移、横向摆动的振幅，以保持锯条的平直。锯卡装置的性能直接影响锯材的精度和质量。一般立式带锯机在锯条切削边上设有上、下两个锯卡装置，下锯卡装置固定在锯座上，上锯卡装置则安装在上下滑移的悬臂支架上，随着锯割木料锯路高度的变化来调整位置，使其始终接近被锯割木料的上侧。

（5）带锯机进料装置——跑车。带锯机的进料装置用于将锯割木料送进切削区进行加工。进料装置的种类有：车式进料装置（跑车）、滚筒进料装置和链式进料装置等，应根据带锯机的不同类型、锯割木料的形状和尺寸及加工要求，选择进料装置。锯割圆木的带锯机一般以跑车作为进料装置，再剖带锯机一般以滚筒作为进料装置，而细木工带锯机一般采用手工进料方式。锯割圆木的跑车带锯机和双联纵列带锯机等，一般采用车式进料装置，即利用跑车把原木送进切削区。跑车是制材带锯机不可缺少的重要设备，它支承原木且完成纵向进给和横向进给，以及其他辅助运动，跑车工作情况的好坏直接影响锯切效率和质量。跑车由车架、卡木机构、摇尺机构、退避机构、传动机构和翻木机构等组成。车架是跑车的骨架，跑车的各种主要机构几乎全部装在车架上。车架分为木架和刚架结构两种，木架一般用在手动跑车上，刚架一般用在机械化跑车上。车架的长度是根据被锯割原木的长度确定的，一般 4 ~ 6m，宽度可根据原木的径级大小以及安装在跑车上其他零部件的尺寸确定，一般在 0.8 ~ 2m 之间。车架下有 4 ~ 5对车轮靠近锯条一侧的为承载用的平面型车轮，远离锯条一侧的除承载以外，还起到导向作用，因而采用“V”型结构。

（6）卡木机构。卡木机构是用来定位和卡紧被锯割木料的，使其在锯割的过程中，不发生移动。卡木机构由滑轨、卡木桩、微调机构和卡木钩组成。

（7）侧向进给机构——摇尺机构。摇尺机构是控制被锯割木料横向进给的机构，每次进给量即加工成材的厚度。其精度对锯切质量和出材率有很大影响，它是跑车的重要组成部分。摇尺机构的种类较多，根据结构形式来分主要有手动摇尺、电动摇尺和液动（气动）摇尺机构。

（8）车下传动机构。主要有钢丝绳传动、齿条传动和液压传动三种类型。

①钢丝绳传动：电动机传动钢丝绳卷筒，通过滑轮换向，牵引跑车在轨道上运行。通过卷筒的正反转，实现跑车前进或后退。通过调速机构变换运行速度。钢丝绳传动是跑车传动的主

要类型，应用最为普遍。它结构简单，使用可靠，钢丝绳卷筒和传动装置可放在与结构相适应的任何位置，可以放在轨道后部、前部或中部。由于钢丝绳有良好的弹性变形能力，所以能缓和跑车紧急制动、加速和换向时的冲击。钢丝绳传动的跑车工作变速范围大，一般为 0 ~ 200m/min，运行平稳。

②齿条传动：跑车的车架下平面上安装齿条，与齿条相啮合的齿轮装在变速器的输出轴端，位于轨道中部。电动机通过变速器传动齿轮、齿条，驱动跑车运行。齿条传动结构紧凑，牵引力大。但运行距离受结构限制，齿条的长度通常稍长于跑车长度，这是在锯割长材时，为保证跑车的行走距离所要求的。根据齿条工作条件，跑车运动速度不超过 45m/min。

③液压传动：油缸的活塞杆端与跑车车架连接，油缸固定在基础上，依靠液压推动跑车运行。液压传动能在较大范围内，灵便地调节进给速度；但由于结构的特点，运行距离受活塞杆行程限制，一般小于 4m；且运行速度较低，一般小于 50m/min。

（9）退避机构（车摆）。退避机构又称为车摆，它用于在单向锯割跑车开始返程时，使车架相对于锯条侧向退开一个微小距离，以避免被锯割木料表面与带锯条发生摩擦或碰撞，工作行程开始时又使车架回到原来位置。退避距离也称作车摆量，一般约为 10 ~ 20mm。退避机构安装在跑车的两端，用拉杆连接，使其同步，保证车架前后两端同时移动。根据退避动作的过程，车摆可分为边摆边走型和先摆后走型。

10.4.2 圆锯机①

圆锯机结构简单，效率较高，类型众多，是木材机械加工最基本的设备之一，广泛用于原木、板材、方材的纵横截、裁边和开槽等锯割加工中。

按刀具加工特征，圆锯机可分为纵剖圆锯机、横截圆锯机和万能圆锯机。按工艺用途及加工特征，圆锯机可分为锯解圆木圆锯机、再剖板材圆锯机、裁边圆锯机和截头圆锯机。按锯片数量，圆锯机可分为单锯片圆锯机、双锯片圆锯机和多锯片圆锯机。

不同锯机外形结构如图 10 - 13。

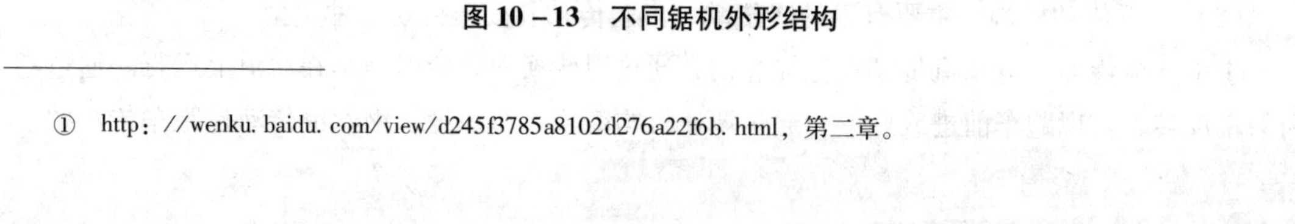

横截圆锯机　　万能圆锯机、双头圆锯机　　线锯机

图 10 - 13　不同锯机外形结构

① http：//wenku. baidu. com/view/d245f3785a8102d276a22f6b. html，第二章。

10.5 玻璃切割设备

玻璃切割是玻璃深加工过程中的第一道工序，也是使用最多的工艺之一。玻璃切割机（Glass cutting machine）是指专用于玻璃加工与下料的一种加工机械[①]，包括首尾排列的气浮式送片台、双桥立交式切桌。双桥立交式切桌在上框架长度方向首部的第一平直梁和第二平直梁及下框架长度方向首部的第三平直梁和第四平直梁这四者之间设有包括转轴、若干输送轮、电动机、皮带的玻璃输送机构；气浮式送片台在其台面的长度方向尾端设有接在电动机的电源控制电路中、以控制电动机启闭的接近开关，接近开关的上端略低于所述台面。在第一平直梁和第二平直梁上均设有对玻璃起阻挡作用的两个竖直状转滚组件，四个转滚组件呈长方形布置。它还有手动式掰片台，且双桥立交式切桌、手动式掰片台首尾排列。玻璃切割机如图10－14。

图10－14 单刀玻璃切割机

用自动玻璃切割机切割时，需要先进行排版，然后才能进行切割、除膜等工艺。不仅要求在玻璃原片上排出尽可能多的符合要求形状的裁片，提高原材料的利用率，而且要求排版操作简单易行、容易使用。机械交互排版是操作工人在现场对照工作任务单进行排版切割最常用、最方便的一种排版方式。

还有一种玻璃切割生产线，它由上片台、电脑切割机、掰片机、下片台组成，流水线全程采用计算机控制，自动化程度高，维修保养方便。如图10－15。

---

① http：//baike. baidu. com/view/2802624. htm，玻璃切割机。

图 10－15　先进的玻璃切割机生产线

10.6　包装机械设备

包装机械是指能完成全部或部分产品和商品包装过程的机械。包装过程包括充填、裹包、封口等主要工序，以及与其相关的前后工序，如清洗、堆码和拆卸等。此外，包装还包括计量或在包装件上盖印等工序。使用机械包装产品可提高生产率，减轻劳动强度，适应大规模生产的需要，并满足清洁卫生的要求。

10.6.1　包装

1. 定义

GB/T 18354—2006 对包装（packaging）的定义：为在流通过程中保护产品、方便储运、促进销售，按一定技术方法而采用的容器、材料及辅助物等的总体名称。也指为了达到上述目的而采用容器、材料和辅助物的过程中施加一定技术方法等的操作活动。

无论是产品或是材料，在搬运输送以前都要加以某种程度的包装捆扎或装入适当容器，以保证产品完好地运送到消费者手中，所以包装被称为生产的终点，也是社会物流的起点。包装的作用是保护物品，使物品的形状、性能、品质在物流过程中不受损坏。通过包装使物品形成一定的单位，作业时便于处置。由于包装使物品醒目、美观，故可以促进销售。

2. 包装的种类

包装有单个包装、内包装和外包装三种。

①单个包装，也称为小包装，是物品运送的最小单位。用袋或其他容器对物体的一部分或全部包裹的状态，并且印有作为商品的标记或说明等信息资料。这种包装一般属于商业包装，应注意美观，能起到促进销售的作用。

②内包装，是将物品或单个包装，或一至数个归整包装，或置于中间容器中。为了对物品及单个包装起保护作用，中间容器内有时会采取一定措施。

③外包装，基于物品输送的目的，起到保护作用并且考虑输送搬运作业方便，一般置入箱、袋中，根据需要对容器有缓冲防震、固定、防温、防水的技术措施要求。一般外包装有密封、增强功能，并且有相应的标识说明。

内包装和外包装属于工业包装，更着重于对物品的保护，其包装作业过程是物流领域中的活动；而单个包装作业一般属于生产领域活动。

3. 包装材料

（1）纸和纸板品：运输用大型纸袋可用 3 ~ 6 层牛皮纸多层叠合而成，也可用牛皮纸和塑料薄膜做成复合多层构造。纸箱的原料是各种规格的白纸板和瓦楞纸板，但要求其强度和耐压能力必须达到一定指标，在选材和尺寸设计时应加以注意。

（2）塑料制品：塑料包装制品的应用日益广泛，塑料袋及塑料交织袋已成为牛皮纸袋的代用品。塑料制品还用于酒、食油等液体运输容器的革新，开发了纸袋结合包装，其方法是将折叠塑料袋容器放入瓦楞纸箱中，以代替传统的玻璃瓶、金属罐、木桶等。塑料成型容器也得到广泛的应用，如聚乙烯容器，特别是颜料和食品业等塑料通用箱发展很快。

（3）木制容器：木制容器包括木箱、胶合板箱及木捅，为了节省木材，常使用框架箱、栅栏箱或木条胶合板箱，为了增加强度也有加铁箍的。对于重物包装，常在底部加木制垫货板。

（4）金属容器：输送用的金属容器有罐和箱，材料有镀锌铁板等。罐用于食品、化学药品、牛奶、油质类物品，而桶则主要用于以石油为主的非腐蚀性的半流体及粉体、固体的包装。

包装用辅助材料包括黏合剂、黏合带和捆扎材料等。

（1）黏合剂。用于材料的制造、制袋、制箱及封口作业；黏结剂有水型、溶液型、热融型和压敏型的区分。

（2）黏合带。它有橡胶带、热敏带、黏结带三种。橡胶带遇水可直接溶解，结合力强，粘结后完全固化，封口很结实；热敏带一经加热活化便产生黏结力，一旦结合，不好揭开且不易老化；黏结带是在带的一面涂上压敏性结合剂，用手压便可结合，十分方便。

（3）捆扎材料。捆扎的作用是打捆、压缩、缠绕、保持形状、提高强度、封口防盗、便于处置和防止破损等。

10.6.2 包装机械的发展历史、现状与趋势[①]

1. 历史

随着新包装材料的出现和包装技术的不断革新，包装机械也相应发展起来。历史上中国造

① http：//baike. baidu. com/view/49019. htm？ fr = aladdin，包装机械。

纸技术为纸包装的产生提供了条件。1850年纸包装开始用于食品，1852年美国的沃利发明出制纸袋机，从而出现纸制品机械。1861年德国建立了世界上第一个包装机械厂，并于1911年生产了全自动成形充填封口机。目前中国包装机械已成为机械工业中十大行业之一，有些包装机械填补了国内空白，已能基本满足国内市场的需求，部分产品还可以出口。

2. 现状

从产品结构看，中国包装机械品种有1 300多种，配套数量少，缺少高精度和大型化产品，产品质量差距表现在产品性能低、稳定性和可靠性差、外观造型不美观、表面处理粗糙，许多元器件质量差、寿命短、可靠性低，影响了整体产品的质量。从企业状况看，国内包装机械行业缺少龙头企业，生产规模大、产品档次高的企业不多。从产品开发看，中国还基本停留在测试仿制阶段，自行开发能力弱，缺少科研生产中试基地，科研经费仅占销售额的1%，而国外高达8% ~10%。中国包装机械的技术水平相较于先进国家的整体技术水平落后20年，在产品的开发、性能、质量、可靠性、服务等方面的竞争中处于劣势。面对不利因素，要转变发展理念，强化自主创新，增强市场意识。随着科技的不断发展进步，包装机械在流通领域中发挥着越来越大的作用。各种食品加工品的出现，对包装技术和包装设备都提出了新的要求，高度自动化、智能化、多功能、高效率、低消耗的包装设备越来越受到行业的青睐。自动化技术在包装生产线中已占50%以上，大量使用了电脑设计和机电一体化控制，提高生产率、设备的柔性和灵活性，增加机械手以完成复杂的包装动作。

国外包装和食品机械水平高的国家主要有美国、德国、日本、意大利和英国等。而德国的包装机械在设计、制造及技术性能等方面则居于领先地位。我国包装机械也取得了令人瞩目的成就。据《中国包装机械伺服系统行业市场调研与发展前景分析报告》显示，2011年1 ~12月，包装专用设备制造业销售收入总额达到232.141亿元，同比增长27.39%，高于工业平均水平。2012年1 ~12月，全国包装专用设备累计产量为86 926台，比上年同期增长了14.47%。

3. 趋势

中国已经成为世界最大的商品生产和出口大国，全球的目光也聚焦在发展最快、规模最大、最具潜力的中国包装市场。尽管国内包装机械市场前景广阔，但诸如单机自动化、稳定性和可靠性差、外观造型不美观、寿命短等问题也使国内包装机械产品饱受诟病。中国包装机械存在以下问题，同时这些也是包装机械今后发展的关键技术和趋势。

（1）安全检测技术：食品安全在包装机械上的体现不只局限在简单的物理参数的范围，同时也要关注食品的颜色、原料等因素。

（2）运动控制技术：运动控制产品及技术在包装机械上的作用主要是达到精确的位置控制和严格的速度同步的要求，主要用于装卸、输送、打标、码垛、卸垛等工序。它是区别高、中、低端包装机械的关键因素之一，也是我国包装机械升级的技术支撑。

（3）柔性化生产：各大企业为适应市场激烈的竞争，产品更新换代的周期越来越短，对包装机械的柔性与灵活性提出了很高的要求，即包装机械的寿命要远远大于产品的寿命周期。要从三个方面考虑柔性化的概念：量的灵活性、构造的灵活性以及供货的灵活性。

（4）制造执行系统：包装机械设备种类较多，这就使得不同厂商的产品接口对接、设备与工控机、信息与设备之间的传输方式遇到了很大难题。在这种情况下，包装企业转而向制造执行系统（MES）寻求解决方案。

总之，从以上包装机械的发展历史和现状来看，包装机械还有很大的上升空间，也是未来国家经济的增长点之一。

10.6.3 包装机械的作用与分类①

1. 作用

产品进入流通领域必然要进行各种形式的包装，而实现包装的主要手段是使用包装机械。包装机械的作用主要有以下几点。

（1）可大大提高劳动生产率。滑台式吸塑封口机机械包装比手工包装快得多，如糖果包装，可提高效率数十倍。

（2）能有效地保证包装质量。可根据包装物品的要求，按照需要的形态、大小，得到规格一致的包装物，而手工包装是无法保证的。这对出口商品尤为重要，只有机械包装，才能达到包装规格化、标准化，符合集合包装的要求。

（3）能实现手工包装无法实现的操作。如真空包装、充气包装、贴体包装、等压灌装等，都是手工包装无法实现的。

（4）可降低劳动强度，改善劳动条件。如用手工包装体积大、重量重的产品，既耗体力，又不安全；而对轻小产品，由于频率较高，动作单调，易使工人得职业病。

（5）有利于工人的劳动保护。如粉尘严重、有毒的产品，有刺激性、放射性的产品，用手工包装难免危害健康，而机械包装则可避免，且能有效地保护环境不被污染。

（6）可降低包装成本，节省贮运费用。对松散产品，如棉花、烟叶、丝、麻等，采用压缩包装机压缩打包，可大大缩小体积，从而降低包装成本；同时由于体积大为缩小，可节省仓容，减少保管费用，有利于运输。

（7）能可靠地保证产品卫生。某些产品如食品、药品的包装，根据《卫生法》是不允许

---

① http：//baike. baidu. com/view/2630942. htm？ fr = aladdin，食品包装机械。

用手工包装的，因为会污染产品，而机械包装避免了人手直接接触，保证了卫生质量。

（8）可促进相关工业的发展。包装机械是一门综合性科学，它涉及到材料、工艺、设备、电子、电器、自动控制等多种学科，要求各相关学科同步、协调地发展，任何学科的问题都将影响包装机械的整体性能。另外，为适应包装机械高速包装的需要，其相关的前后工序也势必与之适应，也就推动了相关工序的同步发展。

2. 分类

包装机械的种类繁多，分类方法很多。按功能可分为单功能包装机和多功能包装机；按使用目的可分为内包装机和外包装机；按包装品种可分为专用包装机和通用包装机；按自动化水平分为半自动机和全自动机等；按产品状态分，有液体、块状、散粒体、膏体、贴体、电子组合秤包装、枕式包装机；按包装作用分，有内包装、外包包装机；按包装行业分，有食品、日用化工、纺织品等包装机；按包装工位分，有单工位、多工位包装机。

包装机械的分类方法还有许多，各种分类方法各有其特点及适用范围，但均有其局限性。从国际上包装机械总的情况来看，比较科学的分类方法是按其主要功能进行分类，它能抓住事物的本质。其基本可分为充填机、封口机、裹包机、多功能包装机四类。

（1）充填机。充填机是将精确数量的包装品装入到各种容器内的包装机。如图 10 - 16。其主要种类有：①容积式充填机，包括量杯式、插管式、柱塞式、料位式、螺杆式、定时式充填机。②称重式充填机，包括间歇称重式、连续称重式、称重—离心等分式等充填机。③计数式充填机，包括单件计数式、多件计数式充填机。

图 10 - 16　充填机

（2）封口机。封口机是将充填有包装物的容器进行封口的机械，如图 10 - 17。其主要种类有：①无封口材料封口机，包括热压式、冷压式、熔焊式、插合式、折叠式等封口机。②有封口材料封口机，包括旋合式、滚纹式、卷边式、压合式等封口机。③有辅助封口材料封口机，包括胶带式、黏结式、钉合式、结扎式、缝合式等封口机。

（3）裹包机。裹包机是用柔性的包装材料，全部或部分地将包装物裹包起来的包装机。

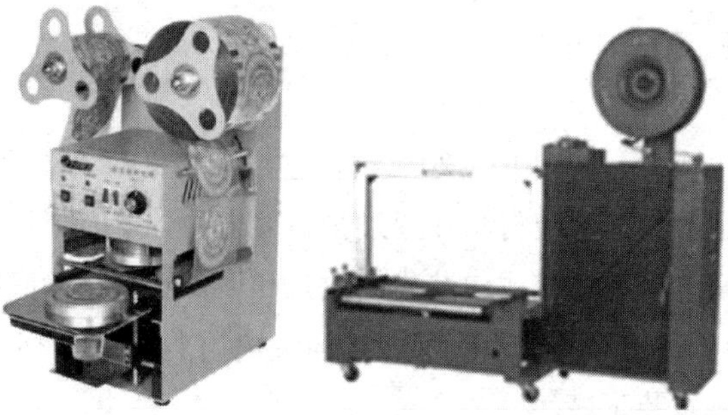

图 10－17　封口机

如图 10－18。其主要种类有：①全裹式裹包机，包括扭结式、覆盖式、贴体式、接缝式等裹机。②半裹式裹包机，包括折叠式、收缩式、拉伸式、缠绕式等裹机。

图 10－18　裹包机

（4）多功能包装机。这类包装机具有两种或两种以上的功能。如图 10－19。其主要种类有：①充填封口机，它具有充填、封口两种功能。②成型充填封口机，它具有成型、充填、封口三种功能。成型的种类有袋成型、瓶成型、箱盒成型、泡罩成型、熔融成型等。③定型充填封口机，它具有定型、充填、封口功能。④双面封箱机，它能同时封上盖和下底两个面。封箱时，箱子可侧放或立放。

图 10－19　多功能包装机

3. 其他常用包装机械设备简介

（1）封口包装机

它是一种多功能的包装机。如图10－20。物料进入包装机的顶部后，计量部分将定好数量的产品依次送入物料通道。卷筒包装材料在通过物料通道的外壁时，被成形器卷绕成筒状，纵封器将其纵向缝焊封牢固。横封器完成包装袋的顶封和下一个袋子的底封，成为两道焊缝。由于下料通道被包装袋裹住，底封封焊后就可直接向袋内下料，随之移动一个工位完成顶封封口，并用切刀切断，完成包装工序。

图10－20　封口包装机

（2）装盒装箱包装线

装盒机是用于产品销售包装的机械，它将经过计量的一份定量物料装入盒中，并把盒的开口部分闭合或封固。装箱机用于完成运输包装，它将包装成品按一定排列方式和定量装入箱中，并把箱的开口部分闭合或封固。装盒机和装箱机均有容器成形（或打开容器）、计量、装入、封口等功能。灌装机使软管容器定位，经计量充填后，封固容器的尾端，然后送至装盒机。装盒机先将盒坯成形，将软管裹以衬纸后，推入盒中封闭盒口。小盒经输送装置送到装大盒机中堆叠。堆叠预定数量后，大盒坯以裹包的方式形成容器，与此同时将小盒装入其中，并施胶封口。大盒输送到装箱机中堆叠，达到预定数量后装入打开的箱中。装箱后，由封箱贴条机将箱盖施胶封口，并在盖舌齐缝处贴以胶带或使用捆扎机将箱捆扎牢固。

（3）液体灌装机

按灌装原理，灌装机分为常压灌装机、压力灌装机和真空灌装机。如图10－21。

①常压灌装机：它在大气压力下靠液体自重进行灌装。这类灌装机又分为定时灌装和定容灌装两种，只适用于灌装低黏度不含气体的液体如牛奶、葡萄酒等。

②压力灌装机：它在高于大气压力下进行灌装，可分为两种。一种是贮液缸内的压力与瓶中的压力相等，靠液体自重流入瓶中而灌装，称为等压灌装；另一种是贮液缸内的压力高于瓶

图 10－21　液体灌装机

中的压力，液体靠压差流入瓶内，高速生产线多采用这种方法。压力灌装机适用于含气体的液体灌装，如啤酒、汽水、香槟酒等。

③真空灌装机：在瓶中的压力低于大气压力下进行灌装。这种灌装机结构简单，效率较高，对物料的黏度适应范围较广，如油类、糖浆、果酒等均可适用。

（4）真空充氮包装机

这是一种集抽真空、充氮气，热封为一体的半自动多功能包装机械，工作程序由 PLC 编程系统自动控制，可根据不同的包装材料和容积单独调节各工作环节时间，也可单独使用其中某一单独环节。整机由除油除水空气过滤系统、空气分离制氮系统、抽真空系统、储气供气系统、热封系统、PLC 编程控制系统、升降式工作室及机架、机壳组成。本机可与其他设备及生产机配套使用。真空充氮包装将食品装入包装袋，抽出包装袋内的空气达到预定的真空度后，再充入氮、二氧化碳、氧等气体，然后完成封口工序。适用于各种塑料复合膜和塑料铝箔复合膜的各种包装，对液体、半流体、固体粒状、粉状、糊状的食品、鲜果、蔬菜、大米、鲜花、化学药品、贵重药材、名贵字画、电子元器件以及各种防蛀、防腐、防潮、防霉变、防氧化物品进行真空包装或真空充氮包装，使其延长保质期。

（5）封箱机

封箱机如图 10－22。按胶带所封位置和条数分类，封箱机可分为 I 型封箱机和 H 型封箱机。

①I 型封箱机。它在箱子的上盖和下底的外折页接缝处用一条胶带封合。这种封合，操作简单，但密封性较差。

②H 型封箱机。它在 I 型封箱的基础上，即在 I 型封合胶带的两端加封两条胶带，形如 H，故称 H 型。它能增加箱子强度和密封性能，但成本较高。

按专用化程度，封箱机可分为通用封箱机、专用封箱机和随机型封箱机。

图10－22　全自动封箱机

①通用封箱机。它能调节某些机构以变换封箱机的有关尺寸，来适应多种尺寸规格箱子的封箱。它适应范围较广，是一种普遍使用的封箱机。

②专用封箱机。它只能封合某一种规格尺寸的箱子，封箱速度快，适用于大批量封箱作业。

③随机型封箱机。它在规定的尺寸范围内，各有关机构能自动地变换，以适应不同尺寸箱子的封箱需要，是一种自动化程度很高的封箱机。

案例分析

流通加工地点设置的影响①

1. 北京大兴的北京剪板厂

20世纪80年代初建于北京大兴的北京剪板厂，投资1 000万美元。该厂设计年加工能力达80万吨，有四条剪板加工生产线，是当时全国最大的流通加工项目。但是，该企业建成后不久便停产、下马。

分析其失败的各种原因，除体制因素外，有几点是值得注意的。其一，加工原料定位失

① http：//wenku. baidu. com/view/c8adf1215901020207409c77. html，流通加工。

误。将欲加工的钢板定位于全部从天津进口，后因货源不足，出现等米下锅的窘境。其二，对用户调查出现误差。他们将加工的服务对象定位于全国（北至黑龙江，南至福建），这在当时是根本办不到的。其三，流通加工技术定位也出现问题。采用全部进口设备，虽具有加工速度快、精度高的优点，但因此而带来每吨三百元的加工费用企业是不情愿接受的。

2. 天津宝钢储菱物资配送有限公司

成立于20世纪90年代中叶的天津宝钢储菱物资配送有限公司年均加工板材10万多吨，拥有国际先进的横剪、纵剪钢材剪切线及两台小型剪机。该企业只有员工60人，其中生产加工线工人仅30余人，因其加工精度高、经营效益高、配送服务好，深受用户的欢迎，极具发展前景。

3. 两个案例的对比分析

从上述两个结果完全不同的例子，可以看到：

(1) 流通加工地点设置即布局状况是整个流通加工上否有效的重要因素。

(2) 将流通加工与配送的密切结合，一方面使流通加工更具活力，另一方面可使配送服务的水平大大提高。

(3) 随着流通加工的高度化进程，流通加工的服务对象会更加广泛。

案例点评：

在流通过程中对商品进一步的辅助性加工，可以弥补企业、物资部门、商业部门生产过程中加工程度的不足，更有效地满足用户的需求，更好地衔接生产和需求环节，使流通过程更加合理化，是物流活动中的一项重要增值服务，也是现代物流发展的一个重要趋势。

复习思考题

1. 流通加工的特点有哪些?
2. 流通加工设备有哪些分类?
3. 包装机械包括哪些?

第 4 部分

其他设备、设施与技术

了解冷链物流的特点，掌握冷链物流的主要技术装备；

掌握自动化立体仓库系统有哪些机械设备组成，各起何作用；

掌握自动化仓库控制系统结构有哪些形式；

正确理解物流信息的内容、特征及其功能；

掌握信息技术在物流中的应用方式和方法。

第 11 章 冷链物流主要设备与技术

学习目的和要求

- 了解冷链物流的特点
- 掌握冷链物流的主要技术装备

最近几年，随着冷链物流的快速发展，特别是近期各大电商纷纷进入生鲜宅配市场，冷链物流投资明显加大，各地新上马的冷链项目源源不断，尤其是冷库建设步伐明显加快，带来冷链核心技术设备市场需求大幅增长。最明显的是，上游制冷设备生产商成为最大的受益者。未来几年，在各路企业纷纷加快涌入冷链物流行业的带动下，相关技术与设备的市场前景看好。

冷链物流的主要设施包括冷库或低温物流中心、生鲜食品加工中心（包括中央厨房）、冷藏运输车、超市陈列柜等。在冷链物流所有环节中，冷库是最核心的设施，其投资占了整个冷链建设的大部分。除了上述硬件设备设施外，同常温物流中心一样，低温物流中心也需要物流管理软件，如 WMS（仓储管理系统）等。此外，冷链运输是全程冷链中不可或缺的一个关键环节，需要各种类型的冷藏车、冷藏箱等。除了采用保温车箱外，冷藏车一般会配置制冷系统、温度追踪记录系统等。

冷链技术水平表现为冷链物流中心或生鲜食品加工中心的建造水平、冷藏运输体系的完善水平、冷链全程温控的保证水平上。冷藏运输装备在中国市场潜力非常大。

11.1 冷链物流概述

从蔬菜、水果、肉、禽、蛋等初级农产品到各类水产品、速冻产品、包装熟食、冰淇淋、奶制品和快餐原料等，这些食品都属于冷冻冷藏类，在生产、储藏、运输、销售等环节中，都需处于规定低温环境下，才能保质保量，减少损耗。冷链物流业蕴含着巨大的市场潜力。我国人口众多，冷链食品消费量大，但冷链物流业发展明显滞后。据统计，我国平均食物年产值约为3 000亿美元，超过20%的食物出入没有很好的冷藏、储存等，物流环节上损失率达25%～30%，每年在运输中损失的农产品总值约92.5亿美元，损耗量居世界首位；而发达国家的果蔬损失率则控制在5%以下。欧、美、日等国食品冷藏运输率达80%～90%，东欧国家约为50%，而我国只有10%左右。由于缺乏完善的冷链，造成了某些食品零售价居高不下，我国冷链物流业亟待发展。

从生产来看，目前我国肉类食品厂有2 500多家，年产肉类6 000万吨，产量以每年5%左右的速度递增；速冻食品厂2 000多家，年产量超过1 000万吨，以每年20%的幅度递增；冷饮业4 000多家，年产量150多万吨，产量以每年7%左右的速度递增；乳品业1 500多家，产量800万吨，每年以30%的速度递增；水产品产量4 400万吨，每年以4%的速度递增①。

从消费来看，速冻食品销售额连续多年在全国连锁超市所销售的食品日用品中名列前位。以牛奶为主的乳制品消费年平均增长率在10%～20%之间，位居世界首位。食品行业冷链物流的年需求量在1亿吨左右，年增长率在8%以上。所以，大力发展冷链物流势在必行。

目前，冷链物流已发展成为影响国计民生的一个重要行业，是现代物流的重要组成部分，冷链物流技术与设备发展环境正逐步得到改善。由于冷冻冷藏类产品要求所处的环境通常具有低温或低湿等共同特性，所以称为冷冻产品；冷冻产品的供应链称为冷链；用于制造低温、低湿环境的设备，称为冷链设备。

具体的冷链设备有：低温冷库、常温冷库、低温冰箱、普通冰箱、冷藏车、冷藏箱、疫苗运输车、备用冰排等。

11.1.1 冷链物流的定义

冷链物流（Cold Chain Logistics）是一种专业物流，泛指冷藏冷冻类食品在生产、贮藏运输、销售，到消费前的各个环节中始终处于规定的低温环境下，以保证食品质量，减少食品损耗的一项系统工程。它是随着科学技术的进步、制冷技术的发展而建立起来的，是以冷冻工艺学为基础、以制冷技术为手段的低温物流过程。

冷链物流由食品冷链扩展而来。食品冷链（Cold Chain）是指易腐食品从产地收购或捕捞之后，在产品加工、贮藏、运输、分销、零售、直到转入到消费者手中，其各个环节始终处于产品所必需的低温环境下，以保证食品质量安全，减少损耗，防止污染的特殊供应链系统。蔬菜、水果、肉类、水产品等农产品（简称生鲜易腐农产品）需要通过低温流通才能使其最大

---

① http：//www.docin.com/p－827933874.html，冷链物流中心商业计划书（完整版）。

限度地保持天然食品原有的新鲜程度、色泽、风味及营养，食品冷链物流应运而生。冷链物流主要对象是冷藏冷冻类易腐食品，包括低温加工、低温运输与配送、低温储存和低温销售四个方面。其主要物流流程图如图 11 -1 所示。

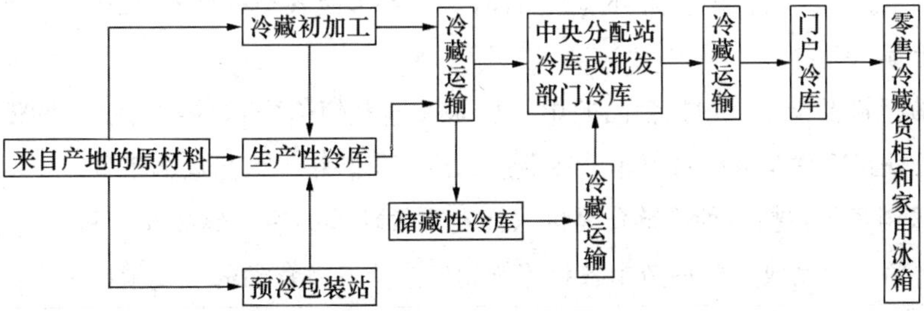

图 11 -1　冷链物流流程图

11.1.2　冷链物流的基本特点与适用范围[①]

易腐食品的含水量高，保鲜期短，极易腐烂变质，大大限制了运输半径和交易时间，因此对运输效率和流通保鲜条件提出了很高要求。冷链物流是以保持低温环境为核心要求的供应链系统，它比一般常温物流系统的要求更高、更加复杂。

冷链物流具有以下特点。

（1）是一个庞大的系统工程，比常温物流的建设投资要大很多。

（2）冷藏、冷冻类生鲜易腐食品的时效性要求冷链各环节具有更高的组织协调性。

（3）生鲜易腐产品的极易腐烂变质的性质，使得物流过程注定有损耗，有效控制运作成本与食品冷链的发展密切相关。

冷链物流的适用范围主要包括以下这些。

（1）初级农产品：蔬菜、水果；肉、禽、蛋；水产品；花卉产品。

（2）加工食品：速冻食品；禽、肉、水产等包装熟食；冰淇淋和奶制品；快餐原料。

（3）特殊商品：化工产品、医药用品、生物制品等。

11.1.3　冷链物流的构成[②]

冷链物流主要由以下四个方面构成。

（1）冷藏加工：包括肉禽类、鱼类和蛋类在低温状态下的冷却与冻结等加工作业过程；

① http：//wenku. baidu. com/view/2b34884369eae009581bec39. html 中国冷链物流市场调研报告。

② http：//wenku. baidu. com/view/2b34884369eae009581bec39. html 中国冷链物流市场调研报告。

果蔬的预冷；各种速冻食品和奶制品的低温加工等。此环节主要涉及的冷链装备是冷却、冻结装置和速冻装置。

（2）控温贮藏：包括食品的冷却储藏和冻结储藏、水果蔬菜等食品的气调贮藏（保证食品在储存和加工过程中的低温保鲜环境）。此环节主要涉及各类冷藏库/加工间、冷藏柜、冻结柜及家用冰箱等。

（3）冷藏运输及配送：包括食品的中、长途运输及短途配送等物流环节的低温状态。此环节主要涉及铁路冷藏车、冷藏汽车、冷藏船、冷藏集装箱等低温运输工具。

（4）冷藏销售：包括各种冷链食品进入批发零售环节的冷冻储藏和销售，它由生产厂家、批发商和零售商共同完成。此环节中各种连锁超市成为冷链食品的主要销售渠道，大量使用了冷藏/冷冻陈列柜和储藏库。

11.2 冷链物流中心

冷链物流中心（cold logistics center）是从事冷链物流活动的场所或组织，应基本符合以下要求：主要面向社会服务；冷链物流功能健全；环境温度符合不同物品的需求；完善的物流信息网络；辐射范围大；少品种、大批量；存储吞吐能力强；冷链物流业务统一经营管理，具有完善的管理规范和物流设施。它是冷链物流网络的节点，是冷链物流实施过程中一个重要的环节，具有冷链物流网络节点的系列功能，是依托不同层次物流设施设备展开一系列物流活动的，是指导物流运营与管理的基础。

基本上，常温物流中心的设备设施在冷链物流中心也都用得上，另外冷链物流中心还有冷库、冷藏车和制冷设备等。

11.2.1 冷链物流中心的发展状况①

1. 冷库建设技术发展状况

冷库建设主要要解决的问题是由于内外温差而引起的冷桥问题以及降温后引起的汽桥问题，通过加入隔热夹芯板可以很好地解决这些问题。早期的冷库隔热板材主要采用软木、珍珠岩等天然材料，20 世纪 80 年代后聚氨酯材料和聚苯乙烯材料得到迅速推广，目前仍然是冷库墙体的主流材料。国内专业建造冷库的厂家很多，冷库建设技术也很成熟。

---

① http：//www. chinawuliu. com. cn/zixun/201004/22/111034. shtml，冷链物流技术与设备发展环境分析。

2. 冷库制冷设备发展状况

制冷设备是冷库的心脏，其主体是制冷机。制冷机和冷凝器等设备组合在一起常称作制冷机组。制冷机组又分为水冷机组和风冷机组，风冷机组具有简单、紧凑、易安装、操作方便等特点，是目前较为常见的制冷机组类型；冷库制冷设备通常归类于空调/制冷设备制造行业。我国该行业在 20 世纪末开始迅速发展，产品产销率连续多年保持在 96% 以上。

3. 冷藏车行业发展状况

冷藏车泛指运输易腐货物的专业汽车，是公路冷藏运输的主要工具，主要用于农副产品和食品饮料的运输。根据汽车工业年鉴统计，我国冷藏车数量不算多，其中中型冷藏车和轻型冷藏车占总冷藏车数量的大多数。国内专业生产冷藏车的厂家也不多，市场集中度较高。

4. 冷链物流信息系统发展状况

目前国内常见的物流信息系统主要有仓储管理系统（Warehouse Management System，WMS）、全球定位系统（GPS）和无线射频识别（RFID）技术。国内 WMS 软件主流品牌多来自于国外，使用方多为跨国公司或国内少数先进企业；国产品牌则占据中低端市场。GPS 技术进入中国的时间不长，但生产企业数量和年销售额均增长迅猛。RFID 技术是冷链物流信息技术发展的趋势之一。利用 RFID 技术，可以将温度变化记录在 RFID 标签上，以此来对产品的生鲜度、品质进行实时管理。目前国内已经形成较为完善的 RFID 产业链，并成为世界上最大的高频 RFID 标签生产国之一。

冷链物流在工业生产、民众生活中出现的频率越来越高。与冷链物流相关的技术和设备包括冷库建设技术、制冷设备、冷藏车和信息系统平台等，目前已经形成较为完整的产业链。

11.2.2 冷链物流中心的设备与设施①

1. 主要建筑结构形式——冷库

冷库（cold storage）：指利用降温设施创造适宜的湿度和低温条件的仓库，又称冷藏库，是加工、贮存产品的场所。使用冷库能摆脱气候的影响，延长各种产品的贮存期限，以调节市场供应。冷库示制图如图 11－2。

冷库按性质可分成以下 5 类。

（1）生产性冷库：食品产地附近、货源集中地区和渔业基地，通常作为食品、乳品蔬菜加工厂的一个重要组成部分；生产方式大批量、连续性；产品储存时间短。生产性冷库要求有

① http：//wenku. baidu. com/view/8855758571fe910ef12df840. html，冷链物流的主要技术和设备。

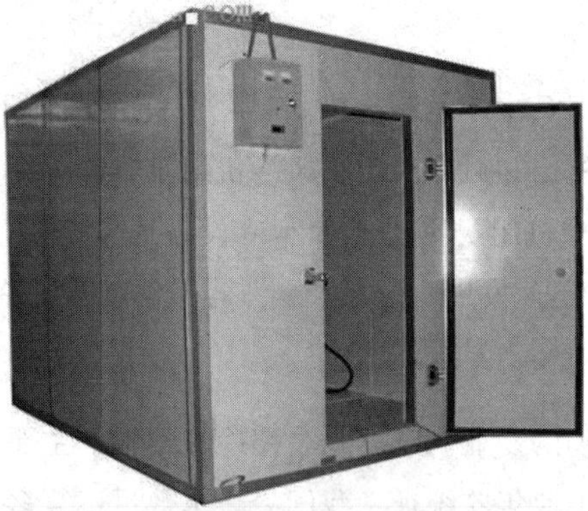

图 11－2　冷库

较强制冰能力。

（2）零售性冷库：建在工矿企业和城市的副食品和菜市场内，供临时储存用，库容量大，存储期短，库存温度随要求改变。

（3）中转性冷库：建在渔业基地的水产冷库，可进行大量冷加工，并可在冷藏车、船的配合下起中转作用，货物存储时间短，冷库周转速度快。

（4）分配性冷库：大中城市、人口较多的工矿区和水陆交通枢纽，专储存经过冷加工的食品，以供调节淡旺季节，保证市场供应，提供外贸出口和长期储存之用。冷库容量大，储存品种多，货物进出比较集中。

（5）综合性冷库：建在食品产地附近、大中城市和人口较多的工矿企业，可起到生产冷库和分配冷库的双重作用。综合性冷库容量大，功能多，管理要求高。

冷库按结构可分成以下 4 类。

（1）土建式冷库。是我国最普遍的冷库，可建成单层或多层；建筑物的主体结构多为钢筋混凝土和砖混结构；围护结构属重体结构，热惰性大，库温易于稳定；在结构内部再用 PU 夹芯冷库板组装冷库，或使用 PU 喷涂四周的方式建造。

（2）装配式冷库。多为单层结构，库板为钢框架轻质隔热板装配结构，其承重构件为薄壁型钢材制作；所有构件均按统一标准在专业工厂成套预制，在工地现场组装，施工进度快，建设周期短。

（3）覆土式冷库。覆土冷库又称土窑洞冷库，洞体多为拱性结构。

（4）库架合一结构。货架除承受货物的荷载外，还作为库房的骨架支撑着屋面和墙面围护，即货架兼作建筑物承重的结构；其施工水平、工程细节及精准程度要求较高；该结构由于物流中心内部没有柱网，可以达到单位面积存量最大化及物流动线最顺畅化。

冷库按大小可分为大型冷库（容量 10 000 吨以上）、中型冷库（1 000 ~ 10 000 吨）和小型冷库（1 000 吨以下）。

2. 冷藏车

运输作为全程冷链中极为重要、不可或缺的一个关键环节，涉及各类型冷藏车的使用。冷藏车除保温车厢外，一般会配置制冷系统、温度追踪记录系统、GPS 定位系统等。

3. 制冷系统

制冷系统由一系列的设备依统筹设计组装、安装而来，一般可区分为：制冷主机（主要包括机头、压力容器、油分离器、阀件等）、制冷风机（由不同的布局方式及数量、除霜设计方式，进行不同的选择配置，比如电热除霜、水除霜、热气除霜）、控制系统（由一系列的阀件、感应装置、自控装置及控制软件等组成）、管路与阀件系统（一般依设计配置）。与制冷系统配套的还有压力平衡装置、温度感应装置、温度记录装置、电器设备等。制冷系统在冷链物流的投资中占有较大比重，主要使用氨系列或氟系列的冷媒。在较高温层如 12℃ 作业区，可规划使用二次冷媒，如冰水或乙二醇。

4. 存储及相关设备

与常温物流中心相同，冷链物流中心内部存储同样需要各型货架或自动化立体仓库系统（AS/RS）。各型货架和塑料托盘在冷链物流中心均有大量使用。为配合存储，满足生鲜食品的特殊要求，冷链物流中心的仓储库内会配置臭氧发生器、加湿器、新风机、二氧化碳发生器、其他特殊气体发生器等配套设备。

5. 冷库用专业门组及库板工程

各型门组在冷链物流中心起着至关重要的作用，能耗影响较大。如冷冻库使用的电动平移门、封闭式低温月台区使用的滑升门、人员进出门等，都需要足够的保温性能与气密性，属于低温专业用门。还有与门组配套的各型防撞杆，以及冷冻、冷藏库建设使用的聚胺酯库板，也是冷链物流建设的关键材料。

6. 冷链物流月台设备设施

冷链物流月台设备、设施主要包括月台各型门罩或门封、月台调节板（电动、手动）、月台防撞设施等。

7. 搬运设备

搬运设备主要有各型叉车，如高位货架库内的前移式叉车、步行式叉车、电动托盘车、油压托盘车，以及自动仓库内的堆垛机等。一般情况下，这些搬运设备需是耐低温的专用型设备。与自动仓库及物流动线配合的皮带式或滚轮式的流水线也属于冷链物流中心内部的搬运设备。

8. 物流容器

冷链物流的目标商品一般是食品类和药品类商品，托盘一般使用塑料托盘。另外，冷链物流容器还有蓄冷箱、物流箱、笼车、物流筐、台车以及与商品特性需求配合的物流容器。

9. 分拣设备

分拣设备包括自动分拣机、DPS电子标签拣货系统、RF拣选系统、自动台车等，常温物流中心使用的设备在低温中心同样需要使用，但对这些设备有低温环境的适用性方面的要求。

除了上述硬件设备、设施外，同常温物流中心一样，冷链物流中心还需要物流管理软件，如WMS（仓储管理系统）等。

11.2.3 完善冷链物流所需的设备、设施建设工程①

1. 冷库建设工程

在技术改造和充分利用现有低温储藏设施的基础上，加快建设一批设施先进、节能环保、高效适用的冷库，满足全社会对储藏设施的急需。

2. 低温配送处理中心建设工程

在大中城市周边规划建设一批具有低温条件下中转和分拨功能的配送中心，促进其与上游的屠宰加工企业、批发市场以及下游的超市等零售市场协同推进冷链发展。

3. 冷链运输车辆及制冷设备工程

鼓励大型冷链物流企业大量购置冷藏运输车辆，大幅度提升冷链运输能力，提高生鲜农产品的运输率；鼓励肉类和水产品加工、流通和销售企业购置预冷保鲜、冷藏冷冻、低温分拣加工、冷藏运输工具等冷链设施设备，提高冷链处理能力，逐步减少“断链”现象的发生。

4. 冷链物流企业培育工程

根据我国生鲜农产品生产、流通、消费格局，采用政策倾斜等方式，重点培育一批发展潜力大、经营效益好、辐射带动能力强的农产品冷链物流企业，鼓励其创新物流服务模式。

5. 冷链物流全程监控与追溯系统工程

按照规范化、标准化运作的要求，建设全程监控和可追溯系统，充分利用现有的企业管理和市场交易信息平台，建立便捷、高效、低成本的农产品冷链物流信息追溯系统。

---

① http：//www.lenglian.org.cn/news/zixun/1/7344_3.shtml，《农产品冷链物流发展规划》。

6. 肉类和水产品冷链物流工程

鼓励大型肉类和水产品企业改造生产流水线及温控设施，加强产品排酸、预冷等低温初加工设施建设，积极推广肉类和水产品冷藏运输和全程监控技术，推动零售环节超市、大卖场冷柜销售方式，形成“无缝化”连接的肉类冷链物流体系。加强中央直属猪肉储备冷库和地方猪肉储备冷库建设，依托企业冷库完善猪肉储备体系，提高政府对猪肉市场的调控能力。

7. 果蔬冷链物流工程

重点加强分级、包装、预冷等商品化处理和冷藏储存环节建设，推动主要产区果蔬产品冷链物流设施条件的改善；大力发展冷藏运输，逐步提高果蔬产品冷藏运输能力；完善主销区果蔬冷链配送设施建设，发展具有集中采购、跨区域配送能力的现代化果蔬配送中心。鼓励大型果蔬农产品批发市场、连锁超市、果蔬储运营销企业加快冷链物流设施建设，积极培育具有一定规模和竞争力的第三方果蔬冷链物流服务企业。

8. 冷链物流监管与查验体系工程

完善冷链物流生产、加工、储存、运输、中转、进出口等主要环节的监管和查验基础设施建设。依托现有监管和检测资源，进一步提高主要生产基地、加工基地、配送中心、中转中心、进出口口岸的查验和检测能力，提高监管水平，保障产品质量和安全。

11.2.4 冷链物流发展趋势及在技术和设备方面的需求①

冷链物流的快速发展将波及从农产品的产地至大城市的餐桌的整个供应链体系，届时相关产业也会进入快速发展时期。在此，对冷链建设相关的设备、材料、技术的需求预测如下。

（1）大型单层钢结构装配式冷库将越来越多地被用户接受，并投入到建设中。冷链物流中心的业主会开始关心物流作业效率，改变过去一味地只考虑存储能力的思维方式。

（2）对制冷系统的要求会越来越高，制冷系统的需求量也将越来越大。

（3）聚氨酯冷库板的使用量将越来越大。聚氨酯冷库板的装配建造方式将取代聚氨酯直接发泡建造方式。

（4）耐低温钢材的需求量也将越来越大。新的建造方式及设计方案，从货架到钢结构均对钢材材质提出了要求。

（5）低温门组、封闭式月台设备（如门罩门封、调节板、滑升门等）、冷链物流中心专业设备需求量将加大。

---

① http：//wenku. baidu. com/view/64eab53e0b4c2e3f572763f8. html，冷链物流的起源。

（6）能在低温环境中使用的其他物流设备，如叉车类、货架类、传送带类、自动化设备及 IT 设备的需求量会加大。

（7）在规划设计方面，冷链及冷链物流方面的设计将进入专业化分工阶段。

（8）冷藏车逐渐普及并得到广泛使用。

11.3 生鲜食品加工中心

目前生鲜食品较有代表性的是指的“生鲜三品”，即：果蔬（蔬菜水果（PRODUCE）、肉类（MEAT）、水产品（SEAFOOD）。对这类商品基本上只做必要的保鲜和简单整理就可上架出售，未经烹调、制作等深加工过程，因此可归于生鲜食品类的初级产品。再加上较常见的：由西式生鲜制品衍生而来的面包（BAKERY）和熟食（COOKED FOOD）等现场加工品类，就由初级产品的“生鲜三品”和加工制品的面包、熟食共同组合为“生鲜五品”。

某生鲜食品加工配送中心局部场景如图 11－3。

图 11－3 某生鲜食品加工配送中心局部场景

生鲜食品加工中心是全程冷链物流体系中的一个环节，在考虑全程冷链物流时，通常也会将生鲜食品加工中心一并纳入考虑范围。如肉类加工中心（包括猪肉、牛羊肉、禽肉类）、水产品加工中心、蔬果净配菜类加工中心、乳制品及冰品类加工中心、烘焙类产品加工中心（如面包厂等）、连锁餐饮行业的中央厨房等。

生鲜食品加工中心在建造技术与设备使用方面，除包括前述冷链物流中心的全部设备外，还有食品加工类设备及食品包装类设备、清洗类设备、灭菌消毒类设备、洁净类设备等。

生鲜食品加工中心加工的类型种类很多。超市里的货柜摆放的各类洗净的蔬菜、水果、肉末、鸡翅、香肠、咸菜等都是流通加工的结果。这些商品的分类、清洗、贴商标和条形码、包装、装袋等是在摆进货柜之前就已进行了加工作业，这些流通加工都不是在产地，已经脱离了生产领域，进入了流通领域。加工类型主要有如下 4 种①：冷冻加工、分选加工、精制加工和分装加工。

1. 冷冻加工

为了保鲜而进行的流通加工，为了解决鲜肉、鲜鱼等在流通中保鲜及装卸搬运的问题，采取低温冻结方式的加工。这种方式也可用于某些液体商品、药品等。

2. 分选加工

分选加工是为了提高物流效率而进行的对蔬菜和水果的加工，如去除多余的根叶等。农副产品规格、质量离散情况较大，为获得一定规格的产品，采取人工或机械分选的方式加工。这种方式广泛用于果类、瓜类、谷物、棉毛原料等。

3. 精制加工

农、牧、副、渔等产品的精制加工是在产地或销售地设置加工点，去除无用部分，甚至可以进行切分、洗净、分装等加工，可以分类销售。这种加工方式不但大大方便了购买者，而且还可对加工过程中的淘汰物进行综合利用。比如，鱼类的精制加工中所剔除的内脏可制成某些药物或用作饲料，鱼鳞可制高级黏合剂，头尾可制鱼粉等；蔬菜的加工剩余物可以制饲料、肥料等。

4. 分装加工

许多生鲜食品零售起点较小，而为了保证高效输送出厂，包装一般比较大，也有一些是采用集装运输方式运达销售地区。为便于销售，在销售地区按所要求的零售起点进行新的包装，即大包装改小包装、散装改小包装、运输包装改销售包装，以满足消费者对不同包装规格的需求，从而达到促销的目的。半成品加工、快餐食品加工也成为流通加工的组成部分。如葡萄酒是液体，从产地批量地将原液运至消费地配制、装瓶、贴商标，包装后出售，既可节约运费，又安全保险，以较低的成本卖出较高的价格，附加值大幅度增加。

① http：//wenku. baidu. com/view/34ed51305a8102d276a22f8b. html，案例十一。

案例分析

案例一：蒙牛的冷链物流运作[①]

近几年的乳业市场风起云涌，在常温市场竞争风靡之后，低温市场又逐渐成为企业发展冷链运营的新亮点。国内以伊利、蒙牛、光明等为代表的三家企业在各自的冷链运作方面又都略胜一筹。低温产品的市场被公认为是企业在其发展冷链运作的一个新的挑战。在众多的乳业品牌中，蒙牛的低温市场增长率是同行业的5倍。蒙牛是如何做到这一巨大的市场份额的呢？下面我们来分析蒙牛在低温市场上的运作。

低温市场首先看的是产品，在乳业市场主要产品就是酸奶。运作酸奶产品，考验的是企业新品研发、冷链建设、渠道管理三大能力。蒙牛酸奶是来自大草原，蒙牛要如何突破冷链配送的瓶颈，把产自大草原的酸奶送到更广阔的市场呢？酸奶的保质期短，一般是14～21天，而且对冷链要求非常高。从牛奶挤出运送到车间加工，直到运到市场销售，全过程都必须保持2～6℃。建设冷链配送系统要求冷藏罐、冷藏车等等，人力、物力成本投入非常大。蒙牛采取了以下措施。

（1）先投入软件设施，再结合软件对硬件设备进行建设。蒙牛通过建立覆盖全国的虚拟冷链物流网络，有了全面的冷链物流网络，通过虚拟联合，蒙牛投入品牌、管理、技术和配方，完善冷链物流体系自然就事半功倍。

（2）生产商自行配送，整合资源，建立起科学的、固定化的冷链物流管理和运作体系。目前一些大型超市与蒙牛建立长期的合作关系，由蒙牛直接配送，利用蒙牛运输要求和运输工具直接到达超市的冷柜，避免在运输过程中的鲜奶变质，实现了超市和蒙牛的双赢。随着合作的进展，蒙牛与客户建立起的合作关系趋向稳固，操作经验也不断积累。通过对生产商自有冷链资源、社会资源和自身资源的不断整合，蒙牛形成了完善的冷链物流运作体系。

（3）加大硬件设施投入，保证质量，减少损耗。蒙牛在其每个小店、零售店、批发店等零售终端投放冰柜，以保证其低温产品的质量。至于由北京销往各地的低温产品，全部走汽运，虽然成本较铁运高出很多，但在时间上能有保证。通常，超市在低温产品超过生产日期3天后就会拒绝进货，所以蒙牛必须保证其产品在2～3天内到达终端。蒙牛减少物流费用的方法是尽量使每一笔单子变大，形成规模后，在运输的各个环节上就都能得到优惠。

---

① http：//bbs. hc360. com/thread－2073083－1－1. html，案例分析：蒙牛的冷链物流运作。

案例分析：

蒙牛的产品之所以在低温市场的增长率能达到同行业的 5 倍，是因为其每个环节的设计都是合理并且有效的。

案例二：上海联华生鲜食品加工配送中心的动作①

生鲜食品的加工制品是连锁超市吸引顾客、提高顾客光顾的一个重要品类，但同时也是物料损耗最大和人力消耗最多、销售成本较高的商品品类，所以很多大型连锁超市通过生鲜食品的加工强化自身的竞争力。生鲜食品加工配送中心通常具备以下几个特点：第一是直接配送，这是所有具备常温配送条件的生鲜产品所采用的方式。第二是转配，如生鲜商品和部分半成品由于保鲜要求较高，需要快速配送，所以这类产品配送过程中一般不存在储存程序，在收货之后紧接着就是分拣和配货等工序。第三是鲜加工，对初级产品进行初级加工，制成品加工和前道工序加工，其中存在原料、半成品和成品的储存工序。第四是果配送，对多个果菜品项进行系统配送，功能包括检测、分拣、包装，净菜、配菜加工等，以减少蔬果的损耗和减少店铺包装工作量等。正因为生鲜食品加工具有上述特点，所以其配送历来是一个不好解决的问题。生鲜食品大部分要冷藏，所以其周转期必须缩短；生鲜食品保质期短，而消费者对生鲜食品的色泽又要求很高，因此必须周转快；同时生鲜食品加工还涉及配料、加工和成本等问题，所以生鲜食品经营即是超市经营的重点同时也是难点。它能够体现超市的差异化和个性化的经营特点，是地方超市发展壮大的一个支柱，也是超市未来发展的一种核心竞争力。

一、上海联华生鲜食品加工配送中心的基本情况

上海联华生鲜食品加工配送中心有限公司是联华超市股份有限公司的下属公司，于 1999 年 12 月在闸北区合资注册成立的，注册资本 500 万元。公司主营生鲜食品的加工、配送和贸易。公司拥有资产总额近 3 亿元，是具有国内一流水平的现代化的生鲜加工配送企业，总占地面积 22 500m^2，建筑面积 36 000m^2，其中包括生产车间、冷库、配送场地、待发库、仓库、办公楼、生活楼等。冷库容量 8 700 吨，运输车辆 46 辆（其中 24 辆为制冷保温车）。主要生产加工设备有：进口的包装机、封口机、流水线、灌装机、切片丝丁机、金属探测、称重、贴标、自动分拣打印一体机等共 50 余台（套）。联华生鲜食品加工配送中心年生产能力 20 000 吨，其中肉制品 15 000 吨，生鲜盆菜、调理半成品 3 000 吨，西式熟食制品 2 000 吨，产品结构分

① http：//wenku. baidu. com/view/95243b0976c66137ee0619d8. html，上海联华生鲜食品加工配送中心的流通加工业务。

为15大类约1 200种生鲜食品。在生产加工的同时配送中心还从事水果、冷冻品以及南北货的配送任务。

二、上海联华生鲜食品加工配送中心的运作

该公司在对本地市场需求进行详细分析后，准确地选择了“生鲜”食品作为自己的经营“个性”。其总裁王宗南认为，生鲜食品的经营是大型连锁超市的主要发展方向。上海联华主要从以下几个方面加强对生鲜食品的加工配送。

1. 加强对“采购”的管理

在全国采购过程中，联华着重将绿色食品采购作为重点，并对生产厂商进行指导。通过从各地引进特色产品，丰富商品种类，提升差异化程度。从1999年起，联华在沪郊以及鲁、冀、豫、皖、苏、浙、吉、湘等地，在当地政府的支持下，先后建立了肉制品、蔬菜、水果、鸡蛋、水产等生产供应基地。这一经营方式使流通成本下降了15%至30%。凭借着大型零售企业在购买力方面的优势以及与供应市场的良好沟通，联华能够拿到“品质价格比”高的产品。在此基础上，联华形成了自己的二级采购体系：一些通用的大品牌商品由一部采购，地方产品的采购和配送则由二部根据当地市场需求在当地实现。在采购一些大宗商品时，采取“订单采购”的形式。比如，从2000年4月开始，联华就市场需求量大的肉、禽、蛋、蔬菜、水果等5大类商品向全国发出订单采购和公开招标信息，有20多个省市350多家生产单位和经营单位参与投标，首批公开招标的4 000吨红富士苹果、1万吨鲜鸡蛋、1.5万吨冷却猪肉、100万只草鸡上市后，很快就销售一空。招标订单采购的方式，使联华商品流通成本降低了10个百分点。

2. 加强现代化、信息化建设

上海联华也加强对配送中心的现代化、信息化建设，投资6 000多万元人民币兴建现代化的生鲜食品加工配送中心，装备了先进的信息处理技术，每天由各门店的电脑终端将当日的生鲜食品要货指令发送给配送中心的电脑系统加以处理，之后产生两条指令清单，一条指令会直接提示采购部门按具体的需求安排采购，另一条指令会即时发送给各加工车间中控制加工流水线的电脑控制系统，按照当日的需求进行食品加工。更为巧妙的是，这个系统还会根据门店的要货时间和前往各门店的送货路线远近自动安排生产次序，这样就能够可靠保证生鲜食品当日加工、当日配送和当日销售，从而强化了生鲜食品配送中心最重要的竞争优势“鲜”。各种肉类的切片、切丝、切丁，甚至分切后成品的自动分盆、称重、分拣、贴标，都是由电脑系统控制完成。在配送中心偌大的加工车间内，只有不到10名各自盯着眼前电子屏幕的操作工，屏幕上完整地显示出当前配送物品的各种信息，同时也在不断接收到最新的供货指令加工单。在其他超市尚在使用传统配送系统的时候，联华已经有了通过国家有关部门鉴定的先进物流控制系统，这使得上海联华能够实现以两个总面积仅为5.7万平方米的配送中心满足1 000家门店

配送需求、配送费率一直在 2% 以下的“奇迹”。

3. 加强物流建设

上海联华积极优化自身的物流体系。一方面在采购当地建立物流中心，另一方面为了使采购和物流更高效，运用 IT 技术实行供应商间的信息联网管理。分析家认为，“联华的成功很大程度上就是依赖物流、采购、IT 技术和标准化的运营”。EDI 联网管理可以大幅缩短流程和减少库存，去年与上海捷强烟草集团实现 EDI 联网后，联华门店的香烟销售额翻倍，实现了供应商与零售商的双赢。

4. 加强对生鲜食品的经营

在经营上，联华基于对国内供应市场的了解和掌控，逐步形成了独具特色的本土化供应链：一是建立并依托生产基地，由原来流通领域中的多个环节转向“产销直接对接”；二是实行订单招标，由原来商品“产后采购”逐步向“产前招标订购”转变；三是突破传统的商业经营体制，由“单一的零售经营”向“产加销一体化”转变。尤其在加工配送中心对加工型的物流项目上采取了很多措施，这些措施的实施提升了该公司的加工销售能力。

三、总结

本案例中，上海联华通过采取诸多措施来加强生鲜食品的加工配送和宣传推广，不断降低商品在流通中的成本，最大限度地方便顾客，取得了很好的成绩。我国很多地方型的连锁超市，有的在生鲜食品经营过程中取得了胜利，但也有的以失败而告终，这些企业成败的经历为我们提供了宝贵的经验和教训。

案例点评：

作为保障食品安全，对接食品消费升级的主要途径，冷链在我们日常生活中扮演着日益重要的角色。随着冷链建设的推进，将释放出巨大的冷链设备需求。未来冷链产业的快速发展必将带动相关制冷设备需求持续增长，尤其是先进的自动化智能设备市场。冷链主要设备包括冷库、冷藏运输车、超市陈列柜及托盘等，而其核心部件主要包括制冷压缩机、冷凝器、电动机等。从中长期角度看，冷链产业将保持相对较快的稳定增长，受宏观经济波动影响较小，看好冷链产业增长对相关制冷设备的强劲拉动。

复习思考题

一、简答题

1. 与生产加工相比，流通加工有何特点？流通加工和生产加工相比有什么不同？
2. 什么是食品冷链？冷链的构成有哪些？冷链的特点是什么？
3. 生鲜食品冷链物流是什么？

4. 食品流通加工是什么？

二、案例分析

“大众包餐”是一家提供全方位包餐服务的公司，服务分为递送盒饭和套餐服务。通常每天都有顾客打电话来订购盒饭，但由于设施不足等原因，“大众包餐”要求顾客只能在上午10点前电话预订，以便确保当天递送到位。

在套餐服务方面，该公司的核心能力是为企事业单位提供冷餐会、大型聚会，以及一般家庭的家宴和喜庆宴会。客户所需的各种菜肴和服务可以事先预约，但由于这项服务的季节性很强，又与各种社会节日和国定假日相关，需求量忽高忽低，有旺季和淡季之分，因此要求顾客提前几周甚至一个月前来预定。

包餐行业的竞争是十分激烈的，高质量的食品、可靠的递送、灵活的服务以及低成本的运营等都是这一行求生存谋发展的根本。近来，大众包餐公司已经开始感觉到来自愈来愈挑剔的顾客和几位新来的专业包餐商的竞争压力。顾客们愈来愈需要菜单的多样化、服务的柔性化以及响应的及时化。

公司老板最近参加了现代物流知识培训班，对准时化运作和第三方物流服务的概念印象很深，他们认为这些理念正是大众包餐公司要保持其竞争能力所需要的东西。但是他们感到疑惑，大众包餐公司能否借助第三方的物流服务。

请你分析下列问题：

（1）大众包餐公司的经营活动可否引入第三方物流服务？并请说明理由。

（2）大众包餐公司实施准时化服务有无困难？请加以解释。

（3）在引入第三方物流服务中你有何建议？

第 12 章

自动化立体仓库设备

学习目的和要求

- 掌握自动化立体仓库系统有哪些机械设备组成，各起何种作用
- 掌握自动化仓库控制系统结构有哪些形式

《中华人民共和国国家标准物流术语》（GB/T 18354—2006）对自动化立体仓库（automatic storage and retrieval system，AS/RS）的定义为：自动化立体仓库也叫自动存储取货系统，一般也称为立体仓库，由高层货架（High Level Rock）、巷道堆垛起重机（Stacker Crane，有轨堆垛机）、入出库输送机系统（Output/ Input Conveyor）、自动化控制系统（Automatic Control System）、计算机仓库管理系统（Warehouse Management System）及其周边设备（Peripheral Equipment）组成，可对集装单元物品实现自动化存取和控制的仓库。

AS/RS 一般采用几层、十几层乃至几十层高的货架储存货物，并且用专门的仓储作业设备进行货物出库或入库作业。由于这类仓库能充分利用空间进行储存，故形象地称为立体仓库，是当前技术水平较高的形式。货架是钢结构或钢筋混凝土结构的建筑物或结构体，货架内是标准尺寸的货位空间，巷道堆垛起重机穿行于货架之间的巷道中，完成存、取货的工作。AS/RS 在管理上采用计算机及条形码技术，紧密结合物流和信息流，有一套对物流运动进行动态跟踪的信息流系统，实现货物搬运及存取机械化、仓库管理自动化，使材料及配件的储存、管理、周转联成一体，确立合理的储存量，建立最佳的物流组织形式。

自动化立体仓库是物料搬运、仓储科学的一门综合科学技术工程，它以高层立体货架为主要标志，以成套先进搬运设备为基础，以先进的计算机控制技术为主要手段，高效率地利用空间、时间和人力进行出入库处理。它把自动化立体仓库技术应用到货物流通领域中，能极大地提高货物流通效率，减轻工作人员的劳动强度。自动化立体仓库不仅取代了人力和烦琐的人员登录作业，更实现了迅速、正确传送物品和信息的功能。

由于近来人工成本的不断提升，柔性化制造系统（Flexible Manufacturing System）兴起，加上科技与计算机技术的进步使仓库达到无人化境界，越来越多的工厂对立体化自动化仓库的兴建意愿和兴趣日渐浓厚。如图 12－1、12－2、12－3 所示。

图 12－1　某旋转式自动化立体仓库

图 12－2　上海临港三一智能物流系统

图 12－3　西安飞机公司智能物流系统

12.1 自动化立体仓库的主要机械设备

自动化立体仓库的机械设备主要包括货架、托盘、货箱、巷道式堆垛机和输送机系统等。

12.1.1 自动化立体仓库的分类①

1. 按建筑形式分类

按建筑形式，自动化立体仓库可分为整体式和分离式两类。

（1）整体式：货架既能存储货物，还作为建筑物的支撑结构构成建筑物的一部分，即库房货架一体化。这种仓库结构重量轻，整体性好，抗震好。

（2）分离式：存货物的货架在建筑物内部独立存在；适用于利用原有建筑物作库房，或在厂房和仓库内单建一个高货架的场所。

2. 按货物存取形式分类

按货物存取形式，自动化立体仓库可分为单元货架式、移动货架式和拣选货架式三类。

（1）单元货架式：是常见仓库形式。货物先放在托盘或集装箱内，再装入货架货位上。

（2）移动货架式：由电动货架组成，货架可在轨道上行走，由控制装置控制货架合拢和分离。作业时货架分开，在巷道中可进行作业；不作业时可将货架合拢，只留一条作业巷道，从而提高空间的利用率。

（3）拣选货架式：拣选货架式中分拣机构是其核心部分，分为巷道内分拣和巷道外分拣两种方式。前者指拣选人员乘拣选式堆垛机到货格前，从货格中拣选所需数量的货物出库；后者指将存有所需货物的托盘或货箱由堆垛机至拣选区，拣选人员按提货单的要求拣出所需货物，再将剩余的货物送回原地。

3. 按货架构造分类

按货架构造，自动化立体仓库可分为单元货格式仓库、贯通式仓库、水平旋转式仓库和垂直旋转货架式仓库四类。

（1）单元货格式仓库：类似单元货架式，巷道占去了1/3左右的面积。

（2）贯通式仓库：取消位于各排货架之间的巷道，将个体货架合并在一起，使每一层、同一列的货物互相贯通，形成能一次存放多货物单元的通道，而在另一端由出库起重机取货，

---

① http：//baike. baidu. com/view/1459430. htm，自动化立体仓库。

成为贯通式仓库。它又可分为重力式货架仓库和穿梭小车式货架仓库。重力式货架仓库每个存货通道只能存放同一种货物，适用于货物品种不太多而数量又相对较大的仓库。梭式小车可以由起重机从一个存货通道搬运到另一通道。

（3）水平旋转式仓库：可在水平面内沿环形路线来回运行，每组货架由若干独立的货柜组成，用一台链式传送机将这些货柜串联起来。每个货柜下方有支撑滚轮，上部有导向滚轮。传送机运转时，货柜便相应运动。需要提取某种货物时，只需在操作台上给予出库指令。当装有所需货物的货柜转到出货口时，货架停止运转。这种仓库适合拣选小件物品，简便实用，充分利用空间，适用于作业频率要求不太高的场合。

（4）垂直旋转货架式仓库：与水平旋转货架式仓库相似，只是把水平面内的旋转改为垂直面内的旋转。这种仓库特别适用于存放长卷状货物，如地毯、地板革、胶片卷、电缆卷等。

12.1.2 自动化立体仓库的组成

1. 货架

货架是用于存储货物的钢结构，主要有焊接式货架和组合式货架两种基本形式。

2. 物料集装单元化器具

物料集装单之化器具是物流机械化、自动化作业的基础。标准化后的单元化容器也是物流设备、物流设施、物流系统设计的基础，是高效联运、多式联运的必要条件。

物料集装单元化器具的种类有托盘、集装箱、料箱、容器、集装袋等。

（1）集装袋（Flexible Freight Bags）

集装袋又称柔性集装箱，是集装单元器具的一种，配以起重机或叉车，就可以实现集装单元化运输。它适用于装运大宗散状粉粒状物料。如图 12－4 所示。

集装袋的特点有：结构简单、自重轻、可以折叠、回空所占空间小、价格低廉；有重复使用型和一次使用型。集装袋的形状有：圆桶形、方形、圆锥形、折叠形。集装袋的提升方式有：顶面、底面、侧面。集装袋的材料有：橡胶、塑料、帆布。集装袋的充填重量有：0.5m^3、1.0m^3、1.5m^3、2.0m^3、2.5m^3、3m^3。集装袋容积有：500m^3、640m^3、840m^3、1 000m^3、1 250m^3、1 500m^3、1 750m^3、2 000m^3。

（2）料箱、容器

料箱、容器是在一定范围或行业中，为了便于物料的储存或运输所规划设计的存物容器。如图 12－5 如面包的周转箱、供应商提供物料的周转箱（架）。

料箱、容器的功能有：①对物料的保护；②物流环节的方便连接；③经济；④便于搬运；⑤便于堆码。料箱、容器的材料有：木质、钢质、塑料、纸质等。料箱、容器的用途有：①生产工位上物料的暂存；②托盘上物料的存放；③作为运输的承载器。

图 12－4　各种集装袋

图 12－5　各种料箱和容器

3. 巷道堆垛机

巷道堆垛机是用于自动存取货物的设备，如图 12－6。按结构形式可分为单立柱和双立柱；按服务方式可分为直道、弯道和转移车。堆垛机控制设计为手动、半自动和全自动控制 3 种。全自动控制是由监控机发送作业命令和地址给堆垛机，而后堆垛机响应执行。运行中，监控机对堆垛机运行状态实时监控。手动、半自动控制是由操作员直接在堆垛机操作面板上设定作业命令和地址。在实际运行中以全自动控制为主，手动、半自动控制作为维修和调试的辅助手段。

图 12－6　巷道堆垛机

堆垛机的特点：①整机结构紧凑，运行在单一轨道上，由后轮驱动，前后轮有水平导向轮，上部有水平尼龙导向夹轮夹在天轨上，防止堆垛机倾翻；②起升采用链条传动，起降平稳，停准可靠；③采用用三相交流电机变频调速，光电认址，调速性能较好，停准精度高；④电气控制具有手动、单机自动和全自动功能；⑤采用安全滑接输电装置供电，安全可靠。

（1）巷道式堆垛起重机（Stacker Crane）

巷道式堆垛起重机是在高层货架的窄巷道内作业的起重机，可大大提高仓库的面积和空间利用率，是自动化仓库的主要设备，又称有轨堆垛机。如图 12－7。

图 12－7　巷道式堆垛起重机

巷道式堆垛起重机按照用途的不同，可分为单元型、拣选型、单元—拣选型三种；按照控制方式的不同，可分为手动、半自动和全自动三种；按照转移巷道方法的不同，可分为固定式、转移式和转移车式三种；按照金属结构的形式，可分为单立柱和双立柱两种。

仓库高度：6～24m，Max40m；运行速度：max80m/min（标准性），200m/min（高速型）；起升高度：max20m/min（标准性），50m/min（高速型）；货叉伸缩速度：max12m/min（标准性），50m/min（高速型）。

（2）有轨巷道堆垛机

有轨巷道堆垛机是立体仓库成套设备中的主机，是一种在轨道上运行的起重机械，它能在三维空间上（行走、升降、两侧向伸缩）按照一定的顺序组合进行往复运动，以完成对集装单元或拣选货物的出入库业；多采用单立柱结构形式。如图12－8。

图12－8　有轨巷道堆垛机

（3）自动小型堆垛机

自动小型堆垛机采用一批新技术，如远红外通讯、条码识别、编码识别、实时监控等，寻址方式是货格上安装光电认址器及在堆垛机上安装寻址器，在寻址技术上采用脉冲式红外测距仪，其体积小、重量轻，采用数字测相脉冲展宽细分技术，测量精度达到毫米级，且能快速准确地直接显示距离；应用变频调速技术，根据运行的目标要求由PLC对变频器的速度进行切换变频调速，达到调速和停准的目的。该自动小型堆垛机的主要结构由铝合金型材空中轨道（天轨）及铝合金型材地面轨道（地轨）、铝合金立柱、平移小车装置、升降系统、货叉装置、滑触线、电控装置等组成。

先进的技术及优异的性能使该设备在欧美等发达国家运用比较广泛，其特点有：堆垛机高速运行、换速平稳、低速停准的调速控制要求。

（4）无轨堆垛机

无轨堆垛机也叫高架叉车（Rack Fork），又称三向堆垛叉车，即叉车向运行方向二侧进行堆垛作业时，车体无须作直角转向，而使前部的门架或货叉作直角转向及侧移，这样作业通道就可大大减少，提高了面积利用率；此外，高架叉车的起升高度比普通叉车要高，一般在6m左右，最高可达13m，提高了空间利用率。

无轨堆垛机的种类有：①托盘单元型，由货叉进行托盘货物的堆垛作业；②司机室地面固定型，起升高度较低，因而视线较差；③司机室随作业货叉升降型，起升高度较高、视线好；④拣选型，无货车作业机构，司机室和作业平台一起升降，由司机向两侧高层货架内的物料进行拣选作业。

（5）码垛机器人（Robot Palletizer）

码垛机器人是能将不同外形尺寸的包装货物，整齐地、自动地码（或拆）在托盘上的机器人。如图12－9为利用托盘的面积和码堆物料的稳定性，机器人具有物料码垛顺序、排列设定器。

图12－9　码垛机器人

根据码垛机构的不同，码垛机器人可以分为多关节型和直角坐标型。根据抓具形式的不同，码垛机器人可以分为侧夹型、底拖型和真空吸盘型。此外，机器人还分固定型和移动型。

4. 输送机系统

立体库的主要外围设备，负责将货物运送到堆垛机或从堆垛机将货物移走。输送机种类非常多，常见的有辊道输送机、链条输送机、升降台、分配车、提升机、皮带机等。如图12－10。

入出库输送机系统是大型、复杂自动化仓库的重要组成部分，高层货架、堆垛机易实现标准化产品；但入出库输送机系统要根据仓库的平面布置、入出库作业的内容、入出库的工位数、分流和合流的需求等进行具体规划和设计。其规划设计与托盘的外形尺寸、下部结构、相

图 12－10　输送机系统

关物流设备的装卸方法、自动化控制、检测方法等都有密切的关系。

虽然每个用户的入出库输送机系统是各不相同的，但大多由下列几种型式的输送机及其基础模块组成：①链式输送机。②辊道输送机。③链式—辊道复合型输送机。④链式—带辊道输送功能的升降台的复合型输送机。⑤带链式输送机或带辊道输送机的单轨车输送系统。⑥自动搬运车及其系统等。

5. 自动导引搬运车（Automatic Guided Vehicle，AGV）

自动导引搬运车即自动导向小车，是指装有自动导引装置，能够沿规定的路径行驶，在车体上还具有编程和停车选择装置、安全保护装置以及各种物料移载功能的搬运车辆。AGV 是由若干辆沿导行路径行驶，在计算机的交通管制下有条不紊地运行，并通过物流系统软件集成在物流系统、生产系统中。如图 12－11。多个 AGV 组成一个系统，就叫自动导引搬运车系统（Automatic Guided Vehicle System，AGVS）广泛应用于柔性生产系统（FMS）、柔性搬运系统和自动化仓库中。

图 12－11　自动导引搬运车

根据导引方式的不同，自动导引搬运车可分为固定路径导引和自由路径导引两种。

（1）固定路径导引，包括电磁导引、光导导引和磁带（磁气）导引。

（2）自由路径导引，包括激光导引、惯性导引等。

根据装卸物料方式的不同，自动导引搬运车可分为料斗式、辊道输送式、链条输送式、垂直升降式、叉车式。

6. 自动控制系统

自动控制系统是驱动自动化立体库系统各设备的自动控制系统，以采用现场总线方式为主要控制模式。

7. 储存信息管理系统

储存信息管理系统是亦称中央计算机管理系统，是全自动化立体库系统的核心。典型的自动化立体库系统均采用大型的数据库系统（如 ORACLE，SYBASE 等）构筑典型的客户机/服务器体系，可以与其他系统（如 ERP 系统等）联网或集成。

12.2 自动化立体仓库的主要软件设备与系统

自动化立体仓库中货物的存取是通过数据库存储物品的编码实现的。货物在入库前采用条码生成器对货物进行编码，对物品的编码一方面存入数据库，一方面打印给客户取货时用。在取货时，条码经读码器读取，在数据库中查询对应的信息取货。其管理系统和自动化控制可分成三级，即上位管理级、中位监控级和下位控制级。控制系统采用分布式控制，中位监控机由工业 PC 机构成，工业 PC 机的数据处理能力和抗干扰能力强，适合于控制下位机。以可编程控制器 PLC 作为分配车和堆垛机的主控制器，进行前端控制。PLC 配置通讯模块，具有联机通信功能。全自动方式运行时，监控机对分配车和堆垛机的控制是通过与下位机 PLC 的通信来完成的①。

立体仓库中的主要电气与电子设备有检测装置、信息识别装置、控制装置、通信设备等。

12.2.1 监控系统

监控系统是立体仓库的设备调度核心，能够与底层设备进行通讯，同时负责协调多个任务并发，优化货物出入库路径，提高立体仓库的运行效率，以生动形象的方式显示设备动画，实时关注设备运行情况。监控过程如下：系统启动；获取管理任务；执行设备命令；下达手工任务；下达本地任务；进行设备的错误处理；报告管理任务的完成；记录设备运行的黑匣子数据。

12.2.2 电控系统

电控系统是物流系统中设备执行的控制核心。它向上联接物流系统的调度计算机，接受物

① http：//baike. baidu. com/view/2588464. htm？ fr = aladdin，自动化立体仓库设备。

料的输送指令；向下联接输送设备实现底层输送设备的驱动、输送物料的检测与识别；完成物料输送及过程控制信息的传递。此外，电控系统还提供内容丰富的人机界面、安全保护措施和多种操作模式，辅助工作人员进行设备操作和维护。

电控系统一般采用 PLC 产品作为系统的过程控制主站，通过网络实现与监控计算机数字信息的交换及过程控制；堆垛机通过支持 ProfiBus-DP 总线通信的红外光通讯器连接到主站，实现数字信息的交换及过程控制。

整个电控系统按功能可分为设备控制层（最底层）、集中监控层（中间层）和信息管理层（高层）。

（1）最底层（设备控制层）：可采用西门子公司总线 PROFIBUS-DP 连接现场输送设备和堆垛机控制系统。

（2）中间层（集中监控层）：作为控制系统的人机交互接口，通过中央监控计算机实现对物流系统的自动操作、状态监控、故障诊断定位和报警显示、记录等。

（3）高层（信息管理层）：负责统一协调全系统的运行，处理全系统运行过程中的综合信息，是整个系统的后台数据存储和管理系统。

对堆垛机而言，其控制器采用 PLC，反馈信号进入模拟量输入模块。系统的变频调速通过变频器实现，变频器与 PLC 点对点连接，用 PLC 的输出信号直接控制变频器。为更精确控制电机速度，可用增量式光电编码器对电机测速，信号反馈到 PLC，使控制器能及时准确做出反应。

某立体仓库控制系统示例如图 12－13。

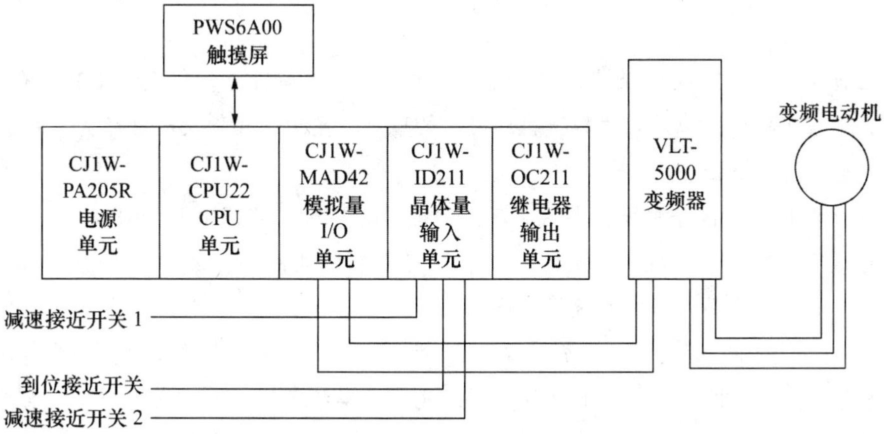

图 12－13　基于 plc 设计的某立体仓库控制系统示例

案例分析

案例一：蒙牛自动化立体仓库①

内蒙古蒙牛乳业泰安有限公司乳制品自动化立体仓库是蒙牛乳业公司委托太原刚玉物流工程有限公司设计制造的第三座自动化立体仓库。该库后端与泰安公司乳制品生产线相衔接，与出库区相联接库内主要存放成品纯鲜奶和成品瓶酸奶。库区面积8 323平方米，货架总高度分别有21米、19.35米、17.7米、16.05米、14.4米和12.75米。货架规模：常温区有14 964个，低温区有4 668个。托盘尺寸1 200×1 000毫米，库内货位总数19 632个。其中常温区货位数14 964个，低温区货位46 687年。入库能力150盘/小时，出库能力300盘/小时。出入库系统采用联机自动。

1. 工艺流程及库区布置

根据用户存储温度的不同要求，该库划分为常温和低温两个区域。常温区保存鲜奶成品，低温区配置制冷设备，恒温40℃，存储瓶酸奶。按照生产—存储—配送的工艺及奶制品的工艺要求，经方案模拟仿真优化，最终确定库区划分为入库区、储存区、托盘（外调）回流区、出库区、维修区和计算机管理控制室6个区域。

入库区由66台链式输送机、3台双工位高速穿梭车组成。输送机负责将生产线码垛区完成的整盘货物转入各入库口；双工位穿梭车则负责生产线端输送机输出的货物向各巷道入库口的分配、转动及空托盘回送。

储存区包括高层货架和17台巷道堆垛机。高层货架采用双托盘货位完成货物的存储功能。巷道堆垛机则按照指令完成从入库输送机到目标的取货、搬运、存货及从目标货位到出货输送机的取货、搬运、出货任务。

托盘（外调）回流区分别设在常温储存区和低温储存区内部，由12台出库口输送机、14台入库口输送机、巷道堆垛机和货架组成，分别完成空托盘回收、存储、回送、外调货物入库、剩余产品与退库产品入库、回送等工作。

出库区设置在出库口外端，分为货物暂存区和装车区，由34台出库输送机、叉车和运输车辆组成。叉车司机通过电子看板、RF终端扫描来完成叉车装车作业反馈发送信息。维修区设在穿梭车轨道外一侧，在某台空梭车更换配件或处理故障时，其他穿梭车仍旧可以正常工作。

---

① http://wenku.baidu.com/view/41ebabd9ad51f01dc281f18b.html，案例六。

计算机控制室设在二楼，用于出入库登记、出入库高度、管理和联机控制。

2. 计算机管理与控制系统

依据蒙牛乳业泰安自动化立体库招标的具体需求，考虑企业长远目标及业务发展需求，针对立体库的业务实际和管理模式，为本项目制定了一套适合用户需求的仓储物流管理系统；主要包括仓储物流信息管理系统和仓储物流控制与监控系统两部分。仓储物流信息管理系统实现对上层战略信息流、中层管理信息流的管理；自动化立体仓库控制与监控系统实现对下层信息流与物流作业的管理。

（1）仓储物流信息管理系统

①入库管理。实现入库信息采集、入库信息维护、脱机入库、条形码管理、入库交接班管理、入库作业管理、入库单查一询等功能。

②出库管理。实现出库单据管理、出库货位分配、脱机出库、发货确认、出库交接班管理、出库作业管理等功能。

③库存管理。对货物、库区、货位等进行管理，实现仓库调拨、仓库盘点、存货调价、库存变动、托盘管理、在库物品管理、库存物流断档分析、积压分析、质保期顶警、库存报表、可出库报表等功能。

④系统管理。实现对系统基础资料的管理，主要包括系统初始设置、系统安全管理、基础资料管理、物料管理模块、业务资料等模块。

⑤配送管理。实现车辆管理、派车、装车、运费结算等功能。

⑥质量控制。实现出入库物品、库存物品的质量控制管理功能，包括抽检管理、复检管理、质量查询、质量控制等。

⑦批次管理。实现入库批次数字化、库存批次查一询、出库发货批次追踪功能。

⑧配送装车辅助。通过电子养板、RF终端提示来指针叉车进行物流作业。

⑨RF信息管理系统。通过RF实现入库信息采集、出库发货数据采集、盘点数据采集等功能。

（2）仓储物流控制与监控系统

自动化立体仓库控制与监控系统是实现仓储作业自动化、智能化的核心系统，它负责管理仓储物流信息系统的作业队列，并把作业队列解析为自动化仓储设备的指令队列，根据设备的运行状况指挥协调设备的运行。同时，本系统以动态仿真人机交互界面监控自动化仓储设备的运行状况。

案例分析：

蒙牛的自动化立体仓库，大大提升了其市场竞争能力，由此更印证了高效、强有力的设备与设施对一个企业物流发展方面的重要作用。

案例二：正泰集团采用自动化立体仓库提高物流速度[①]

正泰集团是中国目前低压电器行业最大销售企业，主要设计制造各种低压工业电器、部分中高压电器、电气成套设备、汽车电器、通信电器、仪器仪表等，其产品达150多个系列、5 000多个品种、20 000多种规格。“正泰”商标被国家认定为驰名商标。该公司2008年销售额达180亿元，集团综合实力被国家评定为全国民营企业500强第5位。在全国低压工业电器行业中，正泰首先在国内建立了3级分销网络体系，经销商达1 000多家。同时，它还建立了原材料、零部件供应网络体系，协作厂家达1 200多家。这对公司的物流系统提出了非常高的要求。考虑再三，正泰集团建设了自动化立体仓库，以解决越来越严峻的物流问题。

1. 立体仓库的功能

正泰集团自动化立体仓库是公司物流系统中的一个重要部分。它在计算机管理系统的高度指挥下，高效、合理地贮存各种型号的低压电器成品，准确、实时、灵活地向各销售部门提供所需产成品，并为货物采购、生产调度、计划制订、产销衔接提供了准确信息。同时，它还有节省用地、减轻劳动强度、提高物流效率、降低储运损耗、减少流动资金积压等功能。

2. 立体仓库的工作流程

正泰立体库占地面积达1 600平方米（入库小车通道不占用库房面积），高度近18米，3个巷道（6排货架）。作业方式为整盘入库，库外拣选。

3. 立体库主要设施

（1）托盘。所有货物均采用统一规格的钢制托盘，以提高互换性，降低备用量。此种托盘能满足堆垛机、叉车等设备装卸，又可满足在输送机上下衡运行。

（2）高层货架。采用特制的组合式货架，横梁结构。该货架结构美观大方，省料实用，易安装施工，属一种优化的设计结构。

（3）巷道式堆垛机。根据本仓库的特点，堆垛机采用下部支承、下部驱动、双方柱型式的结构。该机在高层货架的巷道内按X、Y、Z三个坐标方向运行，将位于各巷道口入库台的产品存入指定的货格，或将货格内产品到运出送到巷道口出库台。该堆垛机动性设计与制造严格按照国家标准进行，并对结构强度和刚性进行精密地计算，以保证机构运行平稳、灵活、安全。堆垛机配备有安全运行机构，以杜绝偶发事故。其运行速度为4～80m/min（变频调速），升降速度为3～16m/min（双速电机），货叉速度为2～15m/min（变频调速），通信方位为红外

① http：//common. ceac. gov. cn：66/upload/fileinfos/10001201305202223371963. doc，项目二。

线，供电方式为滑触导线方式。

在此基础上，正泰集团实现了对库存货物的优良管理，降低了货物库存周期，提高了资金的周转速度，减少了物流成本和管理费用。自动化立体仓库作为现代化的物流设施，对提高该公司的仓储管理水平无疑具有重要的作用。

案例分析：

基于物流和信息流控制紧密结合，即在计算机控制软件中设置一套对物流运动进行动态跟踪的信息流系统，企业可实现货物搬运及存取机械化、仓库管理自动化，使材料及配件的储存、管理、周转联成一体，确立合理的储存量，减少仓库费用，建立最佳的物流组织形式。

复习思考题

1. 解释一下何为自动化立体仓库。
2. 自动化立体仓库的特点及优缺点有哪些?
3. 自动化立体仓库的分类有哪些?
4. 自动化立体仓库有哪些部分组成?
5. AGV 的特点有哪些?

第 13 章 物流信息技术

学习目的和要求

- 正确理解物流信息的内容、特征及其功能
- 掌握信息技术在物流中的应用方式和方法

物流信息是现代物流的核心，是物流现代化的重要标志。物流信息技术伴随着信息技术及现代物流的生产与发展，得到了广泛应用，是物流各个环节、各个领域的信息处理与信息加工技术的综合。它通过切入物流企业的业务流程，来对物流企业各生产要素进行合理组合与高效利用，降低经营成本，直接产生明显的经营效益。它有效地把各种零散数据变为商业智慧，赋予了物流企业新型的生产要素——信息，大大提高了物流企业的业务预测和管理能力。

13.1 物流信息技术概述

《中华人民共和国国家标准物流术语》（GB/T 18354—2006）将物流信息技术（logistics information technology）定义为：物流各环节中应用的信息技术，包括计算机、网络、信息分类编码、自动识别、电子数据交换、全球定位系统、地理信息系统等技术。

物流信息技术是现代信息技术在物流各个作业环节中的综合应用，是现代物流区别传统物流的根本标志，也是物流技术中发展最快的领域，尤其是计算机网络技术的广泛应用使物流信息技术达到了较高的应用水平。从数据采集的条形码系统，到办公自动化系统中的微机、互联网，各种终端设备等硬件以及计算机软件都在日新月异地发展。随着物流信息技术的不断发展，产生了一系列新的物流理念和新的物流经营方式，推进了物流的变革，改变了企业应用供应链管理获得竞争优势的方式，成功的企业通过应用信息技术来支持它的经营战略并选择它的

经营业务，提高供应链活动效率，增强经营决策能力①。

13.1.1 应用现状②

各种物流信息应用技术已经广泛应用于物流活动的各个环节，影响深远。

1. 自动化设备技术应用

物流自动化设备技术在诸如超市、医药、邮包等行业的配送中心有着广泛的应用。一种是拣选设备的自动化应用，如北京市医药总公司配送中心；另一种是一种物品拣选后的自动分拣设备，用条码或电子标签附在被识别的物体上（一般为组包后的运输单元），由传送带送入分拣口，然后由装有识读设备的分拣机分拣物品，使物品进入各自的组货通道，完成物品的自动分拣。分拣设备在国内大型配送中心有所使用。自动化立体仓库和与之配合的巷道堆垛机在国内发展迅速，在机械制造、汽车、纺织、铁路、卷烟等行业都有应用。

2. 设备跟踪和控制技术应用

设备跟踪和控制技术可对物流的运输载体及物流活动中涉及到的物品所在地进行跟踪。跟踪手段有多种：用传统的通信手段如电话等进行被动跟踪；用 RFID 手段进行阶段性的跟踪；用得最多的是利用 GPS 技术跟踪。物流 GPS 监控管理系统的构成主要包括运输工具上的 GPS 定位设备、跟踪服务平台（含地理信息系统和相应的软件）、信息通信机制和其他设备（如货物上的电子标签或条码、报警装置等）。部分物流企业为了提高企业的管理水平和提升对客户的服务能力，也应用这项技术，例如某单位要求下属交通部门对营运客车安装 GPS 设备，监管营运客车。

3. 动态信息采集技术应用

物流服务的可得性与可控性诞生了实时物流理念。在企业竞争的全球化发展、产品生命周期的缩短和用户交货期的缩短等背景下，如何保证对物流过程的完全掌控？方法之一必然要应用物流动态信息采集技术。动态的货物或移动载体本身具有很多有用的信息，例如货物的名称、数量、重量、质量、出产地，或者移动载体（如车辆、轮船等）的名称、牌号、位置、状态等一系列信息。正确、快速读取动态货物或载体的信息并加以利用，可以明显地提高物流的效率。流行的采集技术主要有以下几种。

（1）一维条码技术。用一组规则排列的条、空组成的数据编码，可供机器识读，而且很容易译成二进制数和十进制数。此技术广泛地应用于物品信息标注中。一维条码结合相应的扫

① http：//baike. baidu. com/view/930447. htm？ fr = aladdin，物流信息技术。

② http：//baike. baidu. com/view/930447. htm？ fr = aladdin，物流信息技术。

描器可以明显地提高物品信息的采集速度。该技术成本较低，操作简便，在国内有很大的市场，国内大部分超市都在使用一维条码技术。但一维条码表示的数据有限，条码扫描器读取条码信息的距离也要求很近，而且条码损污后可读性极差，所以限制了它的进一步推广应用。

（2）二维条码技术。在水平和垂直方向的二维空间存储信息。它除具备一维条码的优点外，同时还有信息容量大（根据不同的编码技术，容量是一维的几倍到几十倍，从而可以存放个人的自然情况及指纹、照片等信息），可靠性高（在损污50%仍可读取完整信息），保密防伪性强等优点。而且它价格便宜，识读率高且使用方便，在国内银行、车辆等管理信息系统上应用。

（3）磁条（卡）技术。它是以涂料形式把一层薄薄的由定向排列的铁性氧化粒子用树脂黏合在一起并粘在诸如纸或塑料这样的非磁性基片上，可用来记载字母、字符及数字信息。它的优点是数据可多次读写，数据存储量能满足大多数需求。由于其黏附力强的特点，使之在很多领域得到广泛应用，如信用卡、银行ATM卡、机票、公共汽车票、自动售货卡、会员卡等。但磁条卡的防盗性能、存储量等性能还是不如一些新技术如芯片类卡技术。

（4）声音识别技术。通过识别声音达到转换成文字信息的技术。该技术不用手工录入信息，但声音识别的最大问题是识别率。它比较适合语音句子量集中且反复应用的场合。

（5）视觉识别技术。通过对一些有特征的图像进行分析和识别，能够对限定的标志、字符、数字等图像内容进行信息的采集。其应用障碍是对于一些不规则或不够清晰图像的识别率较低而且数据格式有限，通常要用接触式扫描器扫描。

（6）接触式智能卡技术。将具有处理能力、加密存储功能的集成电路芯版嵌装在一个与信用卡一样大小的基片中的信息存储技术，通过识读器接触芯片可以读取芯片中的信息。特点是具有独立的运算和存储功能，在无源情况下，数据也不会丢失，数据安全性和保密性都非常好，成本适中。智能卡与计算机系统相结合，可方便地满足对各种各样信息的采集传送、加密和管理的需要，在国内外的许多领域如银行、公路收费、水表煤气收费等得到广泛应用。

（7）便携式数据终端（PDT）。一般包括一个扫描器、一个体积小但功能很强并有存储器的计算机、一个显示器和供人工输入的键盘，是一种多功能的数据采集设备，可编程，允许编入一些应用软件。PDT存储器中的数据可随时通过射频通信技术传送到主机。

（8）射频识别（RFID）。是一种利用射频通信实现的非接触式自动识别技术。RFID标签具有体积小、容量大、寿命长、可重复使用等特点，可支持快速读写、非可视识别、移动识别、多目标识别、定位及长期跟踪管理。RFID技术与互联网、通讯等技术相结合，可实现全球范围内物品跟踪与信息共享，是物联网的重要技术之一。

13.1.2 发展趋势①

1. RFID 将成重要技术

RFID 技术可大幅提高物流管理与运作效率，降低物流成本。从全球发展趋势看，随着 RFID 相关技术的不断完善和成熟，RFID 产业将成为一个新兴的高技术产业群，成为国民经济新的增长点。

2. 物流动态信息采集技术将进一步完善

在供应链管理全球化趋势下，及时掌握货物的动态信息和品质信息已成为企业盈利的关键因素。由于受到自然、天气、通讯、技术、法规等方面的影响，物流动态信息采集技术的发展一直受到很大制约，远远不能满足现代物流发展的需求。物流动态信息采集技术，将成为物流领域下一个技术突破点；借助新的科技手段，它将得到进一步完善。

3. 物流信息安全技术日益受重视

网络黑客无孔不入地恶意攻击、病毒的肆虐、信息的泄密等使信息系统时刻饱受着可能遭受的安全危机；应用安全防范技术，保障企业的物流信息系统或平台安全、稳定地运行，是相关单位长期将面临的一项重大挑战。

从上述应用情况及全球物流信息化发展趋势来看，物流动态信息采集技术应用正成为全球范围内重点研究的领域。中国作为物流发展中国家，已在此方面积累了一定的经验，如条码技术、接触式磁条（卡）技术的应用已经十分普遍，但在一些新型的前沿技术方面，如 RFID 技术等领域的研究和应用方面还比较落后。

13.2 物流信息技术的组成

13.2.1 条码技术

条码技术是在计算机的应用实践中产生和发展起来的一种自动识别技术，提供了一种对物流中的货物进行标识和描述的方法。条码是实现 POS 系统、EDI、电子商务、供应链管理的技术基础，是物流管理现代化、提高企业管理水平和竞争能力的重要技术手段。

条码技术包括一维和二维条码技术。一维条码是由纵向黑条和白条组成，黑白相间而且条

① http：//baike. baidu. com/view/930447. htm？ fr = aladdin，物流信息技术。

纹的粗细也不同，通常条纹下还会有英文字母或阿拉伯数字。二维条码通常为方形结构，不单由横向和纵向的条码组成，而且码区内还会有多边形的图案。二维码的纹理也是黑白相间，粗细不同。二维码是点阵形式。

1. 条码识读原理

由于不同颜色的物体，其反射的可见光的波长不同，白色物体能反射各种波长的可见光，黑色物体则吸收各种波长的可见光，所以当条形码扫描器光源发出的光经光阑及凸透镜后，照射到黑白相间的条形码上时，反射光经凸透镜聚焦后，照射到光电转换器上，于是光电转换器接收到与白条和黑条相应的强弱不同的反射光信号，并转换成相应的电信号输出到放大整形电路。白条、黑条的宽度不同，相应的电信号持续时间长短也不同。但是，由光电转换器输出的与条形码的条和空相应的电信号一般仅 10mV 左右，不能直接使用，因而先要将光电转换器输出的电信号送放大器放大。放大后的电信号仍然是一个模拟电信号，为了避免由条形码中的疵点和污点导致错误信号，在放大电路后需加一整形电路，把模拟信号转换成数字电信号，以便计算机系统能准确判读。

2. 条码识读设备

（1）条码扫描器的分类

①CCD 扫描器和激光扫描器。CCD 扫描器的特点是价格低，属于低档产品，扫描距景深短。激光扫描器的特点是扫描速度快，扫描距景深长。

②手持式、小滚筒式、平台式条码扫描器。

（2）条码扫描器接口

条码扫描器的常用接口类型有以下三种：①SCSI（小型计算机标准接口）。此接口最大的连接设备数为 8 个，通常最大的传输速度是 40M/S，速度较快，一般连接高速的设备。②EPP（增强型并行接口）。一种增强了的双向并行传输接口，最高传输速度为 1.5Mbps。优点是不需在 PC 中用其他的卡，无限制连接数目（只要你有足够的端口），设备的安装及使用容易；缺点是速度比 SCSI 慢。③USB（通用串行总线接口）：最多可连接 127 台外设，现在的 USB1.1 标准最高传输速度为 12Mbps，并且有一个辅通道用来传输低速数据；具热插拔功能，即插即用。

条码识读设备如图 13－1。

我国采用国际上通用的商品代码——EAN 条形码，见图 13－2 所示。

例如听装健力宝饮料的条码如图 13－3 所示。

图中，690——代表我国的 EAN 组织代码，即中华人民共和国；1010——代表广东健力宝公司；10109——代表听装饮料的商品代码；8——校验码。计算其校验码的过程为：将奇数位

图 13－1　条码识读设备

***	****	*****	*
前缀码	制造厂商代码	商品代码	校验码

图 13－2　EAN 条形码

6 901010 101098

图 13－3　听装健力宝氮的条形码

和与偶数位和的三倍相加，取结果的个位数，用 10 减去这个个位数即得。如果取结果的个位数为 0，那么校验码不是为 10（10－0＝10），而是 0。

13.2.2　EDI 技术

电子数据交换（Electronic Data Interchange，EDI）是指通过电子方式，采用标准化的格式，利用计算机网络进行结构化数据的传输和交换。构成 EDI 系统的三个要素是 EDI 软硬件、通信网络以及数据标准化。

EDI 技术的工作方式大体如下：用户在计算机上进行原始数据的编辑处理，通过 EDI 转换软件（Mapper）将原始数据格式转换为平面文件（Flat File）。平面文件是用户原始资料格式与 EDI 标准格式之间的对照性文件。通过翻译软件（Translator），将平面文件变成 EDI 标准格式文件。然后在文件外层加上通信信封（Envelope），通过通信软件（EDI 系统交换中心邮箱

（Mailbox）发送到增值服务网络（VAN）或直接传送给对方用户。对方用户则进行相反的处理过程，最后成为用户应用系统能够接收的文件格式。

1. EDI 的特点

（1）EDI 是在企业与企业之间传输商业文件数据。

（2）EDI 传输的文件数据都采用共同的标准。

（3）EDI 是通过数据通信网络一般是增值网和专用网来传输数据。

（4）EDI 数据的传输是从计算机到计算机的自动传输，不需人工介入操作。

（5）EDI 系统采用加密防伪手段。

2. EDI 的优点

（1）降低了纸张的消费。

（2）减少了许多重复劳动，提高了工作效率。如果没有 EDI 系统，即使是高度计算机化的公司，也需要经常将外来的资料重新输入本公司的电脑。

（3）EDI 的主要优点是速度及准确度。EDI 使贸易双方能够以更迅速有效的方式进行贸易，大大简化了订货或存货的过程，使双方能及时地充分利用各自的人力和物力资源。

（4）通过 EDI 可以改善贸易双方的关系。厂商可以准确地估计日后商品的需求量，货运代理商可以简化大量的出口文书工作，商户可以提高存货的效率，大大提高竞争能力。

（5）在很多情况下，EDI 最大的优点在于商业运营的策略性层面。它可缩短改良产品或推出新产品的周期；快速导入全球各地的业务伙伴，以拓展新领域或市场；取得全新层次的管理信息，以提升管理供应链及业务伙伴的表现；把商业模式由供应主导转化为由需求主导；以电子方式取代纸张文件流程，从而加强实践企业社会责任及可持续性，既可节省成本，又能减少碳排放。

3. EDI 技术在物流中的应用

在一个由发送货物业主、物流运输业主和接收货物业主组成的物流模型中，EDI 技术的应用步骤如下。

（1）发送货物业主（如生产厂家）在接到订货后制定货物运送计划，并把运送货物的清单及运送时间安排等信息通过 EDI 发送给物流运输业主和接收货物业主（如零售商），以便物流运输业主预先制定车辆调配计划和接收货物业主制定货物接收计划。

（2）发送货物业主依据顾客订货的要求和货物运送计划下达发货指令、分拣配货、打印出物流条形码的货物标签（即 SCM 标签，Shipping Carton Marking）并贴在货物包装箱上，同时把运送货物品种、数量、包装等信息通过 EDI 发送给物流运输业主和接收货物业主依据请示下达车辆调配指令。

（3）物流运输业主在向发货货物业主取运货物时，利用车载扫描读数仪读取货物标签的物流条形码，并与先前收到的货物运输数据进行核对，确认运送货物。

（4）物流运输业主在物流中心对货物进行整理、集装、做成送货清单，并通过 EDI 向收货业主发送发货信息。在货物运送的同时进行货物跟踪管理，并在货物交纳给收货业主之后，通过 EDI 向发货物业主发送完成运送业务信息和运费请示信息。

（5）收货业主在货物到达时，利用扫描读数仪读取货物标签的条形码，并与先前收到的货物运输数据进行核对确认，开出收货发票，货物入库；同时通过 EDI 向物流运输业主和发送货物业主发送收货确认信息。

具体流程如图 13－4 所示。

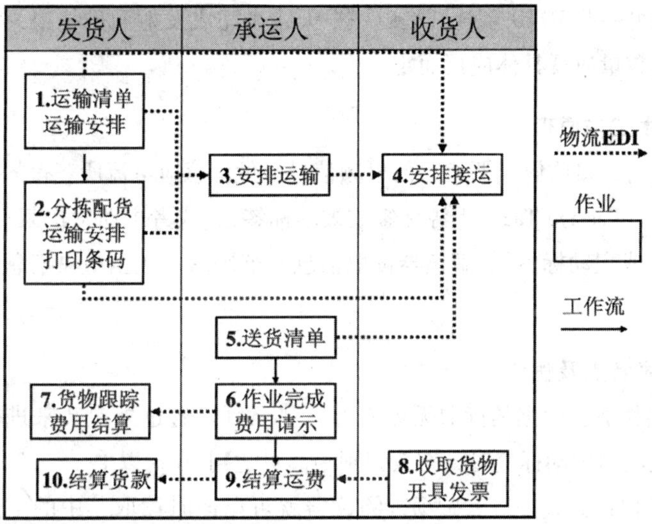

图 13－4　EDI 技术在物流中的应用

13.2.3　射频技术

射频识别技术（Radio Frequency Identification，RFID）是一种非接触式的自动识别技术，它通过射频信号自动识别目标对象来获取相关数据。识别工作无须人工干预，可工作于各种恶劣环境。短距离射频产品不怕油渍、灰尘污染等恶劣的环境，可以替代条码，例如用在工厂的流水线上跟踪物体。长距射频产品多用于交通上，识别距离可达几十米，如自动收费或识别车辆身份等。

1. RFID 的基本组成部分

最基本的 RFID 系统由以下三部分组成。

（1）标签（Tag）：由耦合元件及芯片组成，每个标签具有唯一的电子编码，附着在物体上标识目标对象。标签载有可用于认证识别其所附着的目标物的相关信息数据。标签可以是只读的、读/写兼具的或写一个/读多个的形式；可以是“主动式”也可以是“被动式”的。

（2）阅读器（Reader）：读取（有时还可以写入）标签信息的设备，又称解读器、识读器，它的任务是控制射频收发器发射射频信号。通过射频收发器接收来自标签上的已编码射频信号，对标签的认证识别信息进行解码；将认证识别信息连带标签上其他相关信息传输到主机以供处理。

（3）天线（Antenna）：在标签和读取器间传递射频信号。任一 RFID 系统至少应包含一根天线（不管是内置还是外置）以发射和接收射频信号。有些 RFID 系统是由一根天线来同时完成发射和接收；而另一些 RFID 系统则是由一根天线来完成发射而另一根天线来承担接收，所采用天线的形式及数量应视具体应用而定。

2. RFID 的基本工作原理

标签进入磁场后，接收解读器发出的射频信号，凭借感应电流所获得的能量发送出存储在芯片中的产品信息（Passive Tag，无源标签或被动标签），或者主动发送某一频率的信号（Active Tag，有源标签或主动标签）；解读器读取信息并解码后，送至中央信息系统进行有关数据处理。

3. RFID 的技术特点及优势

（1）读取方便快捷：数据的读取无需光源，甚至可以透过外包装来进行。有效识别距离更长，采用自带电池的主动标签时，有效识别距离可达到 30 米以上。

（2）识别速度快：标签一进入磁场，阅读器就可以即时读取其中的信息，而且能够同时处理多个标签，实现批量识别。

（3）数据容量大：数据容量最大的二维条形码（PDF417），最多也只能存储 2725 个数字；若包含字母，存储量则会更少；RFID 标签则可以根据用户的需要扩充到数十 K。

（4）使用寿命长，应用范围广：其无线电通信方式，使其可以应用于粉尘、油污等高污染环境和放射性环境，而且其封闭式包装使得其寿命大大超过印刷的条形码。

（5）标签数据可动态更改：利用编程器可以向电子标签里写入数据，从而赋予 RFID 标签交互式便携数据文件的功能，而且写入时间比打印条形码更短。

（6）更好的安全性：RFID 电子标签不仅可以嵌入或附着在不同形状、类型的产品上，而且可以为标签数据的读写设置密码保护，从而具有更高的安全性。

（7）动态实时通信：标签以每秒 50 ~ 100 次的频率与阅读器进行通信，所以只要 RFID 标签所附着的物体出现在解读器的有效识别范围内，就可对其位置进行动态的追踪和监控。

13. 2. 4　GIS 技术

地理信息系统（Geographical Information System，GIS）是多种学科交叉的产物，是一种决策支持系统，具有信息系统的各种特点，有时又被称为“地学信息系统”或“资源与环境信息系统”。它是一种特定的十分重要的空间信息系统，是在计算机硬、软件系统支持下，对整个或部分地球表层（包括大气层）空间中的有关地理分布数据进行采集、储存、管理、运算、分析、显示和描述的技术系统。它以地理空间数据为基础，采用地理模型分析方法，适时地提供多种空间的和动态的地理信息，是一种为地理研究和地理决策服务的计算机技术系统。其基本功能是将表格型数据（无论它来自数据库、电子表格文件或直接在程序中输入）转换为地理图形显示，然后对显示结果浏览、操作和分析。其显示范围可以从洲际地图到非常详细的街区地图，显示对象包括人口、销售情况、运输线路和其他内容。

GIS 具有如下特征。

（1）具有采集、管理、分析和输出多种地理信息的能力，具有空间性和动态性。

（2）要由计算机系统支持进行空间地理数据管理，并由计算机程序模拟常规的或专门的地理分析方法，作用于空间数据，产生有用信息，完成人类难以完成的任务。

（3）计算机系统的支持是地理信息系统的重要特征，因而使得地理信息系统能以快速、精确、综合地对复杂的地理系统进行空间定位和过程动态分析。

13. 2. 5　GPS 技术

全球定位系统（Global Positioning System，GPS）具有在海、陆、空进行全方位实时三维导航与定位能力。GPS 在物流领域可以应用于汽车自定位、跟踪调度，用于铁路运输管理，用于军事物流。

1. GPS 的特点

GPS 具有以下特点：①定位精度高；②观测时间短；③测站间无须通视；④可提供三维坐标；⑤操作简便；⑥全天候作业；⑦功能多、多用途。

2. GPS 的主要用途

（1）陆地应用。主要包括车辆导航、应急反应、大气物理观测、地球物理资源勘探、工程测量、变形监测、地壳运动监测、市政规划控制等。

（2）海洋应用。包括远洋船最佳航程航线测定、船只实时调度与导航、海洋救援、海洋探宝、水文地质测量以及海洋平台定位、海平面升降监测等。

（3）航空航天应用。包括飞机导航、航空遥感姿态控制、低轨卫星定轨、导弹制导、航空救援和载人航天器防护探测等。

3. GPS 的组成

（1）空间部分。由 24 颗工作卫星组成，它位于距地表一定高度上，均匀分布在 6 个轨道面上（每个轨道面 4 颗），轨道倾角为 55°；还有 4 颗有源备份卫星在轨运行。卫星的分布使得在全球任何地方、任何时间都可观测到 4 颗以上的卫星，并能保持良好定位解算精度的几何图像。

（2）地面控制部分。由一个主控站、5 个全球监测站和 3 个地面控制站组成。

（3）用户设备部分。即 GPS 信号接收机。它能捕获到按一定卫星截止角所选择的待测卫星，并跟踪这些卫星的运行。当接收机捕获到跟踪的卫星信号后，即可测量出接收天线至卫星的伪距离和距离的变化率，解调出卫星轨道参数等数据。根据这些数据，接收机中的微处理计算机就可按定位解算方法进行定位计算，计算出用户所在地理位置的经纬度、高度、速度、时间等信息。

4. GPS 定位原理

24 颗 GPS 卫星在离地面 1.2 万公里的高空上，以 12 小时的周期环绕地球运行，使得在任意时刻，在地面上的任意一点都可以同时观测到 4 颗以上的卫星。由于卫星的位置精确可知，在 GPS 观测中，可得到卫星到接收机的距离，利用三维坐标中的距离公式，利用 3 颗卫星，就可以组成 3 个方程式，解出观测点的位置（X，Y，Z）。考虑到卫星的时钟与接收机时钟之间的误差，实际上有 4 个未知数，X、Y、Z 和钟差，因而需要引入第 4 颗卫星，形成 4 个方程式进行求解，从而得到观测点的经纬度和高程。

5. GPS 在物流中的应用

（1）GPS 在道路工程中的应用：GPS 在道路工程中的应用，目前主要是用于建立各种道路工程控制网及测定航测外控点等。

（2）GPS 在汽车导航和交通管理中的应用：三维导航是 GPS 的首要功能，飞机、轮船、地面车辆以及步行者都可以利用 GPS 导航器进行导航。

13.2.6 POS

连锁业电子化是由 POS（Point on Sale；销售点管理系统）的导入开始展开的。最早也是狭义的 POS，是在零售店面里做收银和销售的作业，包括销售的记录、结合收款机、条形码扫描以及发票或收据开立等功能，所以现在几乎所有的连锁业店内都有类似的系统。店内 POS 系统的设置，会随着同时间内交易量的多寡而有或多或少数量的不同。有些大型或来客数较多的店面，如综合零售的便利店、超市等，会另外设置一台主机，俗称后台（相对于收银的前台），用以储存和服务所有店面的事务的方式向连锁总部订货，如此总部可以更快速地汇集各店的需求，安排出货；同时总部也可以透过系统提供最新的消息、产品数据甚至销售分析，总店也可实时取得销售、库存以及会员的相关信息。POS 机如图 13－5。

图 13－5　POS 机

13.2.7　EOS

在 POS 之后 EOS（Electronic Order System，电子订货系统）的出现，才真正发挥连锁业的规模经济。EOS 是让各零售店面直接以系统的方式向连锁总部订货，如此总部可以更快速的汇集各店的需求，安排出货，同时总部也可以透过系统提供最新的消息、产品数据、甚至销售分析，总店也可实时取得销售、库存以及会员的相关情报。在没有 EOS 时，各店必须通过电话、Fax 或销售人员来下订单，总部必须有人力的投入输入订单，不仅没有效率也可能发生错误。新一代的 EOS 通常放置在后台主机，可直接取得 POS 的相关数据来下订单（因为通常 EOS 与 POS 为同一套系统，只是增加了订货、数据更新以及与总店联结的功能而已），甚至具有辅助订货的功能，即系统自动依过去销售与库存状况，提出建议的订购品项与数量，称为计算机辅助订货系统（Computer Assistant Order，CAO）。EOS 如图 13－6。

图 13－6　EOS

13.2.8 管理软件

物流管理软件包括运输管理系统（TMS）、仓储管理系统（WMS）、货代管理系统（FMS）、供应链管理系统（SCM）等。

案例分析

联邦快递公司利用信息技术获取竞争优势[①]

联合（联邦）快递公司（FedEx）由菲德瑞克．史密斯创办。目前，该公司的主席、总裁和首席执行官仍然是他。他在耶鲁大学求学时，就萌生了创办一家快递公司的念头，于是1973年，14架载着186个包裹的喷汽式飞机奔赴目的地，正式宣告了FedEx的诞生。如今，它已成为全球最大的快递公司，每天要向世界200多个国家投递几乎300万件的包裹。

1. 服务

联合快递公司第一个推出中午到次日上午10：30限时专递服务，第一个承诺不满意退款。公司变得越来越兴旺，后来放宽了对包裹重量的限制，包裹无论大小、轻重，都可以成为他们服务的对象。在其提供的服务类型中，有一项专递服务，是指保证次日上午8时前送达客户手中。1998年，又推出了周日快递服务。FedEx将他们的赢利不断投入经营能力的扩大中，比如采用更先进的设备和飞机等。与此同时，他们也很注重对员工的培训及待遇，对于能圆满完成任务的员工及时予以嘉奖。

2. 货运追踪

FedEx信使前来接送包裹时，会用一个叫Super Tracker（超级追踪）的扫描仪扫描条形码标签。客户可用包含在FedEx Ship软件中的FedEx POWERSHIP2自动货运系统生成这种条形码，用以标定投递目的地、服务投递类别以及投递时限。投递信息还可立即由客户查询。DADS（数字辅助递送系统）是一个全国的电子投递网络，它随时听候客户的投递要求。Super-Tracker扫描完包裹后，数据被放进DADS发送器，再由DADS发送器通过人造地球通信卫星，向公司的中央大型机系统上传送这些数据。数据随时存入COSMOS（客户操控服务主控在线系统），在这个系统

① http：//wenku.baidu.com/view/d7303f57312b3169a451a4eb.html，物流案例。

中，当货运在关键投放地点得到扫描后，数据会定期得到更新。COSMOS 是一个复杂的电子网络，包含了与每件托运物品目前所处位置有关的重要信息。COSMOS 将包裹的物理性处理以及相关信息连接至 FexEx 公司的主控数据系统，再连接至客户和员工手中。

3. FedEx 网站

1994 年 1 月，FexEx 启动了自己的网站（www. fedex. com）。1996 年，公司引进了 FedEx InterNetShip 服务，这是网上第一套投入实际运营的自动货运交易系统。客户们完全能在该网站完成全部托运过程，其中包括准备所有的在线文件、用任何一部激光打印机印下包裹的条形码标签、安排中途接货的信使以及自动上载账单资料等等。在其网站提供的服务中，最富创意的是 FedEx Ship Alert（FedEx 托运提醒）服务。当用 FedEx InterNetShip 准备包裹时，托运人可以向收件人或其他人发送电子邮件，提醒他们有包裹即将送到。1996 年，FedEx 引入了 VirtualOrder（虚拟订购）系统，允许中小型公司发布自己的 Web 页，使 FedEx 公司的托运及跟踪系统与在线订购合二为一。VirtualOrder 可帮助中小型公司在激烈的市场竞争中多一分胜算。

4. 跨国托运

FedEx 系统中一个重要的环节就是 ExpressClear Electronic Customs Clearance（电子化快速关税兑付）。也就是说，它采用了一套自动化的提前报关系统，精简了跨国托运的手续。托运物品还在途中，ExpressClear 系统就已经通过先进的计算机技术为其迅速办理好了入关手续。从而赢得了宝贵的时间，尽可能地避免了延误，确保托运物品如期到达。ExpressClear 采用了两大高科技系统：一个是电子数据交换（EDI），利用计算机通信使 FedEx 公司能向世界各地的经济人及政府机构在线通报托运情况；另一个是成像技术，当需要附加文档时，原始文件扫描进 FedEx 的计算机通信系统以传递出去。由于能及时访问与托运有关的信息（从始发地到目的地），用户从中得到了极大的好处。对那些 FedEx 提供服务的所有国家，由 FedEx 自行开发的一个数据库都能为其提供服务，此外，任何目的地都能立刻查询到需要托运费是多少。

案例点评：

FedEx 之所以成功，很大程度上是因为至少提前 10 年（较竞争对手）将尖端科技和物流系统进行了巧妙搭配，企业崇尚采用最现代化、最先进的信息系统，进行合理的运输安排。

复习思考题

1. 什么是物流信息技术？
2. EDI 的概念是什么？
3. EDI 与其他通信手段的区别主要表现在哪些方面？
4. GPS 的概念是什么？
5. 物流信息技术主要包括哪些？

参考答案

第1章　物流基础

一、简答题

1. 按照作用分为：供应物流、销售物流、生产物流、回收物流、废弃物物流；按照物流活动的空间范围分为：地区物流、国内物流、国际物流；按照物流系统性质分为：社会物流、行业物流、企业物流。

2. 企业物流水平结构根据物流活动发生的先后次序可划分为：供应物流、生产物流、销售物流、回收废弃物物流。企业物流垂直结构分为：管理层、控制层、作业层。

3. ①界定问题范畴；②确定目标；③提出方案；④建立模型；⑤系统优化；⑥系统评价。

4. ①“横向一体化”的管理思想；②非核心业务都采取外包的方式分散给业务伙伴，和业务伙伴结成战略联盟关系；③供应链企业之间形成的是一种合作性竞争；④以顾客满意度作为目标的服务化管理；⑤供应链追求物流、信息流、资金流、工作流和组织流的集成；⑥借助信息技术实现目标管理；⑦更加关注物流企业的参与。

5. 供应链管理主要涉及到四个主要领域：供应（Supply）、生产计划（Schedule Plan）、物流（Logistics）和需求(Demand)。这四个领域中，需求又是关键的要素。

6. ①供应链网络结构设计：供应链伙伴选择、物流系统设计。②集成化供应链管理流程设计与重组。③供应链管理机制的建设：合作协商机制、信用机制、绩效评价与利益分配机制、激励与约束机制、监督预警与风险防范机制等。

二、案例分析

（1）请联运公司来承担此项任务为好，比较稳妥，联运公司是第三方物流服务企业。

（2）第三方物流服务供应商，根据是否拥有资产可分为资产基础供应商和非资产基础供应商，衡量的标准绝不是它有无实际的物流资产而是看专业人才和货代经验，有资产价格可低些，但灵活性差；而非资产基础供应商，则可根据不同需要“量体裁衣”非常灵活。

（3）邀请第三方物流服务供应商，应该做好如下工作：

①对该联运公司做必要调查，看看信誉度如何。

②进行必要的合同磋商，解决好合同的执行标准、衡量标准、违约责任以及价格等。

③努力避免双方合作失败，既交货又派专人关心此事。

④讲明如果服务质量好，可考虑长期合作的可能性。

（4）其他方案欠稳妥，无把握，风险很大。

第2章 物流设备与设施概论

1. ①物流机械设备是物流系统的物质技术基础；②物流机械设备是物流系统的重要资产；③物流机械设备影响到物流活动的每一个环节；④物流机械设备是物流技术水平高低的重要标志。

2. ①合理采用物流机械设备；②保证快速及时准确地运送货物；③尽量选用标准化设备和器具；④充分利用空间；⑤灵活，具有较强的适应性；⑥减少人力搬运。

3. 进行各项物流活动所需要的机械设备，器具可供长期使用，并在使用中保持原有物质形态的物质资料。

4. ①包装机械设备：完成全部或部分包装过程的机械设备。

②集装化设备与器具：用集装单元化的形式进行储存、运输、装卸搬运作业的器具。

③流通加工机械设备：完成流通加工任务的专用机械设备。

④运输机械设备：用于较长距离运送货物的设备。

⑤仓储机械设备：仓库进行生产和辅助生产以及保证仓库及作业安全所必需的各种机械设备的总称。

⑥装卸搬运设备：用来搬运、升降、装卸和短距离输送货物或物料的机械。

⑦配送机械设备：完成配送中心功能所必需的机械设备系统。

⑧物流信息与电子设备：用于物流信息的采集、存取、传输、处理等的物流设备。

5. ①安全性要求高；②类型繁多；③结构复杂，技术含量高；④电子化与自动化程度高；⑤配套性要求强，需组合使用；⑥寿命较长，属耐用品。

6. ①大型化和高速化；②自动化和智能化；④专业化和统通用化；④成套化和系统化；⑤实用化和轻型化

7. 物流设备管理指的是根据企业物流发展战略和物流作业要求，通过一系列技术、经济、组织措施，对设备寿命周期内的所有设备的物质运动形态和价值运动形态进行科学的管理。技术状态指标有：①设备完好率；②设备的故障率；③设备的新度；④设备的更新率；⑤设备役龄；⑥设备的可利用率；⑦设备的综合效益。

第3章 运输枢组

一、名词解释

1. 即各运输方式的直达联合运输，指以车站、港口或供需物资单位为中心，按照货物运输的全过程把产供销部门、多种运输工具组织成一条龙，将货物从生产地一直运送到消费地。

2. 又称公里利用系数，是指车辆实际完成的货物周转量与全行程周转量之比，用以反映车辆在总行程中载重能力的有效利用程度，即可综合反映车辆行程利用合吨位利用程度。

3. 指在流通领域专门为货物运输需求和运力供给者提供各种运输服务业的总称。

4. 指车辆在货运点装卸货物所必须完成的全部作业的总称。

5. 指把一定数量的货物汇集于一个便于运输、搬运、装卸、储存的集装箱内来进行货物运送的运输组织形式。

6. 连接铁路干、支线的中纽，是为城市、工业区或港埠区服务以及与国民经济个部门联系的重要纽带，也是交通运输枢纽的主要部分。

二、简答题

1. （1）提高公路等级是降低公路运输成本的有效途径。

（2）提高车辆的技术性能，大力发展大吨位汽车，是降低公路运输成本的有力措施。

（3）改善经营管理是降低运输成本的重要措施。

2. 制定公路运输政策、法规，审批运输业户的开、停业申请，调控运力数量与结构，规划、建设客货运站场，规划、审批客货运输线路、班次，进行运价和运输单证管理等。

3.（1）提高货物运输质量，减少货物运输工程中的货损、货差，保证货物运输安全。

（2）便于实现装卸、搬运机械化，提高装卸效率。

（3）节约货物包装材料，减低运输成本，减轻工人劳动强度，节约装卸搬运和包装劳动量。

（4）提高运输工具的载重量利用程度，加速运输工具的周转，提高运输效率。

（5）便于交接清点，简化运输手续，减收运输环节。

（5）便于物资储存，扩大库场利用率。

（7）有利于加强货物和库场管理，促进货场整洁、安全、畅通。

4. ①装箱货物的重量不超过集装箱的最大装载重量。②区分重货还是轻货。③负荷平衡。④避免产生集中载荷，箱底应普上浮木板等衬垫材料，尽量分散其负荷。⑤注意包装上的装卸指示标志。⑥确切计算尺寸，尽量多装货物。⑦拼箱货在混装时应注意相应事项。

5. 港口是具有水陆联运设备和条件，供船舶安全进出和停泊的运输枢纽；是水陆交通的集结点和枢纽，工农业产品和外贸进出口物资的集散地，船舶停泊、装卸货物、上下旅客、补充给养的场所。

现代港口是水陆运输工具的汇集点，是交通运输的枢纽，它所担负的工作就更为繁杂。在一般情况下，港口所在地的规划建设部门要统一研究附近海、河岸线的充分与合理使用，由航务工程部门负责港区码头的勘测设计和施工，而港口机械制造部门负责装备各种装卸机械，使来港车船能在最短时间里将货物卸下或装上，以加速运输工具的周转。

（1）按照作业功能分类：港口按照作业功能分为基本港和非基本港。

（2）按用途分类：港口按用途分为商港、军港、渔港、避风港等；按所处位置分，有河口港、海港和河港等。

6. 航空运输是使用航空器运送人员、货物的一种运输方式。可以用于运输的航空器主要是飞机，其次为直升机。以飞机为主的航空运输，开始于20世纪20年代初期，其特点是速度快，线路短，投资少，受自然条件限制少。但是载重量小，运输成本高，目前尚不能大量发展普通货物运输，因此客运在航空运输中占主要地位。随着飞机技术的发展和飞机性能的提高，航空运输的发展十分迅速。航空运输已成为世界上一种重要的运输方式。

7. 民航飞机性能参数是衡量飞机性能的主要依据。

（1）业载。业务载荷简称业载，也称商载，是指飞机可以用来赚取利润的商业载荷，它包括3个部分：旅客、行李、货物。

（2）巡航速度。巡航是指飞机完成起飞阶段进入预定航线后的飞行状态。飞机发动机有着不同的工作状态，当发动机每公里消耗燃料最少情况下的飞行速度，称为巡航速度。

（3）爬升速度（爬升率）。是指飞机每分钟上升的垂直方向的高度。

（4）航程。航程是指飞机起飞后，中途不降落、不加燃料和滑油所能飞跃的距离。

第4章　物流中心与配送中心

一、名词解释

1. 从事物流活动的具有完善的信息网络的场所或组织。应基本符合下列要求：①主要面向社会提供公共物流服务；②物流功能健全；③辐射范围大；④存储、吞吐能力强，能为转运和多式联运提供物流支持；⑤对下游配送中心提供物流服务。

2. 从事配送业务具有完善的信息网络的场所或组织，应基本符合下列要求：①主要为特定的用户服务；②配送功能健全；③辐射范围小；④多品种、小批量、多批次、短周期；⑤主要为末端客户提供配送服务。

二、简答题

1. 物流中心设备包括运输设备、装卸搬运设备、仓储设备、集装单元设备、流通加工设备、信息技术设备等。物流中心设施包括仓库、、装卸平台、货场及其他公用设施，如给排水设施、电力设施、供热与燃气设施等。

2. 配送中心设备、设施主要包括装卸机械设备、连续输送机械设备、装卸搬运车辆、检测计量机械设备、分货拣货机械设备、储存机械设备、流通加工机械设备、包装机械设备、配装送货机械设备、信息处理设备、自动化立体仓库、冷库及其他辅助设施。

三、案例分析（略）

第5章 仓储与分拣设备及连续输送机械

1. 货架是用支架、隔板或托架组成的立体储存货物的设施。

2. 按货架载重量分类：重型、轻型、中型货架。按货架的适用性分类：通用货架和专用货架。按货架的制造材料来分类：钢货架、钢筋混凝土货架、钢与钢筋混凝土混合式货架、木制货架、钢木合制货架等。按货架的封闭程度分类：敞开式货架、半封闭式货架、闭式货架。按结构特点分类：层架、层格架、橱架、抽屉架、悬臂架、三脚架和栅形架。按货架的可动性分类：固定式货架、移动式货架、旋转式货架、组合式货架、可调式货架和流动储存式货架。按货架结构分类：整体结构式、分体结构式。按载货方式分类：悬臂式货架、橱柜式货架和棚板式货架；按构造分类：组合可拆卸式货架、固定式货架。按货架高度分类：低层货架（ <5）、中层货架（5 ~ 15）、高层货架（ >15）。

3. 适应性原则、经济性原则、安全可靠性原则、先进性原则、标准化原则。

4. ①能连续、大批量地分拣货物；②分拣误差率很低；③分拣基本实现了无人化。

5. ①设定装置；②控制装置；③自动分拣装置；④输送装置；⑤分拣道口。

6. 它的特点是可以沿一定的线路不停地输送货物；其工作构件的装载和卸载都是在运动过程中进行的，无须停车，即起、制动少；被输送的散货以连续形式分布于承载构件上，输送的成件货物也同样按一定的次序以连续的方式移动。

7. 带式输送机是一种利用摩擦驱动连续地来输送物料的输送机。带式输送机工作速度范围广（0.02 ~ 4.00m/s），输送距离长，生产效率高，所需动力不大，结构简单，使用、维护方便，噪音小，能在全机身任何地方装卸料；但工作不密封，不宜输送轻质粉状物料，倾斜度不大。正是由于其优越的特点，其应用场合遍及仓库、港口、车站、工厂、煤矿、矿山、建筑工地。但带式输送机不能自动取货，当货流变化时，需要重新布置输送线路，输送角度不大。

8. 辊子输送机是由一系列以一定间距排列的辊子组成的用于输送成件货物或托盘货物的输送机械。与其他输送成件货物的输送机相比，辊子输送机具有结构简单、运行可靠、维护方便、可输送高温物品、节能等特点，适用于各类箱、包、托盘等货物的输送，散料、小件物品或不规则的物品需放在托盘上或周转箱内输送。能够输送单件重量很大的物料，或承受较大的冲击载荷。辊子输送机滚道线之间易于衔接过渡，可用多条滚道线及其他输送设备或专机组成复杂的物流输送系统，完成多方面的工艺需要。辊子输送机可以实现直线、曲线、水平、倾斜运行，并能完成分流、合流等要求，实现物品在机上加工、装配、试验、包装、挑选等工艺。辊子输送机功能易于扩展，比如可以利用多种手段实现辊子输送机的传输控制。

9. 气力输送机是利用具有一定速度的气流的推动力，使散状物料沿指定管道连续移送的输送机。气力输送机主要用于输送粉状、粒状及块状不大于20 ~ 30mm 的小块物料，有时也输送成件物品。对于不同物料，选择不同的风速，既要保证物料在管道内成悬浮状态，不堵塞管道，又要尽可能多地输送物料，做到既经济又合理。

10. 连续设备应用广泛，在选型时可以利用五要素法，五要素即流体要素、流速要素、流量要素、流向要素以及流程要素。

（1）流体要素，指物流中的物流实体，即物流的对象，如商品（货物或物料）。物流活动的目的是实现流体由供应者向需求者的合理、高效流动。流体要素应重点考虑流体（货物）的物理特性和化学特性。

（2）流速要素。流速指流体通过载体在一定流程上的速度表现。它是衡量物流效率和效益的重要指标。各种不同的传输设备速度相差很大，其中带传输设备的传输速度比较快，在确定流速时不能一味地强调速度快，要注意与物流作业节拍相配合。

（3）流量要素。流量指流体在一定流向上通过载体的数量表现。最大限度消除流量分布不均衡，对有效配置和利用物流资源、方便实施物流组织及管理具有重要的意义。

（4）流向要素。指流体从起点到终点的流动方向。深刻认识和准确把握流向的变化规律，对优化配置物流资源、合理规划物流流向、提高物流运作效率、降低物流成本具有重要意义。

（5）流程要素。指流体通过载体在一定流向上实现空间位移的数量表现。其大小对物流成本水平及物流载体方式的选择等具有重要作用，需要合理选择传输路径，实现效率最大化。

第6章　集装化设备

1. ①提高整个系统的作业效率；②节省费用，降低成本；③有利于组织联运、实现物流作业统一化，提高物流管理水平；④保证物流质量；⑤提高搬运活性，加速货物周转。

2. 集装箱设备与器具是实现集装单元化物流作业的重要基础。集装化设备与器具主要包括托盘和集装箱以及其他一些形式的器具。

（1）托盘。最典型的是平托盘，还有在其基础上发展而成的柱式托盘、架式托盘（集装架）、笼式托盘（集装笼）、箱式托盘、折叠式托盘、轮式托盘（台车式托盘）、薄板托盘（滑板）等，它是集装单元化的两大支柱之一。

（2）集装箱。最典型的是普通集装箱，还有在其基础上发展而成的笼式集装箱、罐式集装箱、台架式集装箱、平台集装箱、折叠式集装箱等。许多类型集装箱和相应的托盘在形态上区别并不大，但规模相差较大。集装箱是当前集装单元发展的最高阶段，是集装单元化的两大支柱之一。

其他形式的集装化单元器具还包括：柔性集装袋、集装罐、集装筒、货捆等。

3. 托盘是典型的集装物流设备，在物流流通领域具有广泛的应用，其主要优点如下。

（1）机械化程度高。在使用过程中，托盘需与叉车以及堆垛起重机等装卸搬运设备配合使用，减轻了工人的劳动强度。

（2）操作效率高。利用托盘可以同时完成批量货物的集装、堆放、搬运和运输操作，极大提高了操作效率。

（3）操作方便。相对于集装箱，托盘自重小，在装卸、运输作业中的劳动强度较小，无效运输及装卸比集装箱要小。托盘无需像集装箱那样深入到箱体内部，装盘后可采用捆扎、紧包等技术处理，易机械化，使用简便。

4. （1）平托盘。在承载面和支撑面间夹以纵梁，构成可集装物料，可使用叉车或搬运车等进行作业的货盘。

（2）滑板托盘。滑板托盘是在一个或多个边上设有翼板的平板，用于搬运、存储或运输单元载荷形式的货物或产品的底板。

（3）立柱式托盘。带有用于支撑堆码货物的立柱的托盘，可以装配可拆卸式联杆或门，也可以组合使用，方便灵活。

（4）箱式托盘。构成箱状的托盘成为箱式托盘，包括整板式、密装板条式及格式箱壁三种结构形式。

（5）笼式托盘。笼式托盘是指带有立杆或联杆加强的网式壁板的托盘。在一侧或多侧设有用于装卸货物的铰接的或可拆装的门，可以满足散货的集成仓储作业要求。

（6）一次性使用托盘。即使用一次即丢弃的托盘，与之对应的是可多次使用的托盘。

（7）木托盘。木托盘以天然木材为原料制造的托盘，质量轻、成本低、维修方便，但使用寿命短、承载能力低。

（8）塑料托盘。塑料托盘以工业塑料为原材料制造的托盘。塑料托盘耐腐蚀、制作方便，而且可以通过改变颜色可进行不同的功能区分，便于使用。

（9）金属托盘。金属托盘是以钢、铝合金、不锈钢等材料为原材料加工制造的托盘，一般自重较大，但是强度好、承载能力大、使用寿命长。

5. （1）集装箱装卸桥。主要有带行走机构的门架、臂架机构、拉杆等。集装箱桥吊的起升机构多采用简单钢丝绳卷绕系统，小车行走机构则多采用全绳索牵引式卷绕系统，而司机室多采用具有良好视野的独立移动式司机室。

（2）集装箱跨运车。是一种应用于集装箱码头和集装箱中转站堆场，具有搬运、堆垛、换装等多功能的集装箱专用机械。集装箱跨运车具有“起吊 + 运输”双重功能，采用跨运车后，集装箱岸桥可以直接将集装箱放在码头上，这样整个集装箱码头的作业效率将大大提高。在集装箱岸桥的功能大幅提高后，跨运车的使用将突破目前集装箱码头作业的“瓶颈”。

（3）轮胎式集装箱龙门起重机。是集装箱装卸、堆垛的高效专用机械。它的金属结构是由两条箱形主梁和两个II型支腿构成的龙门架，支撑在橡胶充气的轮胎上，在货场上行走。装有集装箱吊具的起重小车沿主梁轨道行走，用以装卸底盘车和进行堆垛作业。

（4）轨道式龙门集装箱起重机。是对集装箱进行装卸、堆垛的一种高效专用机械，它由两片双悬臂的龙门架组成，两侧门腿用下横梁连接，龙门架通过大车运行机构在地面铺设的轨道上行走，起重小车运行在龙门架的轨道上，小车上有回转机构，它可做不大于270度的回转运动，在回转盘上安装有起升机构，通过钢丝绳、导向滑轮组和集装箱吊具进行装卸作业。

（5）集装箱牵引车和挂车。集装箱牵引车是专门用于拖带集装箱挂车或半挂车，两者结合组成车组，长距离运输集装箱的专用机械。

第7章　装卸搬运机械

1. 装卸搬运设备是指用来搬移、升降、装卸和短距离输送物料或货物的机械设备。它是物流机械设备中重要的机械设备，不仅用于完成交通运输工作上货物的装卸，而且又用于完成库场货物的堆码、拆垛、运输等多种物流作业。合理配置和应用装卸搬运机械设备，充分发挥装卸搬运机械的效能是实现装卸搬运机械化、提高物流现代化的一项重要内容。

2. （1）按作业性质进行分类：①装卸机械；②搬运机械；③装卸搬运机械。

（2）按装卸搬运货物的种类进行分类：①长大笨重货物的装卸搬运机械。②散装货物的装卸搬运机械。③成件包装货物的装卸搬运机械。④集装箱货物装卸搬运机械。

3. （1）起重机的机型选择。选择桥式起重机的机型主要考虑机械的机动性、稳定性、地面所能承受压力以及专业化作业的要求。

（2）起重机型号选择。根据起重量和起升高度，考虑到现场的其他条件，即可从移动式起重机的样本或技术性能表中找到合适的规格。由于起重机的最大起重量越大，在吊装项目中充分发挥它的各种性能就越困难，利用率越低，因此，只要能满足吊装技术要求，不必选择过大的型号。

（3）起重机经济性能的选择。选择起重机的综合经济性能标准的原则是使物料或构件在运输、吊装及装卸中单价最低；还应综合考虑耗能少、功用多的产品，以减轻人工劳动强度。

总之，从技术上可行的起重机中，选择在当前和今后能提供最有效的使用和获得最大效益的型号规格。

4. （1）轻小型起重设备。轻小型起重设备的特点主要是轻便，构造紧凑，动作简单，作业范围投影以点、线为主；适用于在无电源或空间狭小的场合进行流动性和临时性的作业。

（2）桥式起重机。桥式起重机的特点主要是结构简单，作业效率高。桥式起重机稳定性好，单机生产率高，与其他类型起重机相比，桥式起重机无支腿，稳定性较好，工作速度稍高些，单机生产率高，专用性强。

（3）门座起重机。门座起重机的工作地点相对比较固定，不像轮胎起重机那样变动较大。门座起重机依靠其高大的金属结构提供活动空间，依靠其比较完善的工作机构协调工作，以较高的生产率来完成多种装卸作业。额定起重能力范围很宽，具有较高的运动速度，使用效率高，台时效率也很高。同时，它的结构是立体的，不用占码头、货场的面积，能满足港口码头船舶和车辆的机械化装卸、转载以及充分使用场地的要求。

（4）龙门起重机。具有场地利用率高、作业范围大、适应面广、通过性强、装卸效率高等特点，在库场、车站、港口、码头等场所，担负着生产、装卸、安装等作业过程中的货物装卸搬运任务，是企业生产经营活动中实现机械化和自动化的重要生产力。龙门起重机运用十分普遍，其使用数量仅次于桥式起重机。

（5）臂架类起重机。臂架类起重机由行走、起升、变幅、旋转机构组成，通过臂架的俯仰、绕垂直轴线回转配合升降运行可在一个圆柱形空间范围内起重和搬运。臂架类起重机动作灵活，满足装卸要求。

5. 叉车是物流领域最常用的具有装卸、搬运集成功能的机械。它以货叉作为主要的取货装置，依靠液压起升机构升降货物，由轮胎式行驶系统实现货物的水平搬运。叉车除使用货叉以外，还可更换其他类型的取物装置以适应多种货物的装卸、搬运和堆垛作业要求。

6. 叉车的各种技术参数反映了叉车的性能，叉车合理选用需考虑以下几个方面：①装卸性；②牵引性；③制动性；④机动性；⑤通过性；⑥操纵性；⑦稳定性；⑧经济性。

7. 自动导引搬运车的性能由下面的主要技术参数确定。

（1）额定载重量。反映 AGV 的有效承载能力、牵引能力，分为重型、中型、轻型、微型。

（2）装载对象尺寸。装载对象尺寸是指搬运对象的最大几何尺寸。

（3）自重。自重是指自动导引搬运车与电池加起来的总重量。

（4）车体尺寸。这一尺寸应该与所承载货物的尺寸和作业场地相适应。

（5）停位精度。停位精度是指自动导引搬运车作业结束时所处的位置与程序设定的位置之间所差的距离，目前一般都可以达到 ±5mm。

（6）最小转弯半径。最小转弯半径是指自动导引搬运车在空载低速行驶、偏转程度最大时，瞬时转向中心距自动导引搬运车纵向中心线的距离。

（7）运行速度。运行速度是指自动导引搬运车在额定载重量下行驶的最大速度，也包括 AGV 前进、反向、转弯、接近等时的速度。

（8）电池电压。电池电压有两种规格，分别为 24V 和 48V。

（9）蓄电池容量。蓄电池容量可以用在正常工作状态下小车连续工作的时间来表示。

（10）工作周期。工作周期是指自动导引搬运车在完成一次工作循环所需的时间。

（11）运载类别。运载类别是指自动导引搬运车可以操作的运载对象类型，包括托盘、周转箱等多种类型。

（12）行走方式。行走方式主要有点对点功能，反向行走功能；横向行走功能；转弯、分线行走功能；斜行步进功能；原地回转功能；升降功能；专用作业功能。

（13）行走精度。行走精度是指相对导向线路的左右偏差，转弯时或分线时的左右偏差等。AGV 的行走精度一般为 ±10mm。

8. 自动导引搬运车由机械系统、动力系统和控制系统所组成。

（1）车体。车体即自动导引搬运车的基本骨架，车架要求有足够的强度和刚度，以满足车体运行和加速的需要。

（2）车轮。驱动机构一般由驱动轮、从动轮、转向机构、减速器、制动器、电机和速度控制器组成。

（3）移载装置。移载装置是与所搬运货物接触的装置，根据搬运货物的不同，所采用的移载装置也不同。

（4）安全装置。安全装置的主要作用是为自动导引搬运车运行或故障急停时提供一定的安全保证，主要包括缓冲器、接近检测装置和紧急停车按钮等。

（5）蓄电池和充电系统。自动导引搬运车采用直流工业蓄电池作为动力，电压为 24V 或 48V。

（6）车载控制系统。AGV 在结构上类似于有人驾驶车，只不过它的行驶是在车载微电脑的控制下完成的，对目的地和道路的选择是通过编程或由上位机控制来实现的，

（7）信息传输及处理装置。信息传输及处理装置主要的功能是对 AGV 进行监控，包括手动控制、安全装置启动、蓄电池状态、转向和驱动电机的控制情况，然后将车上控制器的监控信息与地面控制器所发出的信息进行传递，以达到控制 AGV 运行的目的。

第 8 章　普通与专用货运汽车

1. 装有专用设备，具备专用功能，用于承担专门运输任务或专项作业的汽车和汽车列车。

2. 衡量汽车动力性能的指标有最高车速、加速能力、爬坡能力。

（1）最高车速：汽车在规定装载状态下，在良好路面上，变速器处于最高档，节气门全开时，车辆稳定行驶所能达到的最高速度。最高车速为汽车在下述条件下能达到的最高车速：①最大额定载荷；②发动机全负荷；③水平良好的路面；④无风，1 个大气压，气温在 18～20℃。

（2）加速能力：指汽车在各种使用条件下迅速增加汽车行驶速度的能力。评价指标是原地起步加速时间和超车加速时间。加速时间越少、加速度越大、加速距离越短的汽车，加速性能就越好。

（3）爬坡能力：汽车的爬坡能力是指汽车满载、在良好的水泥或沥青路面上，各档能爬过的最大坡度或最大坡道角。关键指标是头档最大爬坡度和直接档最大爬坡度。

汽车动力性与运输效率的关系：汽车的动力性好，才能达到较高平均速度，越过尽可能大的坡度，进行快速超车，单位时间内完成的货运周转量（吨公里）就越大，运输生产率就越高。

3. 在物流领域，用途最广泛的是箱式货车，由于箱式货车结构简单、利用率高、适应性强，所以是货车车型中产量最大的一种。但是，随着运送货物种类的增加，对其他类型的货车需求量也在逐渐增加。

（1）货车类型的选用：如运送煤、矿石，需选用自卸货车；运送石油制品、易燃的化工原料，需选用罐式货车或化工原料专用车；对于运送长件货物，需选用长车厢的普通载货货车；对于需要防尘、防雨的货物运输，需选用具有相应功能的箱式货车；对于一般的运输企业或运输业者，由于运输货物的种类和规格的不确定性，其配备的主要车型是中吨位的普通载货货车和相应吨位的挂车。

（2）运载量的选择：货车的载重量要与使用的需求相匹配，目前小批量、多批次、多品种的货物运输越来越多，已经成为现代物流的必然发展趋势，能源价格不断上涨，因此单纯地追求大运载量是不经济的。

4. 牵引车是专门用于牵引载货挂车进行水平搬运的车辆。牵引车没有取物装置和载货平台，不能装卸货物，也不能单独搬运货物，需要辅助装载货物的拖车才能完成作业。使用牵引车实现了货物的装载和运输的分离，提高了作业的效率，可以在作业现场灵活的调配运力。

牵引车根据动力大小可分为普通牵引车和集装箱牵引车。普通牵引车可以拖挂平板车，用于装卸区内的水平搬运；集装箱牵引车用于拖挂集装箱挂车，用于长距离搬运集装箱。当平板车或集装箱挂车被拖到指定的地点装卸货物后，牵引车就会拖开这些挂车与其他挂车结合。根据所提供的动力不同，牵引车可分为内燃牵引车和电动牵引车。

第9章　水路货运船舶及铁路货车

一、名词解释

1. 表示船舶能装载多少货物的能力。

2. 是运送旅客和货物的工具，本身没有动力装置，需要把车辆连接在一起由机车牵引，才能在线路上运输。

二、简答题

1. （1）铁路运输的优点：①受外界因素影响小；②定时性好；③费用低；④运输量大；⑤运输速度快；⑥可靠性好；⑦覆盖范围广；⑧节能，环境污染程度小。

（2）铁路运输的缺点：①不适合短距离运输；②作业形式比较复杂；③弹性比较差；④不能采取门到门服务；⑤机动性差；⑥投资太高；⑦建设周期长。

因此，综合考虑，铁路适于在内陆地区运送中长距离、大运量、时间性强、可靠性要求高的一般货物和特种货物。从投资效果看，在运输量比较大的地区之间建设铁路比较合理。

2. 发动机：机发动机是汽车的动力装置，包括发动机及其燃料供给系统和冷却系统。

底盘：底盘是汽车的基础；其作用是支撑汽车质量，接受发动机的动力，并保证汽车能够安全正常行驶。

电气设备：电气设备由电源和用电设备两大部分组成。电气设备的作用是保证发动机正常运行、汽车安全行驶和乘客乘坐舒适。

车身：车身用以安置驾驶员、乘客和货物。客车和轿车车身一般为整体式结构；货车车身通常由驾驶室和货箱两部分组成。

3.（1）散货船：又称散装货船，是用以装载粉末状、颗粒状、块状等无包装的大宗货物的船舶。

（2）杂货船：又称普通货船，主要用于装载一般包装、袋装、箱装和桶装的件杂货物。

（3）冷藏船：专门用天装载冷冻易腐货物的船舶，其货舱实际上就是一个大型冷藏库。

（4）油轮：油轮是专门用于运载原油或成品油的船舶，一般分为原油船和成品油船两种；结构上一般为单底，随着环保要求的提高，结构正向双壳、双底的形式演变，用泵和管道装卸。

（5）集装箱船：集装箱船是一种专门载运集装箱的船舶；其全部或大部分船舱用来装载集装箱，往往在甲板或舱盖上也可堆放集装箱。

（6）滚装船：又称滚上滚下船，滚装船主要用来运送汽车和集装箱。这种船本身无须装卸设备，一般在船侧或船的首、尾有开口斜坡连接码头，不依赖码头上的装卸设备，装卸速度快。

（7）液化气船：专门运输液化气体的船舶，所运输的液化气体有液化石油气、液化天然气、氨水、乙烯、液氯等。这些液货的沸点低，多为易燃、易爆的危险品，有的还有剧毒和强腐蚀性。因此液化气运输船货舱结构复杂，造价高昂。

（8）驳船、推船与拖船：驳船常指靠拖船或推船带动且为单甲板的平底船，是内河运输货物的主要运载工具。推船是用以顶推驳船或驳船队的机动船。而拖船是专门用于拖曳其他船舶、船队、木排或浮动建筑物的工具。

（9）载驳船：专门载运货驳的船舶，又称母子船。其运输过程是：将货物先装载于统一规划的方形货驳（子船）上，再将货驳装上母船上，载驳船将货驳运抵目的港后，将货驳卸至水面，再由拖船分送至各自的目的地。载驳船不需码头和堆场，便于海—河联运。

第 10 章　流通加工与包装机械设备

1.（1）加工对象：流通加工的对象是进入流通过程的商品，具有商品的属性，以此来区别多环节加工中的一环。而生产加工的对象不是最终产品，而是原材料、零配件或半成品。

（2）加工程度：流通加工大多是简单加工，而不是复杂加工，一般来讲，如果必须进行复杂加工才能形成人们所需的商品，那么，这种复杂加工应该专设生产加工过程。生产过程理应完成大部分加工活动，流通加工则是对生产加工的一种辅助及补充。

（3）价值观点：生产加工的目的在于创造价值及使用价值，而流通加工的目的则在于完善其使用价值，并在不做大的改变的情况下提高价值。

（4）加工责任人：流通加工的组织者是从事流通工作的人员，能密切结合流通的需要进行加工活动。流通加工由商业或物资流通企业完成，而生产加工则由生产企业完成。（5）加工目的：流通加工有时候是以自身流通为目的，纯粹是为流通创造条件；生产加工直接为消费为目的。

2. ①包装机械；②切割机械；③印贴标记条形码设备；④拆箱设备；⑤称重设备。

3. 充填机；封口机；裹包机；清洗、干燥、杀菌机；标签机；集装、拆卸机；辅助包装设备；多功能包装机。

第 11 章　冷链物流主要设备与技术

一、简答题

1. 流通加工是为了提高物流速度和物品的利用率，在物品进入流通领域后，按客户的要求进行的加工活动，即在物品从生产者向消费者流动的过程中，为了促进销售、维护商品质量和提高物流效率，对物品进行一定程度的加工。流通加工通过改变或完善流通对象的形态来实现“桥梁和纽带”的作用，因此流通加工是流通中的一种特殊形式。随着经济增长，国民收入增多，消费者的需求出现多样化，促使在流通领域开展流通加工。目前，在世界许多国家和地区的物流中心或仓库经营中都大量存在流通加工业务，在日本、美国等物流发达国家则更为普遍。

（1）提高原材料利用率。通过流通加工进行集中下料，将生产厂商直接运来的简单规格产品，按用户的要求进行下料。例如将钢板进行剪板、切裁；木材加工成各种长度及大小的板、方等。集中下料可以优材优用、小材大用、合理套裁，明显地提高原材料的利用率，有很好的技术经济效果。

（2）方便用户。用量小或满足临时需要的用户，不具备进行高效率初级加工的能力，通过流通加工可以使用户省去进行初级加工的投资、设备、人力，方便了用户。目前发展较快的初级加工有：将水泥加工成生混凝土，将原木或板、方材加工成门窗，钢板预处理、整形等加工。

（3）提高加工效率及设备利用率。在分散加工的情况下，加工设备由于生产周期和生产节奏的限制，设备利用时松时紧，使得加工过程不均衡，设备加工能力不能得到充分发挥。而流通加工面向全社会，加工数量大，加工范围广，加工任务多。这样可以通过建立集中加工点，采用一些效率高、技术先进、加工量大的专门机具和设备，一方面提高了加工效率和加工质量，另一方面还提高了设备利用率。

流通加工和生产加工有以下几个区别。

（1）从加工的对象不同来说：流通加工的对象是进入流通领域的商品；生产加工的对象不是最终商品而是原材料、零配件、半成品。

（2）从加工程度的深浅来说：流通加工大都为简单加工，是生产加工的一种辅助和补充；而生产加工则较为复杂。

（3）从加工的目的不同来说：生产加工的目的是创造价值和使用价值；流通加工的目的是完善商品的使用价值并在对原商品不做大的改动情况下提高其价值。

（4）从组织加工者不同来说：流通加工的组织者是从事流通工作的商业企业或物流企业；而生产加工的组织者则是生产企业。

2.（1）食品冷链。食品冷链（coldchain）是指易腐食品从产地收购或捕捞之后，在产品加工、贮藏、运输、分销和零售、直到消费者手中的各个环节中，始终处于产品所必需的低温环境下，以保证食品质量安全，减少损耗，防止污染的特殊供应链系统。

目前冷链所适用食品范围包括如下几个方面。①初级农产品：蔬菜、水果；肉、禽、蛋；水产品；花卉产品。②加工食品：速冻食品；禽、肉、水产等包装熟食；冰淇淋和奶制品；快餐原料。③特殊商品：药品。

食品冷链是随着科学技术的进步、制冷技术的发展而建立起来，是以冷冻工艺学为基础，以制冷技术为手段，在低温条件下的物流现象。因此冷链建设要求把所涉及的生产、运输、销售、经济和技术性等各种问题集中起来考虑，协调相互间的关系，以确保易腐食品在加工、运输和销售过程中的安全。它是具有高科技含量的一项低温系统工程。

冷链应遵循“3T 原则”，即冷链的储藏与流通的时间（time）、温度（timeperature）和产品耐藏性（tolerance）。“3T 原则”指出了冷藏食品品质保持所允许的时间和产品温度之间存在的关系。由于冷藏食品在流通中因时间—温度的经历而引起的品质降低的累积和不可逆性，因此对不同的产品品种和不同的品质要求，都有相应的产品控制和储藏时间的技术经济指标。

（2）冷链的构成。食品冷链由冷冻加工、冷冻贮藏、冷藏运输及配送、冷冻销售四个方面构成。

①冷冻加工：包括肉禽类、鱼类和蛋类的冷却与冻结，以及在低温状态下的加工作业过程；也包括果蔬的预冷、各种速冻食品和奶制品的低温加工等。在这个环节上主要涉及冷链装备有冷却、冻结装置和速冻装置。

②冷冻贮藏：包括食品的冷却储藏和冻结储藏以及水果蔬菜等食品的气调贮藏，它是保证食品在储存和加工过程中的低温保鲜环境。在此环节主要涉及各类冷藏库加工间、冷藏柜、冻结柜及家用冰箱等等。

③冷藏运输：包括食品的中、长途运输及短途配送等物流环节的低温状态。它主要涉及铁路冷藏车、冷藏汽车、冷藏船、冷藏集装箱等低温运输工具。在冷藏运输过程中，温度波动是引起食品品质下降的主要原因之一，所以运输工具应具有良好性能，在保持规定低温的同时，更要保持稳定的温度，远途运输尤其重要。

④冷冻销售：包括各种冷链食品进入批发零售环节的冷冻储藏和销售，它由生产厂家、批发商和零售商共同完成。随着大中城市各类连锁超市的快速发展，各种连锁超市正在成为冷链食品的主要销售渠道，在这些零售终端中，大量使用了冷藏冻陈列柜和储藏库，由此逐渐成为完整的食品冷链中不可或缺的重要环节。

（3）冷链的特点。由于食品冷链是以保证易腐食品品质为目的，以保持低温环境为核心要求的供应链系统，所以它比一般常温物流系统的要求更高，也更加复杂。

首先，比常温物流的建设投资要大很多，是一个庞大的系统工程。

其次，易腐食品的时效性要求冷链各环节具有更高的组织协调性。

第三，食品冷链的运作始终是和能耗成本相关联，有效控制运作成本与食品冷链的发展密切相关。

3. 生鲜食品是指在0～10℃温控条件下加工上市的各类营养保全、洁净卫生又未经烹调加工的生制食品和调味半制食品；冷链物流是指生鲜食品在加工、储存、运输、销售等各个环节中，保持其恒定的温度，这样保证品质新鲜，延长保鲜期。

4. 指发生在食品流通过程中的加工活动，包括在途加工和配送中加工，是为了方便食品流通、运输、储存、销售，方便顾客以及资源的充分利用和综合利用而进行的加工活动。

二、案例分析

（1）大众包餐公司的经营活动引入第三方物流服务是可行的。

第三方物流是指生产经营企业为集中精力搞好主业，把原来属于自己处理的物流活动，以合同方式委托给专业物流服务企业，同时通过信息系统与物流服务企业保持密切联系，以达到对物流全程的管理和控制的一种物流运作与管理方式。

采用第三方物流后，可以充分利用社会资源，集中精力发展核心竞争力，降低物流成本，提高经济效益。

因此可以引入第三方物流服务，用以进行购菜服务和递送盒饭服务，体现专业运输单位的快捷性、专业服务性和低成本性。只要搞好订货及满足盒饭需配送单位的需要，就可使大众包餐公司与其他公司竞争中具有显著价廉物美的优势。

（2）大众包餐公司实施准时化服务的方案设计（意向）：

该公司主要受设施、设备的限制，以及担忧食品变质的风险，因此实施准时化服务主要考虑如下这些因素，并采取相互措施：①增加冷库的数量和容量；②增加厨师人数；③为了提供全方位的服务，公司可考虑引入第三方物流服务。

如果能达到上面的要求，就能适应顾客对菜单多样化、服务柔性化、响应及时化的需求。

（3）在引入第三方物流服务的过程中，需要做好以下几个工作：①对第三方物流企业的选择，要求竞标竞选，提供价廉物美的服务，签订双赢的合同；②合理确定配送路线，定时定点定人，提高配送效率；③提高套餐档次，配备特色厨师。

第12章　自动化立体仓库设备

1. 是指由高层货架、巷道堆垛起重机、出入库输送机系统、自动化控制系统、计算机仓库管理系统及其周边设备组成，可对集装单元货物实现自动化保管和计算机管理的仓库。

2. 优点：①自动化仓库使用高层货架，空间利用率高；②自动存取加快了运行和处理速度，提高了劳动生产率，降低劳动强度；③计算机控制减少了货物处理和信息处理过程的差错；④合理有效地进行库存控制；⑤能有效地满足特殊仓储环境的需要；⑥提高了作业质量，保证货品在整个仓储过程的安全运行；⑦便于实现系统的整体优化。

缺点：①结构复杂，配套设备多，需要的基建和设备投入很大；②配套的软硬件系统的建设投资大；③货架安装精度要求高，施工比较困难，而且施工周期长；④储存货品的品种受到一定的限制，不同类型的货架仅适合于不同的储存物品，因此，自化仓库一旦建成，系统的更新改造比较困难；⑤对仓库管理及技术人员的要求高；⑥必须注意设备的保管。

3.（1）按自动化立体仓库建筑形式分类：①分离自动化立库；②整体体式自动化立库。

（2）按在物流系统中的作用分类：①生产性仓库；②流通性仓库。

4.（1）土建工程及辅助设施：土建工程、消防系统、照明装置、通风及采暖装置、动力系统、其他设施。

（2）自动输送系统：连续输送机械、自动导引车系统。

（3）货架自动存取系统。

（4）自动分拣系统：①控制装置；②分类装置；③输送装置；④分拣道口。

（5）自动控制系统：集中控制系统、分层分布式控制系统。

（6）管理信息系统：基础编码与条码生成打印系统、信息自动采集系统、订货业务系统、客户服务管理系统、入库管理系统、出库管理系统、库存控制系统、库位管理系统、统计查询系统、单证及报表打印系统、财务管理系统、绩效考核系统。

5.（1）能够自动跟踪路径行驶，自动完成货物的运送工作，整机的自动化程度高。

（2）能够自动识别停车装卸货工位，智能化程度高。

（3）在自动行驶过程中，能够自动识别障碍物，遇障后能够自动停车，行驶安全性高。

（4）能够和中央控制系统之间进行无线通讯，随时接收控制中心的调度指令，灵活完成各种搬运工作，还能够向控制中心反馈自身工作状态信号，便于系统的监控和调度。

（5）引导柔性好，指导引路线可以随工艺路线灵活调整，调整时间短，费用低；只可在室内使用，装载量有限，成本高。

第13章　物流信息技术

1. 物流信息技术是现代信息技术在物流各个作业环节中的综合应用，是现代物流区别传统物流的根本标志，也是物流技术中发展最快的领域，尤其是计算机网络技术的广泛应用使物流信息技术达到了较高的应用水平；它包括数据库技术、物流网络技术、条码与射频技术、电子数据交换（EDI）技术、全球定位技术（GPS）、地理信息系统（GIS）等。

2. EDI 是参加商业运作的双方或多方按照协议，对具有一定结构的标准商业信息，通过数据通信网络，在参与方计算机之间所进行传输和自动处理。

（1）EDI 是计算机系统之间所进行的电子信息传输。

（2）EDI 是标准格式和结构化的电子数据的交换。

（3）EDI 是由发送和接收者所达成一致的标准和结构所进行的电子数据交换。

（4）EDI 是由计算机自动读取而无需人工干预的电子数据交换。

（5）EDI 是为了满足商业用途的电子数据交换。

3.（1）EDI 传输的是格式化的标准文件，并具有格式校验功能。

（2）EDI 是实现计算机到计算机的自动传输和自动处理，其对象是计算机系统。

（3）EDI 对于传送的文件具有跟踪、确认、防篡改、仿冒领、电子签名等一系列安全保密功能。

（4）EDI 文件具有法律效力。

4. 全球定位系统（GPS）是20世纪70年代由美国陆海空三军联合研制的新一代空间卫星导航定位系统，其主要目的是为陆、海、空三大领域提供实时、全天候和全球性的导航服务，并用于情报收集、核爆监测和应急通讯等一些军事目的，是美国独霸全球战略的重要组成。

5. 物流信息技术主要包括 EDI 技术、GPS/GIS 技术、条形码/射频技术、通信技术、数据库/数据仓库技术和网络安全技术等。